《林芝区域文化丛书》
第一届编撰委员会

ཉིང་ཁྲིའི་ས་ཁོངས་རིག་གནས་དཔེ་ཚོགས།

林芝名胜古迹

主　编　普布多吉　副主编　多 布 杰

人 民 出 版 社

图书在版编目（CIP）数据

林芝名胜古迹 / 普布多吉 主编. 一北京：人民出版社，2017.3
（林芝区域文化丛书）
ISBN 978 - 7 - 01 - 017309 - 2

I. ①林… II. ①普… III. ①名胜古迹 - 简介 - 林芝 IV. ① K928.707.5

中国版本图书馆 CIP 数据核字（2017）第 019840 号

林芝名胜古迹
LINZHI MINGSHENG GUJI

主编：普布多吉 副主编：多布杰

组 稿：任 超 于 青
执 行：侯俊智
责任编辑：侯 春 刘志宏 刘 佳
装帧设计：宁成春
美术编辑：肖 辉
责任校对：张 彦
责任印制：孙亚澎
出 品：图典分社
出版发行：人民出版社
经 销：新华书店
邮 购：人民东方图书销售中心（电话：010–65250042、65289539）
印 刷：北京雅昌艺术印刷有限公司
版 次：2017 年 3 月第 1 版 2017 年 3 月北京第 1 次印刷
开 本：710 毫米 ×1000 毫米 1/16
印 张：21.75
印 数：0,001–6,500 册
彩色插页：8
字 数：300 千字
定 价：110.00 元

仁青崩寺主殿（普多/摄）

嘎瓦隆寺佛塔（扎洛 / 摄）

八瓣莲花胜乐金刚曼陀罗
（墨脱县统战部／提供）

吉日寺主殿（海茵／摄）

鲁朗扎西岗古村落局部（栾远春／摄）

尼池拉康（海茵／摄）

巴嘎寺局部（普多／摄）

措宗寺全景（扎洛/摄）

万善同归石碑全景（扎洛 / 摄）

宗来日追（普多 / 摄）

阿沛管家庄园楼内构造
（扎洛 / 摄）

太昭古城全景（扎洛 / 摄）

秀巴碉楼（扎洛／摄）

冲康庄园（巴桑次仁／摄）

西藏自治区社会科学院专家莅临林芝，协助考察名胜古迹
（嘎玛扎西 / 摄）

《林芝名胜古迹》编辑人员长途跋涉，前往偏远乡村收集资料（嘎玛扎西 / 摄）

总 序

白玛朗杰

（中国人民政治协商会议西藏自治区委员会副主席兼
西藏自治区社会科学院院长）

盛世修书，传承文明，惠泽世人。在全国上下推进社会主义文化大发展、大繁荣的大好形势下，林芝市委、市政府为挖掘文化资源，提升林芝的文化软实力，于2014年启动《林芝区域文化丛书》（以下简称《丛书》）编撰工作，涉及8个方面，藏、汉文共计16部，即《林芝史话》《林芝当代历史变迁》《林芝民间故事》《林芝民歌精选》《林芝名胜古迹》《林芝山水文化》《林芝民俗文化》《林芝地名历史文化释义》。林芝举全市之力，聚多方之智，融史料之精，五易其稿，始成此书。这是林芝文化事业发展中的一件大事，足以载入史册。特表祝贺！

林芝物华天宝，人杰地灵。工布文化独具特色，源远流长。我曾有幸在兹耕耘数年，一直以来不敢淡忘。《丛书》面世，凝结了全体编撰人员的万千心血：足行千里，书翻万卷，伏案耕耘，殚精竭虑。这种对历史负责、对人民负责、对事业负责、对后人负责的精神，当与《丛书》同存。在《丛书》编撰过程中，西藏自治区社科院有幸参与其中，能为《丛书》编撰略尽绵薄，甚感宽慰。

用马克思主义观点认识林芝、研究林芝，功在当代，利在千秋；

保护林芝文化精粹，传承林芝文化优点，繁荣林芝文化发展，责无旁贷，义不容辞。

《丛书》是一面棱镜，全方位、多角度透视林芝的历史、文化、社会、政治、经济等各个层面，为世人认知林芝提供了系统、科学、准确的资料。同时，《丛书》中有关革命传统、爱国主义等内容，将对推动社会主义核心价值观教育产生积极影响。

愿《丛书》为认识过去、服务现在、展望未来发挥更大作用！

目 录

第四篇　波密县名胜古迹

第五篇 朗县名胜古迹

《林芝名胜古迹》编辑室

主　编　普布多吉

副主编　多 布 杰

编　辑　索朗旺久　蓝　　川　格桑达瓦

　　　　曲尼多吉　次仁旦珍

*

《林芝名胜古迹》（藏文版）审定人员

（以下审定人员按汉语拼音字母顺序排序）

次旦曲吉　次仁旦珍　丹　　增（林芝市朗县）

格桑达瓦　洛　　桑　洛桑平措　普布多吉

曲尼多吉　桑杰扎巴　索　　确

*

《林芝名胜古迹》（汉文版）审定人员

（以下审定人员按汉语拼音字母顺序排序）

班　　丹　次旦曲吉　次仁旦珍　丹　　增（林芝市朗县）

格　　桑　格桑达瓦　洛　　桑　洛桑平措

普布多吉　曲尼多吉　索　　确　阎 生 权

*

《林芝名胜古迹》翻译（藏译汉）人员

格桑达瓦　蓝　　川　班　　丹　阎 生 权

前　言

林芝市位于西藏东南部雅鲁藏布江中下游，这里山清水秀，植被茂密，资源丰富，民风淳朴。据专家考证，4000—5000年前，就有人类在此繁衍生息。这片土地上聚居着藏族、门巴族、珞巴族及国家还未认定民族的僜人等。林芝各族人民在几千年的历史长河里，用自己的智慧和勤劳的双手创造了极其丰富而璀璨的文化。现存于世的名胜古迹，蕴含着深厚的文化底蕴，是林芝经济社会发展，特别是发展旅游业不可或缺的重要载体。我们要充分挖掘地域特色文化，扩大知名度，加大研究力度，保护与利用并重，使其成为推动林芝经济社会发展的基础性工程。

因此，《林芝名胜古迹》编辑室按照林芝市委、市政府及林芝市《林芝区域文化丛书》编辑委员会和总编室的部署与要求，以对历史负责、对事业负责、对后代负责的态度，根据林芝地区成立以来，在全地区进行的两次文物普查和一次可移动文物普查所获得的资料为基础；同时，派出编撰人员深入到各名胜古迹点，再次搜集可靠的历史资料；另外，对林芝各县（区）编辑室提供的初稿一一进行审核、充实，并多次征求各县（区）编辑室及有识之士的意见，反复进行修改。经多方齐心协力、共同奋斗两年余，今《林芝名胜古迹》一书终于与读者见面了，这是林芝市文化事业建设取得的一项重大成绩，值得祝贺。

本书所收录的林芝名胜古迹共151处，其中古建筑类81处、古遗址类48处、古墓葬类5处、石刻类12处、近现代重要史迹及代表性建筑5处。记述顺序以县（区）为单位，每节按名胜古迹的地理位置，横向由西至东、纵向由北向南排列。

本书中的大部分内容为寺庙。因为旧西藏实行政教合一的政治制度，宗教在政治、经济和社会活动中占有举足轻重的地位，集社会上的图书馆、档案室、博物馆、艺术院于一体，所以，通过研究寺庙，可以研究当时的历史、知识分子群体、建筑及手工艺等文化的主要方面。但是，因1950年墨脱大地震这场自然灾害，特别是“文化大革命”的破坏及历史的变迁等，林芝绝大部分寺庙的历史简介等文字资料几乎不复存在，很难查阅到有根有据、可信度高的资料。因而，我们竭尽全力把亲历过当时历史、亲眼看过有关资料的长者的口述，藏文古籍名著《黄琉璃宝鉴》《卡纳宗教源》《协阿宗教源》《古扎宗教源》及《东嘎藏学大辞典》中的记载，还有散落在民间古籍中的有关内容、年代、人物等相互进行比较、判定。同时，我们特邀西藏自治区社科院研究员郭克范先生对该书的编撰工作进行指导，对书稿进行修改和审定，尽可能地保证了该书的质量。我们第一次编撰《林芝名胜古迹》这样的书，一是没有编撰经验，二是欠缺名胜古迹方面的专业知识，三是因编撰这种书籍的时间太晚、可靠的历史资料稀少、熟知当地名胜古迹又在世的老人少之又少等等因素，故而无法编撰一部涵盖全面、内容翔实、特色突出、能吸引广大读者的名胜古迹方面的专业书籍。此外，由于宗教及历史等原因，有些寺庙的历史资料中掺杂着许多唯心主义的观点；在记录寺庙文物时，也有些像记流水账，缺乏生动性。但这些记录从一定程度上可以反映当时相关历史的痕迹、各个历史阶段的经济社会发展状况，所以，把它们原原本本地保留了。希望广大读者加以判别，去伪存真。总之，书中的缺点和错误在所难免，我们也诚恳地希望广大读者及专家学者批评指正。

普布多吉

2016 年 4 月于林芝

概　述

林芝市位于西藏自治区东南部、雅鲁藏布江中下游，东与西藏昌都地区和云南省迪庆藏族自治州毗邻，西与拉萨市和山南地区交界，北与那曲地区相连，南与缅甸、印度两国接壤，边境线长达 1006.5 公里，幅员面积 11.7 万平方公里，下辖巴宜、米林、工布江达、墨脱、波密、察隅、朗县 7 个区（县），聚居着藏、汉、回、怒、门巴、珞巴、独龙、纳西、土家、傈僳等 10 多个民族及尚未确定民族成分的僜人，总人口 20 余万。

林芝的名胜古迹富于悠久的历史和深刻的内涵。云星、居木、都普等聚落遗址佐证了林芝是西藏民族的发祥地之一；色结角朗墓群、尼池墓地、列山古墓群等封土墓群，佐证了吐蕃王朝时期林芝一带是人类活动密集的区域；工·嘎布王宫遗址、嘎朗王宫遗址、卡托第巴遗址和宗达第巴遗址佐证了工布地方王的存在；工布德木萨摩崖石刻佐证了吐蕃赞普同工布地方王的立誓结盟；则拉岗宗、桑昂曲宗、觉木宗、德木宗、东嘎宗等佐证了噶厦时期（1751—1959 年）行政区划概况；太昭古城、华贡山温泉石刻等佐证了清朝中央政府的管辖；中共扎木中心县委红楼、易贡将军楼、第十八军军部旧址等佐证了中国人民解放军第十八军进藏的各重要历史事件。

这些名胜古迹，是历史的载体，是不可再生的珍贵资源，蕴含着林芝人民的思维方式、想象力和创造力的精神价值，是林芝人民智慧的结晶，也是中华文明丰富性的一个生动体现。

1950 年 8 月 15 日发生了墨脱大地震，震级为里氏 8.6 级，共造成 1526 人死亡，西藏境内共有 27 个县受灾，震中区域房屋全部夷为平地，林芝各类名胜古迹也遭到巨大破坏。据《西藏地震史料汇编》记载："越多雄拉山后，对面滚波孜山道路因地震崩塌受阻，往来均无路可通。""白马岗四部、六寺一致禀报者：去年金虎年（指 1950 年）……发生极强之地震，致使山崩河阻，大地停震动一昼夜……不仅房屋倒塌，片瓦不存，甚至一尊很小的佛像俱被毁灭"，"近因七月二日晚（藏历，即 1950 年 8 月 15 日）"，"工布地区发生前所未有之地震，觉木宗下属噶尔寺为主之各大中小寺院，僧房和百姓差户房屋等，均已破坏，变成废墟"。因而，林芝的名胜古迹，特别是古建筑类大多是后来修复的。本书对建筑艺术等描写甚少，重点侧重于历史叙述。我们认为，这也是符合编撰本书的初衷的。

第一篇

巴宜区名胜古迹

第一章

古 建 筑

第一节 寺 庙

吉日寺

吉日寺位于巴宜区林芝镇卡斯木村东南约2公里的小山岗上。寺庙西南面有通往外界的乡村公路，距镇政府驻地7公里。海拔3238米。奉苯教。寺庙分布面积约2000平方米，建筑面积800平方米。

吉日寺大门 普多摄

据苯教典籍记载：当初聂赤赞普来到工布拉日江多山上，在吉日雍仲宫被奉为吐蕃第一代赞普。“吉日”意为国王山。吉日寺以山为名。苯教成为制度化宗教之前，吐蕃第二代赞普穆赤赞普时，吉日寺所在地建有行宫及苯教密宗禅院。苯教成为制度化宗教时期，11 世纪，象雄苯教密宗大师卡尤母伟在此修建密宗禅院。吉日山四面及中央修建 5 座苯教女神殿，四方筑有 4 座苯教圣塔，塔内藏有数万卷苯教典籍，并有几十位苯教高僧在此广收门徒，弘扬苯教，从此名振全藏区，后因塔布、娘布、工布一带发生战乱而逐渐衰落。

吉日寺神像　庞健摄

1394 年，扎尊朗卡仁青（也称洛旦宁布上师），在现吉日寺所在地创建吉日寺。当时建有独具苯教特色的主殿，依照苯教习俗，主殿四面皆有门，四方有角楼，里外皆有门廊且覆有琉璃瓦，上方还装饰金质祥麟法轮。主殿供有苯教祖师顿巴辛绕·米沃切等大小千尊塑像，藏有各种苯教典籍和唐卡等。后又经几任住持不断扩建，还建有强巴佛（吸收自佛教）殿、药师佛（吸收自佛教）殿、顶层殿或静室、甘珠尔殿、藏经殿、永胜殿、护法殿、拉章（拉章是活佛行宫的统称。活佛地位不同，拉章面积也有区别）、厨房、转经筒房以及百余间僧舍等。大约在 17 世纪因教派争端被烧毁。约莫过了 50 年后，安多喇嘛扎巴重修了 30 柱面积三层集会殿、12 柱面积两层拉章、8 柱面积两层甘珠

吉日寺主殿　海茵摄

尔殿、6柱面积两层顶层殿、9柱面积药师佛殿和承胜殿、9柱面积两层护法殿及僧舍、嘛呢房等，当时成为工布一带规模较大的苯教寺庙，修行僧人众多，设有工布康村、霍琼康村、荣米康村和安多康村等。

1950年墨脱大地震时，寺庙建筑严重受损，后由雍仲洛旦活佛维修如旧。在“文化大革命”中再次受损，寺庙建筑成为废墟，寺藏文物被毁。党的十一届三中全会后，党的民族宗教政策得到落实。1989年，昌都丁青日追寺住持喇嘛米顿朗拉开始着手重修吉日寺。1998年，由曼日格西益西塔克负责，按当地信众的意愿再次进行修缮。2002年，琼布孜珠寺喇嘛朗卡坚参捐助70多万元，扩建了集会大殿，修筑了寺院围墙，重修了拉章、招待所、厨房、转经筒房等，还捐献了6尊旧神像，并新塑了大小神像近千尊，收藏了苯教典籍1500多卷，至此形成了目前的规模，现有常驻僧尼9人。

现寺庙主殿位于寺庙东北部，坐西北朝东南，为一楼一底藏汉结合式土木石结构：第一层为夯筑。第二层为石木结构，单檐歇山式屋顶，屋面以木板和铁皮铺就。底层由门廊、集会大殿组成。门廊前端立两根八棱檐柱，面阔10.4米，进深1米，左右两侧各有一个转经筒，两面有通往第二层的木质楼梯。后部为集会大殿，面阔5间用4柱10米，柱间距1—2.4米，进深4间用3柱10米，柱间距1—3.2米，殿内后部供奉有顿巴辛绕·米沃切等苯教大师的新塑像。第二层西北面有1间客房、1间仓库、1间念经房，中央为供奉殿，摆放了许多新塑的小神像和新购经书。第二层东南面有1间喇嘛住房、1间仓库、1间客房。

该寺历代住持有：尼玛伦珠、达古坚参西饶桑布、阿卧美久、旺杰、美久多吉、美久坚参、美久扎巴、美久丹旺、美久次旺、美久雍仲、洛丹等人。

该寺宗教仪轨主要为苯教仪轨，有顿巴辛绕·米沃切祖师诞辰日祭祀会供；猴月（藏历七月）10日，为真巴朗卡大师诞辰日及洛旦宁布圆寂日祭祀会供；还有规模较大的抛朵玛（鬼食子）仪轨和修供药师佛仪轨等。

拉日江多寺

拉日江多寺位于巴宜区林芝镇立定村北面山顶上，距镇政府驻地约24公里，未通公路，海拔4200米。该寺创建于吐蕃第二代赞普穆赤赞普时期。创建者不详。主供阿玛龙玛和护法女神多吉玉珍像。奉苯教。

据苯教典籍《无污》记载：“苯教祖师顿巴辛绕·米沃切前来工布地区传法时，工布地区的妖魔施法，把此地变成崇山峻岭，以阻止他传法。顿巴辛绕·米沃切祖师行至此处，知道这是妖魔施法变成的山，便也设坛施法，把崇山峻岭劈成几座山，举起其中最大最高一座放在了尼洋河边。此处，后来就变成了三岔口，形成了塔布、娘布、工布三地。”顿巴辛绕·米沃切祖师不仅降伏了工布地区的妖魔鬼怪，并将劈开的魔鬼山加持成苯教的神山。“拉日江多”意为神山巨石。

拉日江多寺在1950年墨脱大地震中被毁，后由邦纳等附近村庄的信众重修。“文化大革命”

拉日江多寺　格桑摄

时期再次被毁。1994年，经上级政府批准，由该寺继任者曲达和僧人格桑丹培负责重建。拉日江多寺周围，有许多自然生成的千奇百怪的石像、足迹等圣迹。该寺藏有喇嘛曲达、普巴曲旦、卓玛曲旦等高僧的灵塔，以及铜质供灯、曼陀罗、唐卡、苯教典籍等文物和藏品。

拉日江多寺在每年藏历五月十五日，举行酥油花会供。届时，邦纳、曲吉、立定等地的信众都会前来上供朝拜。

大卓萨寺

大卓萨寺位于巴宜区八一镇卡斯木村东约3公里处。南面有通往外界的乡村公路。西距318国道3公里，是林芝市著名的苯教寺庙之一，主供为有老虎脚印的石头。现由主殿、厨房遗址、僧舍、厨房、转经筒房等部分组成。分布面积约1.5万平方米，建筑面积约1000平方米。寺庙地处尼洋河东岸的苯日山半山腰上，西距河边约10公里，高出河面约400米，海拔3438米，四面被苯日山脉环绕。寺庙周围

大卓萨寺外景　丹珍摄

植被丰富，地表长有柳树、桃树、核桃树、松树、柏树等乔木和青冈等灌木及浅草植被，为高原林区，属高原温带半湿润季风气候。

相传寺庙由第八世曼日古顿美朗扎西（1500—1580 年）创建。另据《象雄志》记载，该寺由达则寺第一世上师贡钦美朗扎西创建。到目前为止共传 16 世上师。

曼日古顿美朗扎西出生于藏区四大谷地之一察瓦荣（今四川阿坝藏族羌族自治州马尔康的大、小金川一带），由杰瓦曼日寻定为第七世曼日上师的转世灵童，并举行了坐床典礼。后来，曼日古顿美朗扎西前往“喂”地岩壁修行，其间掘出诸多伏藏圣物，修成之后回到曼日寺。此后不知什么原因，他离开曼日寺云游四方，拜师求法，开坛讲经，并来到苯日神山旁修行。传说，他有一晚在睡梦中见到诸多天神，命其在此建寺弘扬苯教。第二天醒来后，曼日古顿美朗扎西到苯日神山周围寻找天神托梦之地，见远处半山腰的一块巨石上，有一只若隐若现、被火光包围的老虎。于是，他便朝巨石上的老虎走去，走到近处，才看清是三只老虎在巨石上起舞，仿佛在迎请

大卓萨寺内的神像　丹珍摄

他。他感到非常惊奇，当即决定听从神命，在此修建苯教寺庙。

“大卓萨”意为老虎跳舞之地。大卓萨寺建成之后，留有老虎跳舞足印的巨石，自然也就成了该寺的主供圣物，供于主殿正中央。另供有古顿美朗扎西的手掌印。前来转山朝拜的苯教信众络绎不绝，香火旺盛。“文化大革命”期间，寺庙建筑和寺内文物都被毁。1987 年由喇嘛雍仲坚参和该寺民管会主任雍仲崔成出资 7 万元修复了该寺。1995 年，在上级有关部门的资助下，当地信教群众无偿投工投劳，修建了一座 9 柱面积主殿，以及转经筒房 1 间、厨房 1 间，重印了苯教典籍 1 套。

大卓萨寺历代住持有：古顿美朗扎西、丹巴伟色、达古尼玛坚参、雍仲坚参、祖佩伟色、桑杰林巴、仁青旺杰、杰瓦洛追、朵喇嘛丹巴坚参、玛崩雍仲尼玛、堪朗达伟色、古秀西饶伟色、西饶扎巴、崔成洛追、洛追、崔成丹增、西饶伟色、雍仲坚参等人。

该寺藏有老虎足印石、老虎卧印石、古顿美朗扎西上师掌印、新塑娘麦祖师像和古顿美朗扎西像，真巴朗卡像、银质唢呐、苯教各种经文和典籍等文物和藏品。寺庙墙壁上绘有精美绝伦、栩栩如生的苯教祖师顿巴辛绕·米沃切千尊像壁画。

主要宗教仪轨和法事活动有：依据苯教习俗，藏历一月十五日，举办娘麦祖师圆寂祭祀会供。藏历二月十五日、藏历五月七日至十日，举行灌顶赐福仪轨，周围信教群众前来朝拜祈福。藏历七月二十日至三十日，举行规模较小的抛朵玛仪轨。其间，僧人表演羌姆（跳神舞），当地群众前往寺庙朝拜，祈愿求福，观看跳神表演。藏历八月二十八日至三十日，举行世间王千供法会。藏历九月二十日至三十日，举行规模较小的抛朵玛仪轨，僧人还为信众表演羌姆。藏历十二月二十日至三十日，举行规模较大的抛朵玛仪轨，修供苯教本尊神。

色迦更钦寺

色迦更钦寺位于巴宜区林芝镇卡萨姆村东约3公里处、苯日山麓坡地。西南距米瑞乡村公路约2公里，海拔3438米。主供为祖师顿巴辛绕·米沃切，奉苯教。现由主殿、上师住房、厨房、僧舍等组成。寺庙分布面积约2000平方米，建筑面积约600平方米。寺庙东面为苯日山，南为米日木巴山，北为以嘎山。寺庙周围植被丰富，地表长有柳树、桃树、核桃树、松树、柏树等乔木和青冈等灌木及浅草植被，为高原林区。气候属高原温带半湿润季风气候。

相传，吐蕃第一代国王聂赤赞普与苯教大师朗卡朗瓦道景，在工布一带兴建苯教禅经院，大

色迦更钦寺主殿　庞健摄

兴苯教。吐蕃第二代赞普穆赤赞普时期，苯教势力发展迅猛，在藏区各地兴建了一大批苯教寺庙。当时名扬全藏区的工布斯木唐，就是现色迦更钦寺所在地。佛教传入西藏之后，苯教的势力日渐衰弱，就连苯教圣地苯日神山也渐渐淡出人们的记忆。苯教名士日巴竹赛杰得知，苯教祖师顿巴辛绕·米沃切曾亲临苯日山，降妖除魔，开光苯日山为苯教的神山圣地，并在此开坛讲经传法。1330 年，日巴竹赛杰也为苯日神山开光，并在苯日山半腰处的斯木唐创建色迦更钦寺，广收门徒，大力弘扬苯教。当时有 100 多名僧人。

又据《象雄志》记载，色迦更钦寺由日巴竹赛杰于 1387 年开光苯日神山时创建。

在 1950 年墨脱大地震中和“文化大革命”期间，该寺损毁严重，成为废墟。1982 年，由贤潘尊珠和凯珠尼玛两位大师负责，按原规模重修了色迦更钦寺。当时，国家资助 5 万元，信众募捐 60 多万元。1985 年，又由喇嘛尧珠尼玛负责，进行了修缮。现有常驻僧人 12 名。

色迦更钦寺历代住持有：日巴竹赛杰、热希尼玛坚赞、玛智石达、扎瓦仲木、当巴洛追、雍仲崔成、董衮丹巴伦珠、瑜伽师朗卡伦珠、次旺伦珠、丹巴坚赞、雍仲旺杰、仁青崔成、贡桑伦珠、杰瓦祖普、次旺巧列、雍仲坚参、杰卧洛追、米久坚参、伦珠旺杰、雍仲旺杰、次旺维色、雍仲平措、卫普崔成洛追、尼玛旦增、道旦达瓦顿珠、塔也嘉措、贤潘尊珠、凯珠尼玛等人。

该寺藏有日巴竹赛杰的灵塔和足印、佛祖释迦牟尼像、强巴（弥勒佛）像、顿巴辛绕·米沃切像、苯教的各种经文典籍，以及世间佛母加持过的圣水、银质供灯、银质曼陀罗、长筒号、锣鼓等文物和藏品。

色迦更钦寺宗教仪轨和法事活动主要有：从藏历一月五日开始，举行为期 15 天的苯教大师丹巴坚赞圆寂日祭祀法会及会供；藏历四月一日开始，举行静猛十万供和上师供法会；藏历四月十三日，举行色迦更钦神鸟朝拜活动；藏历六月份，举行古顿美朗扎西圆寂祭祀法会及会供；藏历九月份，举行十万供法会；藏历十月份，举行虎神千供法会；藏历十二月份，举行虎神千供法会和抛朵玛仪轨。

达则寺

达则寺（全称为达则雍仲岭寺），位于巴宜区林芝镇达则村东约500米的苯日山半山腰上。西距米瑞乡村公路约800米，西面有通往外界的简易乡村公路，海拔2842米。由董工丹巴伦珠于藏历第十一绕迥火羊年（1667年）创建，奉苯教。“达则”原读音为“达森”，是老虎和狮子的藏语简写。原由主殿、僧舍、转经筒房等组成。现寺庙由主殿、僧舍、转经筒房、供奉亭四部分组成。主供苯教祖师顿巴辛绕·米沃切。寺庙分布面积约5000平方米，建筑面积1000平方米。2001年12月11日，被公布为林芝县（现巴宜区）文物保护单位。

寺庙地处尼洋河东岸，西距河边约800米，东面为延绵的苯日山脉。寺庙周围植被丰富，为高原林区，属高原温带半湿润季风气候区。

据《苯教史》记载，当年，苯教祖师顿巴辛绕·米沃切到工布地区讲经传法，准备把苯日神山开光为苯教神山时，遇到魔王率千军万马在尼洋河两边阻挡去路。见此情景，顿巴辛绕·米沃切祖师立即作法，化身为一只凶猛的老虎和一头威猛无比的雄狮，向魔军猛扑过去，就地降伏一切魔军势力，众魔仓皇而逃。现此地有两处岩壁，仍然叫猛虎岩和雄狮岩。

董工丹巴伦珠、次旺伦珠、仁青崔成、旺扎嘉措、雍仲朗杰、贡桑伦珠、杰瓦祖培、次旺乔列、达瓦坚参、伦珠旺杰、雍仲旺杰、次旺朗杰、旦巴坚参、索朗罗布、崔成洛追、塔业嘉措、次旺顿堆、崔成旦巴坚参等苯教高僧大德在该寺历任法台。

1950年墨脱大地震中，达则寺受到较大损毁，后重修过一次，“文化大革命”时期遭到毁灭性损毁。1985年，经上级政

达则寺主殿　普多摄

府批准，由喇嘛崔成坚参负责在原址上重修。现由四川阿坝藏族自治州松潘县籍的江培强巴喇嘛负责该寺的各项工作。

达则寺藏有帕琼、娘麦、仲林克珠龙道嘉措等苯教高僧祖师的舍利，卓衮西饶雍仲和雍仲旺杰的头盖骨，董工丹巴伦珠的金银灵塔，顿巴伦珠上师的灵塔，塔业嘉措的金塔，价值百万元的大理石雕琢的顿巴辛绕·米沃切祖师像、泥塑顿巴辛绕·米沃切祖师像、真巴朗卡像、江玛像，以及有藏文字母和苯教雍仲符号的法螺、福寿宝瓶、跳神面具、唢呐等文物和藏品。

该寺宗教仪轨和法事活动主要有：每年藏历一月五日，举行苯教祖师娘麦西饶坚参圆寂日祭祀法会；藏历三月四日，举行永胜千供仪轨；藏历四月十九日至二十八日，举行驻世佛母千供法会；藏历八月二十五日，举行该寺重修者、喇嘛崔成坚参圆寂日祭祀法会；藏历十一月二十一日

达则寺供奉的顿巴辛绕·米沃切塑像　庞健摄

喇嘛岭寺全貌　海茵摄

至二十九日，举行达则火供仪轨，信众踩踏火苗，祈求人畜兴旺，其间还要表演跳神；藏历十二月二十九日，举行规模较大的抛朵玛仪轨等。

喇嘛岭寺

喇嘛岭寺位于巴宜区布久乡简切村西部，东南距306省道约8公里，东南约100米有通往外界的乡村公路，海拔3322米。寺庙原名桑多百日寺，意为铜色莲花山寺。由墨脱境内的宁玛教派活佛顿炯·晋哲·益西多吉于20世纪30年代创建，原址在罗布日山梁上，在1950年墨脱大地震中损毁，1955年修复，“文化大革命”时期又被毁，1987年迁到现址重建。寺庙建筑面积1800平方米。主供佛像为莲花生大师。寺庙现由主殿、经堂、僧舍、主殿遗址等组成，奉宁玛派。寺庙规模较大，建筑风格独特，是林芝境内最为著名的宁玛派寺庙，同时也是当地著名的旅

喇嘛岭寺主殿　海茵摄

游景点和宗教活动场所，现为县级文物保护单位。

该寺创建者第二世顿炯·晋哲·益西多吉，于1921年左右，在今墨脱县境内的德尔贡开坛讲经，创办藏医学校。当地不少有识之士慕名前来，求法学医。1930年年初，第二世顿炯从山南敏珠林寺深造回到德尔贡后，名声更加显赫，自愿前来求法学医的人越来越多，讲经院和藏医学校的规模也随之扩大。因此，当时的墨脱宗本以未经批准不得开设讲经院为由，让第二世顿炯离开此地。

1930年年底，第二世顿炯离开墨脱，再次前往山南敏珠林寺深造；同时，把在墨脱遇到的不幸讲给了同门师兄弟和敏珠林寺住持。敏珠林寺住持说，工布的布久一带是敏珠林寺的庄园，你可以在那里选址建寺。有了敏珠林寺的慷慨相助，顿炯大师来到布久观察地形，选择建寺之地。当时，在布久一处叫作德钦顶的地方建有一座噶举派的小寺庙。顿炯大师请人对该寺进行了修缮，保留了原有的佛像，在门廊墙壁上新绘制了四大天王壁画，还修建了拉章。从此，顿炯大师有了自己的寺庙，在此广收徒弟，大兴宁玛教法。

几年后，噶厦政府又派差使，要求把寺庙搬迁至罗布山半腰处。正当罗布山的寺庙修建至二楼时，发生了1950年墨脱大地震，致使寺庙全部被毁，成为废墟。1951年，获得噶厦政府批准，顿炯大师把寺庙从罗布山迁至桑多白日山脚下。当时建有一座正方形三层主殿，内部佛像、佛经、佛塔一应俱全，取名工布布久仁增吉祥宫。

顿炯大师在此修习佛法，开坛讲经，广收门徒，教诲信众，积德行善，名扬全藏及周边的不丹、锡金等地，前来求法学经者络绎不绝。由于该寺高僧大德云集，故被当地群众称为“喇嘛岭寺”，意为喇嘛高僧云集的地方。该寺未参加1959年的叛乱，所以在1962年获准继续开展宗教活动，部分僧人也常驻寺中。“文化大革命”期间，寺庙被毁，寺内文物除莲花生大师足印和金刚手佛像头部之外，皆不知下落。1986年，向上级申请重修。1987年，经自治区、地区、县里有关部门批准重修。顿炯大师之女德钦和女婿曲尼，根据顿炯大师从尼泊尔寄来的设计图纸，自筹资金，修建了独具特

喇嘛岭寺经堂　海茵摄

色的铜色吉祥宫。它高三层，四门八角。底层外部两柱，内部六柱，供有莲花生大师像；第二层十柱，供有观世音菩萨像；第三层盖有金顶，供有无量光佛像。经德钦和曲尼20多年努力，建成了目前的喇嘛岭寺。

该寺主要宗教佛事活动有：藏历一月三日，进行规模盛大的煨桑、敬供神水仪轨；藏历五月份，夏令安居，闭关修行，通读大藏经《甘珠尔》和《丹珠尔》；藏历九月份和十月份，举行晚间诵经法会。

珠曲登寺

珠曲登寺位于巴宜区布久乡珠曲登村中央。北面有珠曲登村通往外界的简易乡村公路，东南距布久乡村公路约2公里，东距306省道约9公里。海拔3030米。该寺由嘉旺曲吉贡嘎边觉于1463年左右创建，奉噶举派，主供多吉羌。1950年墨脱大地震致使寺庙损毁。1980年前后，在原有的基础上修复了主殿。

寺庙最初建于名叫“美扎朵”的地方，是噶举派支系竹巴噶举最早的寺庙之一。相传，嘉旺曲吉贡嘎边觉依据空行母的预言，来到现珠曲登村的山谷中，开坛敬供神水。当占卜选择建寺之地时，飞来一只乌鸦把供盘叼走，他便沿着乌鸦飞走的路线追了过去。到了一处三岔路口，看到燃烧的供盘放在一块巨石上，感到非常奇特，遂认定这里就是空行母预言的弘法之地。此后，嘉旺曲吉贡嘎边觉就修建了一座15柱间的两层拉康、一座10柱间的两层拉康，取名美扎朵寺。

由于美扎朵寺地处高山峡谷，冬季特别寒冷，嘉旺曲吉贡嘎边觉遂于1463年左右，把寺庙搬迁至当时为美扎朵寺庄园的珠曲登村，改名珠曲登寺。当年建有主殿和僧舍。底层为马厩，第二层为主殿，第三层为僧舍。四周围有高大的围墙。东、西、南、北各有一扇大门。当时，珠曲登寺香火旺盛，僧侣众多，势力强大，在今工布江达县一带有该寺的庄园及几座支寺。

寺庙在1950年墨脱大地震中被毁，僧人死伤众多。1957

珠曲登寺佛像　庞健摄

年，在该寺僧人和周围信众的请求下，嘉旺仁布切（第十世嘉旺活佛）向当时的西藏地方政府噶伦、中华人民共和国国防委员会委员、西藏军区第一副司令员阿沛·阿旺晋美请示。根据阿沛·阿旺晋美的指示，在珠曲登村中央修建了一座有24根短柱、2根长柱的集会殿，以满足信众开展日常宗教活动的需求。在“文化大革命”时期，寺内文物全部被毁或遗失，殿堂作为公社的粮仓，得以保留。2008年获准维修。2012年获准在遗址上重建。

该寺宗教仪轨和佛事活动主要有：藏历一月八日至十五日，举行不动佛会供仪轨；藏历四月一日至十五日，举行斋戒仪轨，其间要守饥行、禁食斋；藏历五月，举行夏季修供月。

珠曲登寺主殿　庞健摄

德木寺

德木寺（旧译为第穆寺）创建之初，位于今巴宜区鲁朗镇的德木拉山山顶。1478 年至 1487 年之间，由第一世帕巴拉呼图克图·恰达德庆多吉创建，并由他

德木寺外景 普多摄

的兄长和经师贡确迥乃掌管。在第四世德木活佛阿旺格列坚赞时期，工布地区与波密嘎南第巴之间发生战乱，寺庙被烧毁。1653 年左右，第四世德木活佛阿旺格列坚赞，把德木寺从鲁朗的德木拉山搬迁至曲尼贡嘎山坡上。

德木寺位于巴宜区米瑞乡曲尼贡嘎村东约 200 米的山坡上，南约 1.8 公里为米瑞乡村公路。海拔 3128 米。该寺系德木活佛的本寺，是工布地区格鲁派三大寺院之一。原建筑群规模较大，占地 6.4 亩，由主殿、弥勒殿、大殿、僧舍、伙房等组成，主殿为 3 层建筑，1950 年墨脱大地震时全被毁。1953 年，在原有基础上修复了除僧舍以外的建筑，“文化大革命”时期再被毁。1989 年，在原有的基础上又修复了主殿，新修了僧舍、法器室、接待室等

德木寺主殿　普多摄

建筑。现由主殿、接待室、法器室、僧舍、坐床房等组成，为四合院式。主供宗喀巴大师，奉格鲁派。寺庙分布面积5596平方米，建筑面积2000平方米。现为区级文物保护单位。

德木寺所在山坡顶部形似右旋的白海螺，底部犹如神龟俯冲，两眼泉水仿佛从龟的眼睛里流出，两边的小溪酷似飘动的哈达，周围像8瓣莲花叶，周边有108眼泉水、108处森林，以及汇聚轮王七宝、吉祥八宝等图案，预示着此处定能成为佛门圣地。

当时建有3层主殿1座：底层为25柱间的集会殿，第二层为6柱间的璃玛（响铜）拉康，第三层为6柱间的法器室。另外，还建有10柱间的4层高强巴佛殿：第一层、第二层供有强巴佛；第三层为跳神服饰仓库；第四层为喇嘛寝宫，即德木活佛的寝宫。康萨集会殿有24柱间3层高：底层为10柱间旦巴拉康，第二层为贵宾接待室，第三层为喇嘛厨房、侍从室。拉章有24柱间4层高，主要是僧舍、奏乐室、秘咒室等。据说，当年有近500名僧人在此修行。1899年，德木寺因德木活佛事件遭到西藏地方政府的破坏。当时，外部建筑受损较小，但寺内文物损毁严重。1950年墨脱大地震中，德木寺受损严重，僧人被埋，文物被毁，尤其是德木寺的支寺曲米寺、唐嘎寺、塔卧寺、麦木寺等成为废墟，至今未能修复。震后，寺庙向噶厦政府汇报了灾情，并获准重修。1953年，第十世德木活佛洛桑降白隆多丹增嘉措从拉萨派来石匠、木匠和画师等，除部分僧舍外，其余均按原有规模进行了重修。“文化大革命”中，德木寺全部被毁，只剩下地基，寺内文物全部被没收充公。

党的十一届三中全会以后，党的民族宗教政策得到贯彻落实。经有关部门批准，德木寺从1988年开始重修，至1989年6月全部完工，并对信众开放。

目前，该寺建有20柱间两层高主殿一座、两层高厨房和旅社及奏乐室、僧舍等。寺中藏有三世佛佛像、自然生成宗喀巴大师石像、历代德木活佛像唐卡、觉沃罗各夏日像、8.5米高的强巴佛像、观音菩萨像唐卡、释迦牟尼佛像唐卡、度母像唐卡、第十世德木活佛灵塔、铜质长号、唢呐、铜钹、法螺等文物和藏品。

历代德木活佛世系如下：

第一世德木活佛贡确迥乃，藏历第八绕迥铁羊年（1451年）生于昌都韦之地，从小聪慧过人，年少时遇第一世帕巴拉活佛并在其台前受戒出家，后前往拉萨哲蚌寺洛色林札仓（意为僧院），师从绛央列白曲觉大师、大遍知根敦嘉措，潜心修法，严守戒律，最终获得大圆满。他还为弘扬佛法历尽千辛万苦，先后创建扎西曲隆寺和曲隆寺，开坛讲经，广收门徒。藏历第九绕迥土蛇年（1509年）圆寂，享年58岁。

第二世德木活佛班觉扎西，藏历第九绕迥铁马年（1510年）生于尼洋河畔工布萨嘎曲康，幼小时就师从帕巴拉桑杰，后前往拉萨哲蚌寺洛色林札仓，师从索南扎巴、大遍知根敦嘉措等人，学习显宗五部大论。他凭借过人的智慧和坚强的毅力，获得大成就，学成之后回到帕巴拉跟前，主持昌都格鲁派三大寺庙，大兴格鲁派，名扬朵康地区。藏历第十绕迥水猴年（1572年）圆寂，享年62岁。

第三世德木活佛拉旺确列南杰，藏历第十绕迥水鸡年（1573年）生于尼洋河畔工布聂赤仲钦，从小就追随帕巴拉通瓦顿旦，并在其台前剃度出家，后前往拉萨，师从四世班禅罗桑确吉坚赞、大遍知云丹嘉措等大师，博览群书，刻苦钻研，潜心修法，并获得大成就。他学识渊博，精通佛法，威望极高，故被第三世帕巴拉任命为波密、察隅和八宿一带所有格鲁派寺院的经师。藏历第十一绕迥铁马年（1630年）圆寂，享年57岁。

第四世德木活佛列旺·丹白坚赞（又名阿旺格列坚赞），藏历第十一绕迥铁羊年（1631年）生于工布的查齐宇麦，从小聪慧过人，记忆力超凡，过目不忘。13岁时，他前往哲蚌寺洛色林札仓，师从四世班禅罗桑确吉坚赞，进一步学习佛法；后又师从五世达赖喇嘛，并在其台前剃度出家，精通显、密两宗，成为五世达赖喇嘛最信赖的弟子。

德木寺大殿内景　庞健摄

藏历第十一绕迥水龙年（1652年），五世达赖喇嘛应清顺治皇帝之邀前往北京觐见，第四世德木活佛拉旺丹白坚赞作为五世达赖喇嘛的侍从随行。顺治皇帝是笃信佛教的一位君王。到京城后，五世达赖喇嘛和四世德木活佛举行规模宏大的法事活动，为顺治皇帝讲经传法。四世德木活佛给顺治皇帝灌无量长寿顶。顺治皇帝赐予五世达赖喇嘛和四世德木活佛大量金银财宝作为供养。返藏后，四世德木活佛为工布布久拉康加盖金顶，创建桑阿曲林寺，大兴佛法，被封为波密倾多寺堪布。其间，德木拉山上的洛色林寺遭遇火灾，由四世德木活佛主持重新选址，在现寺庙所在地小山岗上重新修建了德木寺。藏历第十一绕迥土猴年（1668年），四世德木活佛应邀前往青海途中圆寂，享年37岁。

第五世德木活佛阿旺南喀绛央，藏历第十一绕迥铁狗年（1670年）出生于工布查其嘉囊，年少时就一心向佛，前往拉萨，在五世达赖喇嘛台前剃度出家，师从五世班禅洛桑益希学习佛法，后又入哲蚌寺洛色林札仓系统学习显宗五部论，学业突飞猛进，终成大业。他曾侍奉过六世达赖喇嘛仓央嘉措，后又到内地南京讲经传法，普度众生。藏历第十二绕迥铁虎年（1722年）圆寂，享年52岁。

第六世德木活佛阿旺绛白德列嘉措，藏历第十二绕迥水兔年（1723年）出生于工布布久拉康附近的仲麦，受七世达赖喇嘛格桑嘉措剃度出家。七世达赖喇嘛圆寂之后，藏历第十三绕迥火牛年（1757年），34岁的第六世德木活佛阿旺绛白德列嘉措，奉清乾隆皇帝之命担任摄政，他是西藏第一位由僧人担任的摄政。在此之前，摄政都是由俗官担任。六世德木活佛主持修建了七世达赖喇嘛的灵塔，还主持了寻访、认定八世达赖喇嘛强白嘉措的各项事宜。1759年，乾隆皇帝赐封六世德木活佛为“弘扬佛法、主持藏事的呼图克图诺门汗”，并颁发银册和银印。1762年，六世德木活佛主持修缮了大昭寺、桑耶寺，修建了大昭寺西北角的丹吉林寺。后来，丹吉林寺成为历代德木活佛在拉萨的驻锡地。六世德木活佛新创了一种神舞——“德木贡羌”，该神舞后来传播到藏地许多寺院，布达拉宫和桑耶寺也跳“德木贡羌”。六世德木活佛担任摄政长达20余年，名扬全藏。藏历第十三绕迥火鸡年（1777年）在拉萨丹吉林寺圆寂，享年54岁。

第七世德木活佛阿旺洛桑土登晋美嘉措，藏历第十三绕迥土狗年（1778年）出生于昌都，后成为九世达赖喇嘛隆多嘉措的经师。藏历第十四绕迥木羊年（1815年），10岁的九世达赖喇嘛在布达拉宫暴亡。清嘉庆皇帝令七世德木活佛一面寻访灵童，一面继续担任摄政。担任摄政7年期间，七世德木活佛主持修建了九世达赖喇嘛的灵塔，并因执政有方，广受赞誉。藏历第十四绕迥土兔年（1819 年）圆寂，享年 39 岁。

第八世德木活佛阿旺洛桑赤列绕杰，出生于藏历第十四绕迥木兔年（1855 年）。藏历第十四绕迥火狗年（1886 年），八世德木活佛继任摄政，并得到了清光绪皇帝的批准。他还担任过十三世达赖喇嘛的经师。1890 年，光绪皇帝赐八世德木活佛“靖善禅师”的名号。1899 年，八世德木活佛圆寂，享年 44 岁。

第九世德木活佛丹增嘉措，藏历第十五绕迥铁牛年（1901 年）出生于工布鲁定（现工布江达县阿沛村）。当时寻访到了八世德木活佛的转世灵童，但因正逢荣赫鹏率领的英军入侵西藏，十三世达赖喇嘛在外蒙古避难，只好把八世德木活佛的转世灵童暂时安排在色拉寺东边的小寺院曲典岗学经。藏历第十五绕迥铁狗年（1910 年），第九世德木活佛在丹吉林寺坐床，并举行了隆重的坐床典礼，恢复其活佛的封号、庄园、财产。1973 年，九世德木活佛在拉萨圆寂，享年 72 岁。

德木寺供奉的释迦牟尼塑像　普多摄

德木寺主要佛事活动有：藏历一月十五日，举行祈愿大法会，迎请强巴佛；藏历二月八日至九日，僧人学习奏乐、跳神；藏历八月二十七日至二十八日，举行德木贡羌表演，其间向信众摸顶赐福；藏历八月三十日，举行德木赛马节；藏历九月，为降神节；藏历十月七日至十五日开始，举行 7 天诵经法会；藏历十一月十八日，举行德木活佛圆寂日祭祀法会及会供；藏历十二月二十九日，举行抛朵玛仪轨。

第二节　拉　康

格西拉康

格西拉康（活佛寝殿）位于巴宜区八一镇比日神山半腰处，海拔3200米，距八一镇2公里。据当地百姓说：该拉康于1900年左右由格西益西坚参创建，故得名格西拉康，奉格鲁派，主供强巴佛。

当时建有一座4柱间两层主殿和10余间僧舍。因寺内修行者大多为尼姑，也叫阿尼（尼姑）觉木拉康。始建之初，由羌纳寺派僧人管理。因交通不便，后改由唐拉寺代行日常管理及学习、诵经等事务。

1950年墨脱大地震中，该寺被毁。1992年，经林芝县（现巴宜区）政府批准，由昌都地区丁青县籍喇嘛格桑雍仲负责修复。因格桑雍仲信奉苯教，故该拉康改奉苯教，主供顿巴辛绕·米沃切祖师像。

现建有120平方米的主殿1座、160平方米的两层僧舍1座，77平方米的厨房1间等。该拉康定编僧人为2名，现在只有1名僧人常驻。

格西拉康供奉的顿巴辛绕·米沃切塑像　海茵摄

格西拉康　普多摄

唐绕拉康　普多摄

目前，无特定的法事活动。

该拉康的宗教仪轨和佛事活动主要有：藏历一月四日和五日两天，举行娘麦大师圆寂日祭祀会供仪轨；藏历一月十五日，举行苯教祖师顿巴辛绕·米沃切诞辰会供仪轨；藏历三月，举行苯教护法神百供仪轨；藏历六月，举行永胜千供仪轨；藏历九月，举行静猛合修仪轨；藏历十月二十九日，举行抛朵玛仪轨。

唐绕拉康

唐绕拉康又称唐绕强久林寺，位于巴宜区八一镇唐绕村比日神山北坡、白度母山脚下，距离八一镇约5公里，海拔3200米。相传于7世纪，吐蕃赞普松赞干布时期修建。现主供强巴佛，奉格鲁派。

唐绕拉康前身为唐绕强久林寺。8世纪，该寺第一世大师木纳喇嘛时期，建有72根柱子的3层楼房，其第三层为集会大殿。还邀请尼泊尔工匠铸造主供佛强巴佛像，兴建佛像、佛塔，为弘扬佛法奠定了基础。

15世纪，第一世达赖喇嘛根敦珠巴的徒弟、唐绕强久林寺第十六世活佛曲扎嘉措时期，继续大力弘扬格鲁派，使该寺处于鼎盛时期，僧人达1500多名。后由于工布地区流行瘟疫，曲扎嘉措活佛便修建了一座佛塔，祈求众生早日脱离瘟疫之灾。在曲扎嘉措活佛圆寂之地修建了放有活佛真身的灵塔，也就是现在的唐绕白塔。曲扎嘉措活佛生前说过，他是唐绕强久林寺最后一位活佛。从此，该寺也就没有转世活佛。此后，唐绕强久林寺由昌都寺派遣堪布管理。

1717年至1720年间，准噶尔部落侵犯西藏时，该寺被烧毁。后由索朗江村堪布负责重修了1座有12根柱子的两层集会大殿，并修建伙房6间、僧舍50间。主供强巴佛。当时有50余名僧人。

1959年西藏民主改革前，该寺常驻僧尼约有30人。“文化大革命”时期，寺内的贵重文物、佛像、法器等全部充公，经书被烧毁，寺内僧人被劝回原籍。

党的十一届三中全会以后，经林芝县(现巴宜区）政府批准，曾经在唐绕强久林寺学过经的唐绕村村民塔杰自筹资金10余万元，于1993年在唐绕白塔旁修建了现在的唐绕拉康。该拉康的修建得到了信众的大力支持。目前，该拉康建有一座有9根柱子的经堂，主供强巴佛，还供有阿底峡大师像、宗喀巴大师师徒3尊像、护法神以及佛教经典《甘珠尔》《丹珠尔》。唐绕拉康占地面积约3亩，有僧舍6间、嘛呢转经筒房1间、供灯房1间。寺庙里，书屋、国旗台、消防蓄水池等设施一应俱全。该拉康定编僧人为3名。

主要佛事活动有：藏历一月十五日的神变节节庆、藏历四月十五日的萨嘎达瓦节节庆、藏历十月二十九日的唐绕朵加等。

尼池拉康

尼池拉康或称古秀寺位于巴宜区林芝镇尼池村，距镇政府驻地约2公里，海拔3217米，由竹钦道旦日瓦朱色于1329年创建，奉苯教。

相传，苯教祖师顿巴辛绕·米沃切从象雄来到前藏传播苯教时，为后人留下了象征祖师幻身的一棵与祖师同等身高的翠

尼池拉康外景　海茵摄

柏（藏语称之为古秀）。还有苯教典籍帕钦让扎、苯教圣地苯日神山等。另一种说法是，顿巴辛绕·米沃切祖师在此休息时，把拐杖插在身旁，后来长出了一棵柏树。后人把此柏树视为祖师的幻身，在旁边修建拉康，取名尼池古秀。

尼池拉康主供顿巴辛绕·米沃切祖师像、真巴朗卡像、次旺仁增像等，藏有长筒号、铜质唢呐、海螺等文物和藏品。

该拉康以前由达则寺管理，“文化大革命”时期被毁。1993年，由喇嘛塔克嘉措负责重修。民间相传，围着尼池拉康的柏树转一百圈，相当于转一次苯日神山。所以，每天都有众多苯教信众前来转树。

布久拉康

布久拉康位于巴宜区布久乡朵当村、306省道西面30米处，海拔2995米。据《西藏王统记》等藏文史料记载：工布地区的步曲庙，即现在的布久拉康，为松赞干布为了镇压罗刹女的右肘而建，属于西藏12座镇魔寺庙之一。该拉康曾奉宁玛派，明清以后改奉格鲁派。1985年，在原有的基础上进行维修，加盖了第二层僧舍等，定名为布久拉康，又改奉宁玛派，主供莲花生大

师。主殿的第二层佛殿中央主供观音极乐世界塔，四面有早期绘制的十六罗汉壁画。目前，布久拉康由主殿、僧舍等组成。2009年10月，它被西藏自治区政府公布为自治区级文物保护单位。

据《东嘎藏学大词典》记载："青藏高原地形似罗刹女仰躺。在修建大昭寺时，为了镇压罗刹女右肘，吐蕃赞普松赞干布修筑布久拉康，主供一肘高海螺大悲十一面观世音菩萨。还有一盏石质伏藏物供灯。因此，也称布久伏藏物神殿。"

在吐蕃赞普赤松德赞时期，迎请莲花生大师入藏传教。大师在藏区修建第一座寺庙——桑耶寺后，前往藏区各地降妖除魔。当时，他也到过工布地区，加持了许多名山圣地，伏藏大量佛像、经文，修缮了布久拉康，留下了布久三圣物之一——莲花生大师足迹（现仍藏于布久拉康内）。随着历史的变迁，在德木活佛摄政时期，布久拉康由德木拉章丹杰林管理，德木寺派4名僧人到布久拉康管理日常的宗教事务，每3年轮换一次；在开展规模较大的宗教佛事活动时，由德木寺增派僧人。

1950年墨脱大地震中，布久拉康损毁严重，后由则拉岗宗向噶厦政府汇报灾情。噶厦政府下拨金、银、铜等所需物资，并

布久拉康外景　普多摄

布久拉康大殿　庞健摄

布久拉康供奉的十一面观音塑像　普多摄

派遣崩唐仲宜等官员，动员工布十六属地的民众重修了布久拉康。重修时，面积比原来小了些，层数也少了一层。由于管理不善，遗失的主供海螺大悲十一面观世音菩萨像未找到。重修之后，由德木寺、羌纳寺、扎西绕登寺三寺共同管理，每寺派4名僧人，共计12名，一直到民主改革前定期轮换。1959年，布久拉康成为布久区政府办公地，院内还住着几家贫困户。后来，布久区政府迁出，布久拉康用作生产队的粮仓。“文化大革命”时期，该拉康顶部的金顶被掀，内部文物被毁。1985年，上级政府资助13万元，由西藏自治区古建筑施工队重修了金顶，并邀请林芝县（现巴宜区）伐木队工人、原昌都地区丁青县赤多区白玛丹寺第十八世活佛纳布格桑，负责管理布久拉康的日常宗教事务。

布久拉康藏有新塑药泥大悲十一面观世音菩萨像，成人等身高镀金铜莲花生大师像1尊，泥塑亲教师寂命大师像、法王赤松德赞像各1尊，松赞干布像、宗喀巴像、四臂观音像、8岁小孩等身工尊德木像、空行佛母像、印度响铜释迦牟尼像、萨迦班智达像各1尊，一肘高西藏响铜宗喀巴像1尊，大藏经《甘珠尔》3套，佛经《丹珠尔》1套及各种宁玛派典籍；新、旧唐卡100多幅，银质供水杯10余个，还有长筒号、唢呐等文物和藏品。

该寺主要宗教佛事活动有：藏历一月十五日，举行布久“季达热瓦”（汉译为：开春踏青）。届时，周围的群众带上各种食物和美酒，到布久拉康转经、煨桑、载歌载舞，迎接春天。藏历四月份，诵念《甘珠尔》佛经；藏历五月十五日，举行南瞻部洲煨桑节（烟祭节）；藏历十二月二十九日，举行抛朵玛(鬼食子)仪轨。

曲觉拉康

曲觉拉康位于巴宜区米瑞乡色果拉村东约200米处，北约20米为米瑞乡村公路，海拔2931米。

该拉康的创建者和创建年代不详，民间相传建于1600年之前。奉宁玛派，主供四臂观音像、无量光佛像、莲花生大师像。

相传，工布地方邦国——工布阿杰王时期，因工布地方军英勇善战，阿杰王奉命派军队抗击敌人。当时是藏历九月份，距过藏历新年尚有3个月。为使军士们安心参战、英勇杀敌，工布阿杰王决定提前在藏历十月一日过新年。这一习俗保留至今。阿杰王率军到达拉萨后，前往大昭寺朝拜释迦牟尼佛像，祈祷尽快战胜敌人。他看到佛像前灯火通明、贡品丰富，以为佛祖平日里

曲觉拉康外景　普多摄

享用供品要蘸酥油，他自己也随手拿了一块供品蘸着酥油吃了起来。阿杰王看到佛祖始终面带慈祥的笑容，不由得生起虔敬之心。他自言自语道：“酥油灯被风吹灭笑嘻嘻，供品被人吃掉还是笑嘻嘻。”他把自己的鞋子放到佛祖面前说：“你帮我看一下，我去转一圈八廓街。”当香灯师看到佛祖面前放了一双鞋子，准备扔掉时，佛祖说道：“这是我的一个朋友寄存在这儿的，请不要扔掉。”阿杰王转完八廓街回到佛祖像前，叩拜三下道：“感谢你帮我看鞋子。等打完仗，我请你到工布做客。我们工布地方有可口的藏香猪肉、甘甜的青稞酒、香气扑鼻的面饼、耐烧的青冈柴火。到时，您可一定要光临。”佛祖欣然答应。阿杰王率工布地方军英勇杀敌，击退侵略军后回到工布。他一到家就对妻子说：“过几天，要从拉萨来一位贵客。你一定要记得迎请。”从此，阿杰王的妻子每天都到村口看贵客来了没有。有一天，她看到觉卧（意为佛祖释迦牟尼）蹚着雅鲁藏布江水，准备到工布王宫中做客。她立刻跑到阿杰王面前说：“你请的贵客掉到雅江中了。”阿杰王起身前去迎请拉萨的觉卧，觉卧说：“我已出家，不能到俗人家中做客，但可以派我的化身去。”说完，他变成了一块巨石，并在这块巨石的岩壁上自然生成了一幅四臂观音石像，也就是觉卧的化身。后人就地修建拉康，把这幅自然生成的四臂观音石像迎请至拉康内，取名曲觉拉康，意为供奉从水中迎请的佛之神殿。

该拉康在“文化大革命”时期被毁。1985 年，经上级政府批准，由色果拉村村民丹增负责重修。从 2002 年起，交给来自昌都市贡觉县的次扎管理。现在，曲觉拉康由主殿、僧舍、伙房、转经筒房等组成。该拉康分布面积约 900 平方米，建筑面积 300 平方米。

曲觉拉康佛塔　普多摄

曲觉拉康供奉的四臂观音塑像　普多摄

主殿位于拉康的北面，坐北朝南，单层藏汉结合式石木结构，石砌墙体，单檐歇山式屋顶，屋面以木板和铁皮铺就。面阔 3 间、用 4 柱、宽 10.4 米，柱间距 3.4 米，进深 2 间、用 2 柱、长 6.3 米，柱间距 3 米，方形木柱，柱边长 0.2 米。供奉有释迦牟尼等新泥塑、体型较小的佛像和 1 尊石刻。石刻内容应为四臂观音，石刻造像高 0.8 米、宽 0.55 米、肩宽 0.25 米，莲花底座高 0.1 米、宽 0.8 米；石刻通高 1.2 米、宽 0.9 米，为片岩。

曲觉拉康除了日常的修习和法会外，没有重大宗教佛事活动。

甲琼拉康

甲琼拉康位于巴宜区米瑞乡色果绕村东面半山腰，距乡政府驻地约 6 公里，海拔 2950 米，奉宁玛派。

甲琼拉康所在地，有一块酷似鸟中之王大鹏的崖壁。1980 年，一名来自昌都的转山者把这块崖壁作为主供，修建了一座拉康。“甲琼”意为鲲鹏，故得名甲琼拉康。

后由前来转山的格扎管理。该拉康周围，有莲花生大师的足迹等多处圣迹。

甲琼拉康外景　普多摄

孜列拉康

孜列拉康位于巴宜区米瑞乡孜列村北部苯日山山腰上，南约6公里为米瑞乡村公路，海拔3438米。第五世达赖喇嘛时期（1617—1682年），由宗美旦增多吉活佛创建。奉宁玛派。现在，孜列拉康由拉康、主殿遗址、僧舍遗址、转经筒房等组成。该拉康分布面积4200平方米，建筑面积800平方米。

当初，塔布孜列寺住持喇嘛大持明索朗朗杰有4个儿子，大儿子和二儿子先后继任住持喇嘛。在大儿子班吾金丹增任住持喇嘛时，新建了一所札仓，取名为敏珠杰作林，意即生起次第和圆满次第解脱的僧院，主修密宗精粹。后来，班吾金丹增不幸英年早逝，由其弟夏仲图多继任住持喇嘛。在夏仲图多时期，由于新、旧札仓间矛盾纠纷不断，夏仲图多率新札仓的30多名僧人来到工布地区寻找建寺之地，新建了孜列札仓寺。在巴窝祖拉成瓦的关怀和资助下，孜列札仓寺喇嘛聪美丹增创建唐卓寺，也就是今孜列拉康的前身。后来，聪美丹增亲自迎请了班吾金丹增和夏仲图多的转世活佛，还创建了藏果果寺。唐卓寺鼎盛时期有100多名僧人。此后，藏果果寺（在今米林县境内）和娘布德钦寺（在今工布江达县境内）成为该寺的支寺。

当时，唐卓寺建有一座3层主殿：第一层的集会殿有30柱，弥勒殿有6柱；第二层为拉章、寝宫、藏医诊所、厨房等；第三层为护法神殿等。主殿周边建有奏乐室、僧舍等。某年，因牧童不慎引发山林火灾，致使寺庙被烧毁。重建后，在准噶尔侵藏时，主殿的第三层被毁，由则拉岗宗资助维修。之后，主殿的第二层被波密嘎朗第巴拆毁。

主殿遗址位于今孜列拉康东约3米处，坐北朝南，土石结构，现存部分墙体。前部为门廊，内侧南北宽3.4米、东西长7.8米，东面墙体现已完全垮塌，西面墙体保存较好，墙体残高0.4—6米，墙体厚2.8米。中央为集会大殿，内侧东西长19.3

孜列拉康外景　庞健摄

米、南北宽 17.4 米，目前保存有东面、西面和北面墙体，墙体残高 0.4—14 米，墙厚 1.5—2.6 米。第一层为土石结构，第二层为夯土，夯土墙残高 4 米。东面墙体存有 2 个窗户，离地距离为 1.7 米。后部为弥勒殿，内侧东西长 9.6 米、南北宽 6.2 米，墙体厚 0.9—2.6 米，内侧堆满墙体倒塌的石块。东面墙体保存较好，以前的壁画依稀可见，但壁画内容不能分辨。

“文化大革命”时期，唐卓寺的文物全部被毁，建筑物成为粮仓。1995 年，由村民多扎负责，重修了一座 9 柱的集会大殿，现称为孜列拉康。

孜列拉康由主殿、转经筒房、唐卓寺遗址等组成。该拉康分布面积 4200 平方米，建筑面积 800 平方米。

主殿位于西北部，坐北朝南，平面略呈方形，为单层藏汉结合式石木结构，石砌墙体，单檐歇山式屋顶，屋面以木板和铁皮铺就。面阔 3 间、4 柱，宽 10.2 米，柱间距 3.4 米，进深 3 间、2 柱，长 9.9 米，柱间距 3.2 米，方形木柱，边长 0.2 米。殿内供奉有新塑的莲花生大师像等。

该拉康除了日常的修习和法会外，没有重大宗教佛事活动。

孜列拉康的宗教仪轨和佛事活动主要有：藏历一月十日至十三日，举行大悲观世音菩萨法会；藏历二月一日至八日，举行宁玛派八大法行修供仪轨；藏历四月，举行3天的地藏菩萨修供仪轨；藏历五月三日至十五日，举行五月初十法会；藏历六月，举行10天的土地神祭祀会供仪轨；藏历九月六日至十二日，举行7天的金刚萨埵修供仪轨；藏历十二月二十三日至二十九日，举行抛朵玛仪轨。

第三节　宅第民居

鲁朗桑杰庄园

鲁朗桑杰庄园位于巴宜区鲁朗镇扎西岗村东北部，西距318国道约4公里，海拔3365米。该庄园由鲁朗地区农奴主桑杰的女婿阿祥直崩于19世纪初创建，共经历了三代：第一代庄园主为桑杰的女婿阿祥直崩，第二代为阿祥直崩的儿子桑杰加巴，第三代为桑杰加巴的女婿桑杰。据说，桑杰庄园是当时工布地区最富有、最有权势的农奴主庄园。庄园房右侧在1950年墨脱大地震中倒塌。第三代桑杰庄园在1951年按原有的基础修复。2012年，文物部门出资600余万元进行抢救性保护、维修。现桑杰庄

鲁朗桑杰庄园　塔尔杰摄

园由庄园楼和仓库房等组成，占地面积约1200平方米。2009年10月，它被西藏自治区政府公布为自治区级文物保护单位。

庄园楼是桑杰庄园的主体建筑，坐北朝南，为一楼一底的藏汉结合式石木结构，石砌墙体，单檐悬山式屋顶，屋面以木板铺就。平面呈长方形。中央为通往第二层的通道和木质楼梯。第一层共4间房：西面有2间房，靠南的1间为马鞍库房，靠北的1间为粮仓；东面有1间房为粮仓；北面有1间房为农奴的住房。第二层外部为石块垒砌而成的墙体，内侧为木板结构，共12间，由厨房、铁库房、宿舍、东客厅（2间）、西客厅、主卧、仓库等组成。东客厅靠东面的房间面阔2间用1柱6米，进深2间用1柱6米，方形木柱，柱边长0.2米；西客厅面阔4间用5柱7.5米，柱间距2.3米，进深3间用3柱6.2米，柱间距2.9米，方形木柱，柱边长0.2米；厨房面阔2间用3柱6.2米，柱间距2.9米，进深2间用3柱5.8米，柱间距2.6米，方形木柱，柱边长0.2米。整个庄园楼南北宽16.2米，东西长25.2米，墙体厚0.6—1米。

仓库房位于庄园的东面，紧挨庄园楼的东墙，坐东朝西，为一楼一底藏汉结合式石木结构，石砌墙体，单檐悬山式屋顶，屋面以木板铺就。平面呈长方形。南北长12.66米，东西宽8.5米，墙体厚0.6—1米。

第四节　古村落

鲁朗扎西岗古村落

鲁朗扎西岗古村落位于巴宜区鲁朗镇东南部，距镇政府驻地800余米，紧邻318国道，海拔3356米。该村有62户、100余人。

鲁朗气候宜人，风景秀丽。这里有茂密的原始森林、白雪皑皑的山峦，素有“东方瑞士”之称。工布藏族有句谚语：“到了工布鲁朗，忘了自己家乡。”“鲁朗”意为龙宫，就是说，外乡人到了鲁朗，犹如到了碧绿璀璨的龙宫。

最初，鲁朗一带只有两户人家，后来逐渐增多，一度达到近百户。因此，村庄也叫百户村。现在，村庄周围可以看到许多民房遗迹。百户村民风朴实、尊老爱幼、互帮互助，因而也叫互助村。不知是什么时候，鲁朗一带流行瘟疫，很多人被夺去生命。后来，请了一位叫阿格的喇嘛念经作法，疫情才得以控制。喇嘛阿格还祈祷，这个村庄从此不要再遭受天灾人祸，“扎西秀”（意为一切顺利）！扎西岗村因此而得名。此后，扎西岗村人丁兴旺，风调雨顺，户数也逐渐多了起来。但是，西藏实行政教合一制度之后，乌拉差役加重，税赋名目繁多，村民不堪重负，不得不逃到外地求生。西藏实行民主改革前，这里只有四户较富裕的牧场主和几户农奴。民主改革后，百万农奴翻身当家作主，村民们的日子越过越

鲁朗扎西岗古村落　普多摄

鲁朗扎西岗古村落部分民宅　庞健摄

好，都住上两层民居。扎西岗村的民房具有工布民居的典型特点：整体为石木结构，外墙为石砌墙，屋内为木梁框架，中间有隔板，顶层盖有木板，冬暖夏凉，大多数底层用作储藏杂物、粮食等，第二层为厨房、客厅、卧室等。如今，村民们以农牧业为主业，并从事旅游服务和运输等副业，过上了富足的生活。同时，民风、民俗得到了很好的继承和发展。

第二章

古遗址

第一节 聚落遗址

云星遗址

云星遗址位于巴宜区米瑞久乡本仲村北约20米处、雅鲁藏布江北岸二级阶地上，北面紧挨米瑞乡村公路，海拔2961米。该遗址面积不详，1974年首次发现，是林芝市境内迄今发现时间较早、分布范围较广的古遗址，对研究该地区人类活动痕迹和生产生活方式具有重要意义。在地层中发现有人类头骨残片，并采集到打制石器、磨制石器、陶片等文物，能够体现林芝原始氏族部落的社会活动，表现出与昌都卡若文化、拉萨曲贡文化的相似性和关联性。

云星遗址地处坡地，在施工过程中暴露出一条东西长约14米、南北宽约4米、深约2.5米的大沟。沟底散布有大量的陶器碎片和人类头骨残骸，采集到石凿1件，断面可以清楚地看到文化层。

1974年进行考古调查时，北壁东部距地深约1米的横面有一薄层灰土，宽约0.9米，厚0.01—0.03米，为炭灰堆积；北壁西部距地表深1.1米处，为灰

云星遗址局部　庞健摄

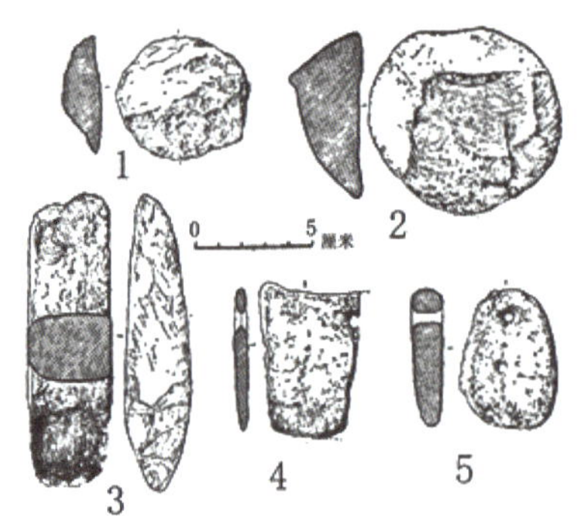

1~2 盘状器 3 凿 4 穿孔刀 5 穿孔石器

云星遗址石器手绘图

土层，中部宽约 0.5 米处，含有大量陶器碎片、石器以及经火烧过的动物残骨和炭屑等，露头处向内深约 0.35 米范围内，出土有陶片百余件和石器 6 件。

盘状器

敲砸器

云星遗址出土的盘状器、敲砸器

这6件石器包含盘状器2件、石刀1件、石凿1件、穿孔石器1件、打制的敲砸器残片1件。盘状器是利用从砾石上打下的石片加工而成，刃部略经使用，有崩落的痕迹。该盘状器直径0.06—0.07米，厚0.02米。石刀已残，系岩石片磨成，为单面刃凹背弧刃，长约0.06米，背残宽0.05米。石凿为长条形，长约0.12米，宽约0.04米。穿孔石器扁平，近椭圆形，近顶端有一直穿的圆孔，长约0.07米，制作粗糙，疑是网坠一类的工具。

残存陶片的陶质，大致分为泥质和夹砂两类。陶色较为均匀，以褐色为主，其他的还有少量红陶和黑陶。其中，黑陶表面呈黑色。胎是褐色，表面磨光。纹饰只有划纹一种，除素面外，颈部为横向拍印，肩至腹部有竖纹，纹饰大多不清楚。此外，还有划纹环绕器身一周或平行数周，附加尖脊宽带纹。陶片都很碎，无一可复原，从陶片辨认出的器形主要有碗（钵）、罐（瓮）、盖（盘）三类。碗（钵）有圆唇和方唇两种；罐（瓮）有直口、大口外折或卷沿，小口矮领和带耳罐五种，盖（盘）有贺唇和方唇两种。

据考古资料记载：早在距今1万余年前，我国就已制造与使用陶器。陶器、磨制石器与农业的出现是人类文化发展史上一次质的飞跃，即它们标志着人类文化已进入新石器时代。在这一时期，原始先民由单纯的采集、狩猎生活逐渐转向农耕作业生产，并且逐步成为人们攫取生活资料的主要手段。陶器作为人工制品的一种形式，并作为人们日常生活的必需品，大大改善了人们的生活条件，促进了社会文化各个方面的发展与进步。因此，陶器就成为新石器时代的重要标志。西藏同全国一样，在新石器时代就有了陶器生产。而林芝境内发现的陶器，在器形、装饰纹样、工艺等诸方面都有独特的地方风格和鲜明的民族特征。据《西藏新石器时代考古学文化的几个问题》中描述：“林芝文化类型指以林芝县（现巴宜区）为中心的藏东南新石器文化遗存”。从云星、居木、都普、卡达、卡定等遗址和尼池墓地，以及墨脱境内石器采集点的分布情况与陶器、石器遗存来看，林芝文化类型的主要特征是：分布范围系海拔700—3000米之间雅鲁藏布江下游的森林、山地，属珞巴、门巴等人口较少民族活动频繁的地区；石器中以磨制石器为多，不见细石器，石质工具只有磨制石器和打制石器两大类，其器形以条形锛、凿及有孔石刀为主；陶系有夹砂陶和泥质陶两种，器形有碗（钵）、罐（瓮）、盖（盘）等，均为平底器。对考古资料记载的林芝文化类型的文化面貌，先前曾有过不尽相同的两种认识：一种意见认为，该文化类型与昌都卡若文化大致相同，因为其磨制石器的主要类别“在卡若亦有发现”，陶器在质、色、纹饰、器形等方面均与卡若的陶器相同；另一种意见则倾向于认为，该文化类型更接近拉萨曲贡类型，并指出，林芝新石器时代遗存的“文化面貌和拉萨曲贡相比，有一定的相似性”，而与卡若文化相比，除陶器的刻划纹、绳纹、附加堆纹及器底均为平底器外，在其他方面差别较大。将林芝文化类型的主要遗物（石器及陶器），与卡若、曲贡两遗址的同类出土物作一个概略的比较，林芝文化类型中的石器、陶器及其特征既不完全与曲贡遗存相同，也不完全同于卡若遗存，多数因素在后两者中都存在，但后两者的许多因素在林芝文化类型中又不曾发现。然而，林芝文化类型的年代与卡若等遗存的年代比较接近，也是属距今4000—5000年左右，为新石器时代晚期的遗存。虽然通过对比和部分文献推断属于独立的林芝文化类型，能够体现林芝原始氏族部落的社会活动，表现出与昌都卡若文化、拉萨曲贡文化的相似性和关联性，使其成为西藏史前文化中的一个重要区域性文化；但由于考古技术和考古步伐的滞后，林芝发现的大量陶片、陶器和石器，还不能完全证实是否属于具有别具一格高原文化内涵的史前文化、是否属于独特的制陶文化、是否在发展上也有自己完整的体系、是否能更新新石器时代的时间跨度等等。

第二节　寺庙遗址

曲康孜寺遗址

曲康孜寺遗址位于巴宜区八一镇唐地村，距八一镇政府约8公里，海拔4100米。

该寺建在酷似观音菩萨形态的一座山上，由觉巴桑杰白于1800年左右创建。当时信奉噶举派，分上、下两寺。准噶尔侵藏时，上寺被烧毁，但下寺受损较轻。重建后改奉格鲁派。殿内供有观音菩萨像、八大随佛子像、佛祖像千尊，以及觉巴桑杰白和古顿桑杰扎西镀金像、觉巴桑杰白灵塔等，在“文化大革命”时期遭受毁灭性破坏，至今未修复。

该寺以前的宗教仪轨和佛事活动有：藏历一月二日至十五日，举行祈愿法会；藏历四月举行规模较大的灌顶和修供胜乐金刚坛城法事活动。

巴吉拉康遗址

巴吉拉康遗址位于巴宜区八一镇巴吉村西面，距八一镇政府驻地约3公里，海拔2900米，奉噶举派。

曲康孜寺遗址局部　庞健摄

该拉康建于第五世嘎玛巴·德兴协巴（1384—1415年）时期。当时为两层建筑，房16间，殿内供有弥勒佛8岁等身像、十一面观音像、十六罗汉像等。该拉康内只有一名香灯师，若香灯师去世，由巴吉村负责寻找香灯师。

1950年墨脱大地震时，巴吉拉康一角轻度受损。“文化大革命”时期，该拉康被拆，文物被毁，现仅存废墟。

巴吉拉康以前的宗教仪轨和佛事活动有：每年的藏历四月十三日，更换拉康四周的3根经幡旗杆。届时，巴吉村中的男女老少身着盛装，载歌载舞，予以庆祝。

比热修行洞遗址

比热修行洞遗址位于巴宜区百巴镇比热自然村，距镇政府驻地约25公里，海拔3400米，奉宁玛派。

相传，该修行洞是莲花生大师当年在此降妖时开光的，也称格萨尔拉康，有大、小两个洞穴，洞中甘泉直流。洞内供有宗喀巴大师师徒三尊、护法巴瓦七兄弟、空行母益西措杰等泥塑像，并有莲花生大师的法座等圣迹。

每逢良辰吉日及宗教节日，众多信徒到修行洞周围转山祈福。转山分大、中、小三圈：转大圈要两天左右，转中圈要一天，转小圈则只需两小时。

琼果林寺遗址

琼果林寺遗址，位于巴宜区布久乡嘎玛村则拉岗自然村西约3公里的倾果林山半山腰处，距乡政府驻地约20公里，海拔3000米，奉噶举派。

该寺由第九世嘎玛巴旺久多吉（1556—1603年）于1579年创建，当时建有集会殿、厨房、宿舍、客房等，在准噶尔侵藏时被毁，修复之后改奉宁玛派。“文化大革命”时期再度被毁，至今未修复。现存主殿遗址、厨房遗址、僧舍遗址、接待室遗址等。

主殿遗址位于寺庙遗址的中央，坐西南朝东北，为夯墙，仅存部分残迹，内部结构不详。前

琼果林寺遗址局部　海茵摄

部为一门廊，内侧东南向西北残长 13 米，西南向东北残宽 2.4 米，四面墙体残高 1—5 米，墙体残厚 0.8—1.3 米；后部为集会大殿，内侧东南向西北残长 13.3 米，西南向东北残宽 9.7 米，墙体残高最大为 5 米（西北墙），最低为 1.35 米（西南墙靠西侧），墙厚为 0.7—0.92 米。西南墙的垮塌程度较为严重，目前仅残留轮廓。西北墙存有一排椽木孔，离地 1.4 米。

厨房遗址位于寺庙遗址的东南面、主殿遗址东南 3 米处，坐东南朝西北。墙体由石块垒砌而成。四周墙体的残存情况相对较好。屋顶已完全垮塌，只有 1 间房。内侧东北至西南长为 9.3 米、东南至西北宽为 4 米，外侧东北至西南长为 10.6 米、东南至西北宽为 5.1 米，墙厚 0.6 米，残高 0.5—2.5 米。

僧舍遗址位于寺庙遗址的西北面、主殿遗址北 9 米处，仅存东北面墙体，为夯筑，残高为 2.9 米，残长为 8.9 米，墙厚 0.9 米。

接待室遗址位于寺庙遗址的最西北面、主殿遗址西北约 50 米处，坐西北朝东南，为夯筑。四面墙体残存，墙厚 0.9 米，东北至西南残长 16.4 米，西北至东南残宽为 15.1 米。

通追林寺遗址　丹珍摄

琼果林寺遗址周围泉眼众多，清泉飞流直下。每逢沐浴节，便有人前往沐浴。

通追林寺遗址

通追林寺遗址位于巴宜区鲁朗镇扎西岗村东面，距镇政府驻地 4 公里，海拔 3356 米，奉噶举派。

该寺由喇嘛阿格创建，创建时间不详，是一座竹巴噶举寺庙。主供宗喀巴师徒三尊像，并有天女班丹拉姆、俄嘎杂递、工尊德木等护法神像。

相传，以前鲁朗一带患麻风病的人特别多。为预防麻风病，莲花生大师预示要在龟背上修建一座寺庙，因此修建了这座寺庙。

喇嘛阿格当年以莲花生大师的鼻血为胎藏圣物，塑造了三尊莲花生大师像。1959 年西藏平息叛乱时，该寺被毁。

东久寺遗址

东久寺遗址位于巴宜区鲁朗镇直木村东面，距镇政府驻地约 34 公里，海拔 2619 米，奉噶举派。

该寺始建于第十世嘎玛巴·曲英多吉（1604—1684 年）时期。寺庙右侧山形酷似正在喝

东久寺遗址　丹珍摄

水的大象，左侧山形像自然形成的三怙主像，后山犹如精美的唐卡，前部山形如堆积的酥油。东久河似青龙环绕寺庙，周围还有许多圣迹。

东久寺在“文化大革命”时期遭受毁灭性破坏，至今未修复，现只存部分遗址。

扎西东嘎寺遗址

扎西东嘎寺遗址位于巴宜区米瑞乡吉定村西北、苯日神山脚下，距乡政府驻地约6公里，海拔约3100米，奉苯教。

该寺由雍仲崔成大师于1577年创建。寺庙所在地地形酷似右旋的白海螺，故得名扎西东嘎寺。“东嘎”意为吉祥白海螺。

当时，寺内供有苯教祖师顿巴辛绕·米沃切等人的塑像，特别是有一尊由雍仲崔成大师亲手塑成的护法木布斯杰像，还藏有丰富的苯教典籍和苯教高僧的文集。

“文化大革命”时期，该寺遭到毁灭性破坏，成为废墟，现只存部分遗址。

扎西东嘎寺遗址　海茵摄

第三节 宫殿衙署遗址

则拉岗宗遗址

则拉岗宗位于巴宜区布久乡嘎玛村则拉岗自然村内，东距306省道约400米，海拔2996米。

藏历第十绕迥水兔年（1642年），则拉岗宗设立为噶厦政府所属的宗政府，当时下辖有今米林县、巴宜区。18世纪，该宗改为当时工布地区的“基巧宗”（相当于现在的地区），为三大领主（噶厦、贵族、寺庙）征收名目繁多的税赋，极大地加重了当地百姓的负担。如制定“希扎冈卓拉敦”税制，其中，“希”又分“加”“兴”“俄”三种。“加”意为汉，是指按照驻藏钦差大臣及官兵所需，从汉属庄园征缴饷银的制度；“兴”意为木头或柴火，是指要向布达拉宫、甘丹寺、热振寺、哲蚌寺缴纳柴火或木料差徭的制度；“俄”意为炒，是指要向拉萨祈愿大法会缴纳糌粑差徭的制度。“希扎冈卓拉敦”中的“扎”意为强制，是指强制服兵役。它又细分为“八分兵役”和“四分兵役”两种：八分兵役是指原西藏地方每八冈（60克耕地为一冈）差地出兵员一名的

则拉岗宗遗址　庞健摄

则拉岗宗大院　庞健摄

差役。“四分兵役”是指原西藏地方每四顿（120 克耕地为一顿）差地出兵员一名的差役。“冈卓”在藏语中意为“力役”，是指政府官员出差和军队行军时，由人畜支应运输、劳作等徭役。“拉敦”意为从人手中直接上交的税，是指根据当地资源状况，上交粮、油、动物皮毛、珍贵药材及钱、物的人头税。

则拉岗宗隶属噶厦政府下属的基巧宗后，下辖羌纳宗、觉木宗、工布江达宗、雪卡宗、金东宗、朗宗、古如朗杰宗、卧龙宗等 7 个宗。原则拉岗宗建筑群由官员住房、监狱、办公楼、马厩、仓库等组成，1950 年墨脱大地震时受到破坏。目前仅存官员住房废址、仓库废址、监狱废址各 1 座，呈四合院式布局，分布面积约 6000 平方米。

觉木宗遗址

觉木宗遗址位于巴宜区八一镇巴果绕村觉木自然村东约 100 米的多拉岗山顶，距镇政府驻地约 3 公里，海拔 3052 米。

觉木宗设立于 1663 年甘丹颇章政权时期，是当时工布则拉

觉木宗遗址西面　庞健摄

宗下辖宗之一。现在的工布江达县朗色村至巴宜区尼池村，都由该宗管辖。1956 年撤宗，设立塔工基巧办事处，觉木宗遂废。其建筑物在“文化大革命”中被毁。目前，觉木宗遗址旁还保存有噶尔札仓寺、东嘎拉章的遗址。

觉木宗遗址为土石结构，现存部分建筑基址和部分石块墙体，内部结构不详。东向西长约 30 米，南向北宽约 20 米。

噶尔札仓寺建于 1666 年，奉格鲁派。第五世达赖喇嘛时期（1617—1682 年），寺内主供宗喀巴师徒三尊像，强巴殿内供巨大强巴佛像一尊。护法神为班丹拉姆（吉祥天女）和乃琼护法。当时有 108 名僧人。该寺在“文化大革命”中被毁。

东嘎拉章是历代东嘎活佛住地的寝宫，建于 1666 年。该拉章与噶尔札仓的关系，类同于达赖喇嘛的内库机构与布达拉宫孜朗杰札仓的关系。今工布江达县朗色村至巴宜区邦纳村范围内的宗教活动，都归该札仓和拉章管理。东嘎拉章毁于 1959 年。

德木宗遗址

德木宗位于巴宜区米瑞乡曲尼贡嘎村东部，向南 1.8 公里为米瑞乡村公路，海拔 3030 米。

德木宗修建于第五世达赖喇嘛时期。在噶厦政府时期，拉萨的德木拉章——丹吉林寺为政教合一的实体机构，是噶厦政府下面的政府机构。18 世纪，则拉岗宗升为工布地区的基巧宗后，德木宗属于则拉岗宗下面的一个小宗，管辖范围较小，相当于现在的乡镇级政府。1959 年民主改革时期，宗机构被废止。遗址占地约 1000 平方米，现存宗府楼一座。

德木宗遗址　庞健摄

第四节　其他古遗址

工布直纳遗址

工布直纳遗址位于巴宜区林芝镇立定村直纳自然村，毗邻苯日神山和米瑞乡村公路，海拔 2969 米。

工布直纳遗址原为工·嘎布王（工布地方王）的冬宫所在地（夏宫位于今林芝镇立定村西南）。据民间相传，当年，苯教祖师顿巴辛绕·米沃切来到工布地区传法。工·嘎布王与大臣们商议如何迎请苯教祖师，为表达弘法之心，把金银珠宝放入直（藏升）和克（藏斗，一藏斗

工布直纳遗址 普多摄

约 14 公斤）中献于祖师。顿巴辛绕·米沃切祖师欣然接受，并把金银珠宝分成三份。他将其中一份与自己的马鞭一起，伏藏于酷似金宝法轮的岩壁之下，也就是工布直纳所在地。工布直纳意为用藏升藏宝的地方，因此而得名。

后来，顿巴辛绕·米沃切祖师在工布地区大兴苯教，广收门徒，讲经传法，普度众生，祈愿工布地区苯教昌盛、人畜兴旺。苯教在工布地区如鱼得水，迅猛发展，许多神山圣地得到开光，苯日神山就位于工布直纳旁。工布直纳周围还有三处泉眼，泉水清凉无比、清澈见底，据说有除障明目之效。许多信众特意到此求饮泉水，以清眼障。

第三章

古墓葬

色结角朗墓群

色结角朗墓群位于巴宜区八一镇巴吉村东约2公里处、尼洋河谷北岸的色结角朗山南麓，南距318国道10米，海拔2973米。

目前共发现封土墓30余座，属吐蕃王朝时期的墓葬。

发现的封土有方形覆斗状和圆形丘状两种。其中，方形封土墓10座，封土底边长8—15米，残高2—4米，多在早年被盗掘；圆形封土墓20余座，封土直径5—10米，残高1.5—3米。土墓分布规律为：方形封土墓居中，圆形封土墓居其周围。

色结角朗古墓葬　庞健摄

尼池墓地

尼池墓地位于巴宜区林芝镇尼池村西约700米处、尼洋河东岸坡地，毗邻318国道，海拔3020米。

墓地共有2处，分别在318国道两侧。

2000年年初，林芝县（现巴宜区）政府在此进行项目建设时，发现陶罐10余件、墓葬20余座。2000年7月中旬，西藏自治区文物局在该墓地进行了2×2米的试掘探方，出土了少量的装饰有绳纹的夹砂灰陶，以及1件残断的陶质网坠。另外，在探方以外的东面断崖边缘的清理中，发现了可复原的2件陶器和几十件装饰有绳纹的灰陶器物口沿和陶片。2005年5月，中国社会科学院考古研究所与西藏自治区文物局专家在此地发现一座竖穴土坑墓，以及墓中出土的人骨及圜底夹砂陶罐等遗物。

《中国文物地图集·西藏自治区分册》称："共发现封土墓21座，均为方形封土，分布特点为大型封土墓居中，小型封土墓居其周围。大型墓封土底边残长25—30米，残高4.5米，黄色砂土夯筑呈覆斗状；中小型封土底边残长8—20米，残高

尼池墓地　庞健摄

立定墓地局部　庞健摄

1.5—3 米。该墓群传为吐蕃娘氏家族墓地。”

目前仅发现墓葬 1 座，方形封土，为中小型墓，封土底边残长 8—18 米，残高 1.5—2.9 米。

立定墓地

立定墓地（也称米玉吉庭墓地）位于巴宜区林芝镇立定村南约 1 公里的苯日山下的小山岗上，东托苯日山山脉，地处尼洋河东岸二级台地。它西距河边约 30 米，高出河面约 60 米，西边 10 米为米瑞乡村公路，海拔 2969 米。

据苯教文献记载，该墓地是第八代吐蕃藏王止贡赞普的第一墓地。发现墓葬 1 座，占地面积约 700 平方米。墓葬为封土墓，平面形状为圆形，直径约为 30 米。封土顶部平坦，侧视为梯形，封土高约 5 米。

第四章

石　刻

吾金竹普摩崖造像

吾金竹普摩崖造像位于巴宜区百巴镇折巴村西北约500米处，紧靠318国道，海拔3129米。

造像线刻在一块大岩石东向崖面上，崖面高约20米、宽6米，从南向北刻有造像3尊，依次为无量寿佛造像、释迦牟尼佛造像、莲花生大师造像。

释迦牟尼佛造像保存较好。整个造像高1.9米、宽1.62米，肩宽0.7米，莲花底座高0.2米、宽1.7米，结跏趺坐，圆形头光，

吾金竹普摩崖造像中的释迦牟尼佛造像　丹珍摄

觉木摩崖造像局部 普多摄

椭圆形背光，头顶双层宝脊，左手托宝瓶，右手放在膝盖上，身披袈裟，线条清晰，造像涂有颜色。莲花生大师造像也保存较好。整个造像高0.69米、宽0.63米，肩宽0.34米，莲花底座高0.09米、宽0.53米，结跏趺坐，椭圆形头光和背光，右手为兰花手，左手放在膝盖上，身披袈裟，头戴天冠，线条清晰，造像涂有颜色。无量寿佛造像保存较差，内容和线条已不可辨。

觉木摩崖造像

觉木摩崖造像位于巴宜区八一镇巴果绕村觉木自然村南约100米的崖壁上，北距318国道约2.1公里，东距306省道约1公里，南面毗邻觉木村通往外界的乡村公路，海拔3030米。

该造像始刻年代不详，在“文化大革命”时期遭到一定的破坏。现由15尊造像组成，分布面积60平方米。造像线刻在一块岩石南向崖面上，东至西依次横向排列有15座造像。内容主要为释迦牟尼佛、护法、药师佛等的造像。造像大者高1.2米，小者高0.4米，离地面高1米。东侧有3尊造像保存较好，其他的保存较差。

工布德木摩崖石刻

工布德木摩崖石刻也称工布雍仲增石刻，位于巴宜区米瑞乡玉荣增村东北约100米的苯日山的山脚下。东南面有一条简易乡村公路，西距米瑞乡村公路约1公里，海拔2960米。

该摩崖石刻刻于吐蕃王朝赤德松赞赞普（799—815年在位）时期，是林芝迄今发现的、见证吐蕃赞普和工布地方王之间关系唯一一块有清晰文字记载的石刻，为研究吐蕃历史等提供了一定依据，对研究早期藏族的历史、艺术等具有重要意义。1996年4月16日，被西藏自治区政府公布为自治区级文物保护单位。2013—2014年，文物部门投入147万元进行了保护性维修。

赞普赤松德赞与赤德松赞父子两代之时，诏赐工布嘎布小王立盟为誓文，嘎布王支各家臣绍绒后氏奏称："初，天神六兄弟之子聂赤赞普来主人间，子自降临天山墙垛以来，至止贡赞普之间，凡传七代，属于琼氏达寨。止贡赞普之长子为夏赤，幼子为恰赤二人。由恰赤为天赞普，长夏赤者及为工布嘎布杰布支也，此即兄嘎布者也。兄嘎布者，当初自亭处（工布为主）之时，印兄弟二人灵名之生命主神祈祷求福，并于'德木神灵'婚配。斯

工布德木摩崖石刻　海茵摄

工布德木摩崖石刻局部文字　普多摄

时也，天山达尚为王子求福，切仪轨（指礼神、敬鬼、求福、祈祷四种苯教仪式）。直至生命作牲，六不吝惜。是故，天神之子社稷及如此崇巍，政事巩固。诸如天子王政普天苍穹覆罩之下，天赐奴婢如此众多，我等亦然（宗支繁衍）。

追初，自兄弟分衍，初至祖父之时，初民人神未分，至今幸福昌盛，庶政几如雍仲之永固。然如今（赞普）内府诸官只广科赋敛，横加差役，且有欺侮凌虐者，务祈大王赐一盟诏文，以求永远安乐也。如此闻奏，及如所请，颁一盟书誓书文，书于颇罗称之匣内，并将此文勒石。”

碑铭全文译作：

天神赞普赤松德赞、赤德松赞父子二代在位之时，颁布盟文于工噶布王。

天神后裔工噶布王及其臣合奏：

初恰·雅拉达楚之子聂赤赞普降临拉日羌陀山上，为人主以来，至止贡赞普，传世七代，皆居于钦瓦达孜宫。

止贡赞普之子有兄涅奇、弟夏奇。弟夏奇为天神赞普，兄涅奇为工噶布王。兄噶布王自上部下迁之始，供奉兄弟二人之护神，与护神工尊德木相伴始终。

为敬奉祖神雅拉达吉及天神之子，我等不惜生命之危供奉。天子赞普社稷大业，如此崇巍，盔帽如此之坚挺，在苍天般覆盖下的天子治下，有我等众多臣民可驱使。初，我自兄弟分离，至天神与臣民还不曾分离之时，一切欢然安乐，赐我治理属下政事之权，如“雍仲”般坚固。然今日，地方“喀索”长官对我之属民横加种种差税，欺凌之至，故，奏请颁授一份永世安宁之盟誓敕书。王准之，以存放于“颇罗弥”匣中盟文为模本书写了本盟约文书。赞普天子赤松德赞之时曾颁授盟约与工噶布王。

今天子德松在位之际，增授盟誓敕书。工噶布王之大位，惟许噶布芒布杰子嗣后裔继位，终不得由他人篡位。若噶布芒布杰后嗣断绝，为不使王兄噶布王王位无名失传，择噶布坚赞之后嗣继任王位。若坚赞濒临绝嗣，按其遗言从近亲中封授合适之人。今后，工噶布王之奴户、田地、牧场绝不减损，不增派王室劳役，不增收官府差税。向官家府库所缴纳之物，青稞或稻米皆可。驿站之役，依现役路程服役，不再远延。如同天子父王所颁授盟约敕书，天子德松之时，君臣合议，颁此盟约。

工布德木摩崖石刻是应工布小邦王子的家臣们祈请而颁诏勒石的。工布小邦王子即所谓噶布王，是吐蕃王朝所辖12个小邦之一的王子，其世系在第九，《贤者喜宴》和《敦煌本吐蕃历史文书》上均有记载，但未详细记载这一小邦王子的氏族渊源。从这块石刻的文辞中，可以确认工布小邦王子与吐蕃王室同出一源，均属止贡赞普的子孙，这与后来的史学家著作的论断颇为接近。作为王室的分支，工布小邦王子享有若干特权。这在赤松德赞（755—797年在位）时期曾以盟书的形式加以确定，并作出保证，但后来的政治变动中发生了某种程度的变异。赤德松赞上台后，工布小邦的统治者当即提出要求，于是重申归盟，这就是这块石刻的来源。吐蕃王室如何以结盟立誓的方式控制各小邦，加强自己的统治，在这里得到反映。

工布德木摩崖石刻坐西北朝东南，藏文文字刻于石头的东南面，石崖面略呈竖长方形（三角形）。刻字的石崖面高1.7米、宽1.53米，崖壁外侧立有支撑保护石刻崖面的石柱及石板，磨平刻有古藏文21列，下端镌有雍仲符号1列共10个，石刻的文字有一部分低于地表而埋于地下。文字大多清晰可辨。标题字体高0.9米、宽0.5米；正文字体较为规则，高0.2米、宽0.15米。

第五章

近现代重要史迹及代表性建筑

西藏新华印刷厂旧址

西藏新华印刷厂旧址位于巴宜区八一镇都普村南130米处，南距318国道约100米，海拔3045米。现为西藏自治区文物保护单位。

西藏新华印刷厂于1970年7月建厂，1984年搬迁至拉萨娘热路，与西藏人民印刷厂合并。从此，由原林芝县（现巴宜区）工商局管理此遗址。该厂当时规模较大，是整个林芝地区第一座印刷厂，鼎盛时期在一定程度上推动了林芝地区乃至整个西藏的工业经济发展。现仅存3座车间和1座印刷间。

目前现状：1号车间位于3号和2号车间中间，坐东北朝西南，石砌墙基高1.5米，墙基上为砖墙，厚0.3米。单檐悬山式屋顶，屋顶仅存木板支架。内部分为前、中、后3间，有门相通。前、后两间结构相同，内长25米，宽12.5米。中部一间内长33.6米，宽12.5米。

2号车间位于1号车间左面，距1号车间9.1米，平面呈长方形，大门辟于东南墙体西南角，石砌墙基高1.5米，墙基上砌砖墙，厚0.3米，单檐悬山式屋顶。内部分为前、中、后三部分：前部1间，长17米，宽9.5米。中部中央为走廊，宽1.6米，长17.4米，走廊左边2间，右边3

西藏新华印刷厂旧址　丹珍摄

间。后部通长 12.9 米，宽 9.5 米，前半部隔出两小间房。

3 号车间位于 1 号车间右面，距 1 号车间 11.6 米，大门辟于西南墙面中央，目前墙体保存完整，屋顶部分仅存木板支架，石砌墙基高 1.5 米、厚 0.5 米。墙基上砌砖墙，厚 0.3 米，单檐悬山式屋顶。3 号车间由前、后两部分组成：前部车间靠后中央有机器固定槽 1 个，后部车间内有机器固定槽 4 个，间距 5 米。

4 号车间位于 3 号车间后部，间距为 11.5 米，大门辟于西南墙面，墙体保存完整，屋顶部分仅存木板支架，石砌墙基高 1.5 米、厚 0.5 米。墙基上砌砖墙，厚 0.3 米，单檐悬山式屋顶。前后可分为 4 部分：第一部分由 4 小间组成；第二部分为 1 间，长 14.2 米，宽 12.6 米；第三部分左边设 1 间房，右边设 2 间房，中间走廊宽 1.8 米；第四部分为 1 间，长 24.9 米，宽 12.6 米。

林芝毛纺厂旧址

林芝毛纺厂旧址位于巴宜区八一镇西北部，北面为比日神山，南距 318 国道约 500 米。

20 世纪 60 年代，为弥补西藏纺织工业的空白，纺织工业部决定把上海粗疏纺织厂搬迁到西藏。从1966年6月开始，先后分4批将上海粗疏纺织厂的全体人员和全套设备整迁西藏林芝八一镇，更名为西藏林芝毛纺厂。1966年9月18日，西藏林芝毛纺厂宣告建成，10月正式投产。建厂时有纱锭1120锭，固定资产总值约351.58万元。1978年是产量最高的一年，生产毛线41.12万公斤、呢绒39.26万米、毛毯4.47万条、地毯纱5.3万公斤。1989年是经济效益最好的年份，实现年利润695.62万元。20世纪90年代，林芝毛纺厂受全国纺织业大规模重复建设的影响，产品销售市场疲软，销量锐减。1998年和1999年，职工分两批下岗，处于停产或半停产状态。2000年，将林芝毛纺厂全部毛纺锭列入国家压锭范围。2004年，经西藏自治区政府同意，由西藏公路工程总公司对其兼并，使得林芝毛纺厂的牌子和部分建筑、设备保存下来。林芝毛纺厂现已停产，但由主厂房、锅炉房、纺线车间、新办公楼、旧办公楼、宿舍等组成的厂房遗址尚存。

主厂房位于毛纺厂的中央，坐北朝南，正门朝南，目前墙体、屋顶保存较好，墙体由石块垒砌而成，单檐悬山式屋顶，屋顶由木板铺就而成。主厂房主要由梳纺车间和染色车间两个车间组成，设备还在，从南往北共4间房。靠南的前两间房为梳纺车间，第一间房主要用于对来料的

林芝毛纺厂旧址局部　塔尔杰摄

林芝毛纺厂旧址保护基地办公用房

梳理加工和利用鼓风机将来料输送到第二间房，第二间房主要将来料纺成纱等；第三间、第四间房主要用于对来料的染色。

锅炉房位于毛纺厂的西北面，距主厂房西北10米。第二层建筑为土石结构，墙体由石块垒砌而成，平面屋顶。

纺线车间位于毛纺厂的北面，距主厂房北20米，正门朝西。第一层建筑为石木结构，墙基由石块垒砌而成，墙体为木板结构，单檐悬山式屋顶，设备已不存在。

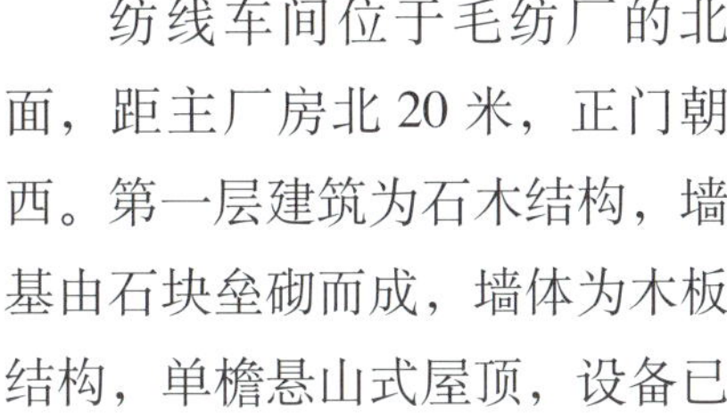

新办公楼和旧办公楼位于主厂房西南面50米处。旧办公楼坐北朝南，为砖石结构，第一层是单檐悬山式屋顶。新办公楼坐南朝北，为钢筋水泥结构，屋面为平顶。

宿舍区位于新办公楼以南、距毛纺织新街150米处，共有30多套宿舍。

第十八军军部旧址一号楼　丹珍摄

第十八军军部旧址

第十八军军部旧址位于巴宜区八一镇双拥北路 69 号。这一建筑群建设时，作为军队建制的第十八军番号早已撤销，改建为西藏军区。之所以称其为“第十八军军部旧址”，是考虑到西藏军区的主要领导，即改建前的第十八军领导。这里寄托着人们对于第十八军的深厚感情。目前为西藏自治区文物保护单位。

旧址由四栋建筑组成，分别是一、二、三、四号楼：一号楼建筑面积 408 平方米；二号楼建筑面积 520 平方米；三号楼建筑面积 535 平方米；四号楼为两层砖混结构，建筑面积 540 平方米。一、二、三号楼建于 1962 年，均为砖木结构。三号楼为中央人民政府驻西藏代表、中共西藏工委书记、西藏军区第一政委张经武下榻处，一号楼为中共西藏工委副书记、西藏军区司令员、原第十八军军长张国华将军下榻处，二号楼为中共西藏工委副书记、西藏军区政委兼西藏自治区政协主席谭冠三将军下榻处。

第十八军军部旧址四号楼　丹珍摄

四号楼建于1998年，系砖混结构，是根据时任中共福建省委副书记习近平的指示，由福建省财政厅拨款兴建的。

1998年6月，时任中共福建省委副书记习近平代表福建省委、省政府陪送福建省第二批对口支援西藏林芝地区干部到达林芝。习近平在到达林芝的第二天就慰问了驻林芝部队的204名闽籍战士，随后几天考察了第十八军军部旧址等地，并慰问了农牧民。

习近平在视察第十八军军部旧址时见旧址缺乏资金，于是专门指示福建省财政部门增加40万元援藏资金，用于旧址保护工作，同时向旧址管理处赠送DVD影碟机一台。

旧址管理部门用习近平指示拨付的资金，维修了一、二、三号楼，并新修了四号楼。

这四栋建筑自建成以来，曾多次接待过党和国家领导人、军委总部首长，以及历届西藏自治区党委主要领导。

第二篇

工布江达县名胜古迹

第一章

古建筑

第一节 寺庙

古布宗寺

古布宗寺也称古布寺，位于工布江达县加兴乡吉朗村东约1公里处、尼洋河北岸的扎改山半山腰上。北面为318国道，距乡政府驻地约18公里。海拔4340米。相传，由止贡梯寺第十一任法王赞林曲吉杰布（1335—1421年）创建，信奉止贡噶举派，是林芝少有的止贡噶举派寺庙之一。

古布宗之得名有两种传说：一是当年建寺喇嘛在寻找宝地时，有一只神雕引路至此；二是喇嘛从唐多之地看到神雕盘旋于此处。“古”意为神雕。“布”意为山沟深处。“宗”，此处意为堡垒。该寺因建在酷似神雕翅膀的崖壁上，故得名古布沟或古布宗。该寺地处高山崖壁，饮水困难，且不通公路，给僧人带来诸多不便。鉴于这一情况，相关部门和止贡梯寺法王曾多次提出，应该把寺庙搬迁至山脚。2007年，经相关部门批准，搬迁至现址，重修了一座两层主殿：底层为集会殿，第二层为护法殿、寝宫。周围建有僧舍、招待所、厨

古布宗寺全景　扎洛摄

房，生活设施一应俱全。现主要藏有主供成人等身觉巴仁布切像和如来佛祖像、莲花生大师像、法王仁青平措像、胜乐金刚像、法王巴琼仁布切像、护法祖婆像、止贡梯寺赐予的无量光佛唐卡、大藏经《甘珠尔》等文物和藏品，另藏有西藏自治区佛协赠送的印度响铜莲花生大师像一尊、镀金铜如来佛祖像三尊、红响铜铸造的白崩佛塔一座等珍贵文物和藏品。

从遗存于崖壁上的旧址看，古布宗寺的建筑酷似止贡梯寺，有内外两层围墙的地基，周围还有许多修行洞。前部有拉康和院落遗址，东面有泉眼，山脚有两座佛塔旧址和两间水磨房旧址。据此推测，该寺规模在鼎盛时期与止贡梯寺相当。

藏历第五绕迴铁虎年（1290年），萨迦派借助蒙古军队的势力烧毁了止贡梯寺。同年，古布宗寺也受到牵连，被蒙军烧毁。止贡梯寺修复后不久，1363年，第十一任法王赞林曲吉杰布应娘布之地信众的迎请，来到此地与古布宗寺喇嘛克仁青相见。据传说，当年蒙军烧毁古布宗寺时，有一名蒙古兵死在这里，后沦为

古布宗寺供奉的曲杰觉巴·吉丹贡布塑像　普多摄

孤魂野鬼，经常祸害当地的百姓和牲畜。法王得知这一情况后，选择良辰吉日作法，超度蒙古兵的鬼魂，并追奉他为地祇，赐名永中瓦才，任命为该地的护法神。法王还负责修复了古布宗寺原来法王讲经传法时的法台，后因山崖崩塌被毁。

1555 年，止贡梯寺第十八任法王仁青平措对古布宗寺进行了修缮。其间，因法王还住持阳日嘎巴寺，所以，古布宗寺也归属阳日嘎巴寺。一直到“文化大革命”前，该寺住持喇嘛和修行僧由阳日嘎巴寺派遣，并每 3 年轮换一次。止贡梯寺第二十三任法王杰（尊者）纳若巴扎西平措也曾到古布宗寺闭关修行，留有保存完好的杰纳若巴修行洞。

1818 年，止贡梯寺第三十任法王救世怙主白玛坚参，新塑止贡梯寺创建者三世间怙主像、仁青平措法王像、护法祖婆像等，并亲自作法开光，赐予古布宗寺。

到了近代，古布宗寺由扎思喇嘛住持 12 年。此后，晓巴喇嘛担任住持的 18 年间，他从当地迎娶妻室，讲经传法，引导信众，广结善缘。“文化大革命”前，该寺除止贡梯寺第三十任法王白玛坚参赐予的佛像外，还藏有一尊灵验无比、神力超凡的蒙古佛像，一尊印度白垩塑成的止贡祖婆护法神像，一盏供灯等文物和藏品。“文化大革命”时期，古布宗寺遭受严重破坏，寺庙建筑全毁，寺藏文物遗失或被毁。1985 年，当地信徒阿库班觉和曲加，将修复古布宗寺的想法报告给当时的止贡梯寺法王曲杰巴琼仁布切。法王深感欣慰并委派肖麦格龙·丹杰为住持喇嘛，负责修复工作。此后，格龙·幸旦、格龙·丹杰、

日嘎寺局部　扎洛摄

格龙·群旦、格龙·贡觉桑珠、格龙·尼玛罗布、格龙·洛桑仁增、格龙·阿旺旦增等人先后担任了古布宗寺住持。

日嘎寺

日嘎寺位于工布江达县金达镇金达村以北约3公里处、尼洋河支流西岸的日嘎山前，南距318国道约6公里，海拔4115米。该寺由格西博多哇（1031—1105年）的弟子格西日卡于11世纪中叶创建，始奉噶当派。后由宗喀巴大师（1357—1419年）的弟子格西扎巴伟色主持，改奉格鲁派，实行活佛转世制度。现为西藏自治区文物保护单位。主供宗喀巴大师师徒三尊像。该寺占地面积约1697平方米，建筑面积约1230平方米。

据传，14世纪中叶，宗喀巴大师到杂日朝圣，经娘布回拉萨途中，法杖落入娘曲河（今尼洋河），便道：“我的法杖漂到哪里，哪里定能兴办一所研习《现观庄严论》的讲经院。”后来，法杖漂到了日嘎寺所在山脚下，寺庙把法杖作为主供一层高强巴佛像的胎藏。不久，宗喀巴大师的弟子格西扎巴伟色来到日嘎寺，让寺庙改奉格鲁派，研习《现观庄

日嘎寺主殿 扎洛摄

严论》，修供密集金刚、大威德金刚、酬补护法、怙主、多闻天王等。

五世达赖喇嘛时期，三世东嘎活佛仓央珠扎作为五世达赖喇嘛的代表，前往北京觐见康熙皇帝。康熙皇帝亲自会见了三世东嘎活佛，广谈藏传佛教，商议西藏的政教大事，觐见活动取得圆满成功。康熙皇帝非常高兴，把自己镶有硕大红宝石的皇冠赐给了三世东嘎活佛。三世东嘎活佛返藏后，五世达赖喇嘛为奖励三世东嘎活佛，封他为日嘎寺堪布，并准许历代东嘎活佛可以沿袭日嘎寺堪布之位。四世东嘎活佛阿旺聂扎嘉措、五世东嘎活佛阿旺曲扎先后任该寺堪布。后来，在洛桑阿旺任堪布期间，增设了密宗修习仪轨。当时有150多名僧人，主要前往甘丹寺、哲蚌寺、色拉寺、塔布谢珠林、阿里达布札仓等地学习各种经文和藏传佛教典籍。从五世达赖喇嘛时期起，日嘎寺拥有众多庄园和牧场。该寺自建成以来，特别是西藏和平解放后，一直奉行遵纪守法、爱国爱教的寺规，是一座爱国模范寺庙。

“文化大革命”前，日嘎寺建有一座28柱面积的两层主殿：底层的集会殿供有宗喀巴大师师徒三尊像，第二层为喇嘛寝宫、罗汉殿、阳台，周围建有僧舍。当时有500多名僧人。寺内藏有康熙皇帝赐予三世东嘎活佛仓央珠扎的镶有硕大红宝石的皇冠、明代大藏经《甘珠尔》藏文名录、满汉双语白绸缎加盖金印的诏书，以及三世、四世、五世东嘎活佛银质灵塔等珍贵文物。在“文化大革命”时期，寺庙建筑及文物全部被毁。1986年，由该寺喇嘛土登尼玛负责，在当地信教群众的大力支持和资助下，修复了集会殿和部分僧舍。现建有一座三层高的主殿：底层的集会殿供有两层高药泥新塑宗喀巴大师师徒三尊像、成人等身镀金铜宗喀巴大师像、十世东嘎活佛洛桑赤列像、甘珠仁布切像、成人等身药泥新塑如来佛祖像，以及四臂观音像、度母像等。第二层南面为阳台；西面为小集会殿，殿内供有十世东嘎活佛洛桑赤列的上师杰帕崩卡和赤江仁布切像、十世东嘎活佛洛桑赤列像、大藏经《甘珠尔》全套。第三层供有十世东嘎活佛洛桑赤列灵塔、佛祖及侍从像、十六罗汉像和大藏经《甘珠尔》全套。主殿左侧为厨房兼接待室一间，右侧为粮仓、储藏室。主殿三面建有僧舍。

巴嘎寺

巴嘎寺位于工布江达县娘蒲乡夏莎村西约8公里的多吉强山的半山腰处，南邻扎嘎龙曲，海拔3462米。相传8世纪时，莲花生大师前往桑耶途经巴嘎，开光加持此地，并修建了一座较小的怙主殿。后来，七世嘎玛巴活佛亲临巴嘎，扩建原有的怙主殿并创建巴嘎寺，广传噶玛嘎举派教法。寺庙分布面积约764平方米，建筑面积约500平方米。

寺庙鼎盛时期，有100余名僧人在此修习噶玛嘎举教教义。当年建有面积为80根柱子的主殿，在准噶尔侵藏时被烧毁。后重修了1座有8根柱子的两层主殿：底层的集会殿供有药泥塑无量寿佛像、佛报化3尊（佛身、报身、化身）、莲花生大师三众像、如来佛祖三众像，第二层面

巴嘎寺主殿　扎洛摄

积为 8 柱。

“文化大革命”时期，巴嘎寺被毁，成为废墟。从 1985 年开始，经过两年多的维修，修复了两层主殿，底层的集会殿面积为 8 柱。2010 年，对集会殿的门窗进行了藏式雕花装饰。现集会殿内供有药泥新塑无量寿佛像 2 尊，木雕无量寿佛佛身、报身(观音像)、化身(莲花生大师像)各 1 尊，以及各种药泥新塑莲花生大师像；藏有大藏经《甘珠尔》和《丹珠尔》全套、《大宝伏藏》经 60 卷函。第二层供有第一世至十六世嘎玛巴活佛木雕像、金刚持像，以及底洛巴、那若巴、玛尔巴、米拉热巴、塔布拉杰等噶举派大师的木雕像。底层供有药泥新塑第七世嘎玛巴活佛曲扎嘉措像，药泥新塑玛尔巴、米拉热巴、塔布拉杰三位大师像、响铜如来佛祖像等，并供有班丹拉姆、怙主等护法神像。

巴嘎寺宗教佛事活动有：藏历一月十日至十七日，前往彭琼寺参加法会 7 天；藏历四月十五日，合修静猛 1 天；藏历六月十五日，合修静猛 1 天；藏历九月二十二日，为降神节；藏历十月二十三日至三十日，举办抛朵玛仪轨。另外，藏历每月十日、二十五日举行日常法会等。

同果寺主殿外景　扎洛摄

同果寺

同果寺位于工布江达县娘蒲乡同果村北约100米处、尼洋河支流娘蒲河东岸的同果山山顶上。东约100米为太安乡村公路，距乡政府驻地约16公里，海拔4020米。相传，寺庙由一名噶当派喇嘛创建，创建者及创建年代不详，现奉格鲁派。寺庙分布面积1600平方米，建筑面积320平方米。

创建初期，建有一座两层主殿：底层为2根长柱、8根短柱的集会殿，集会殿后部为3根柱子

同果寺主殿内景　扎洛摄

大小的弥勒殿；第二层为护法殿、拉康；周围为僧舍和厨房、储藏室等。同果寺初奉噶当派，后改奉止贡噶举派。集会殿和弥勒殿被入侵西藏的准噶尔军队烧毁。

据民间相传：当时，此地有一位名叫朵唐智达贡布的头人。此人足智多谋、英勇善战。为了抗敌，他修建了3座佛塔，并声称此地有闻巴宗、古久朗珠宗、布玉普宗、然迥达列宗等18个宗，粮草充足、兵力雄厚，足以阻挡准噶尔军队的侵犯。准噶尔军队也声称，他们兵强马壮；还寄来了一大堆绣花针，以此代表有众多士兵，不惧怕朵唐智达贡布。朵唐智达贡布找人，把每一根绣花针都穿上了线，并派使者回寄了好几袋油菜籽，以示兵力。在朵唐智达贡布头人的抵御下，准噶尔军队败退，同果寺的其余建筑和寺藏文物也得以保存。

被准噶尔军队烧毁的集会殿和弥勒殿得到修复后，改奉格鲁派，由拉萨的布达拉宫朗杰札仓管理。

“文化大革命”时期，同果寺的建筑及寺藏文物遭到严重损毁。1980年左右，由当地年长的村民负责，在信教群众的大力支持下，修复了一座面积较小的两层主殿：底层为药师佛殿，上层为一小型祭祀殿。现扩建为两层高、有20根柱子的主殿：底层为集会殿，供有药泥新塑宗喀巴大师师徒三尊像、镀金铜三怙主像、成人等身药泥新塑觉欧扎西维巴尔像、镀金铜释迦牟尼佛像、莲花生大师像等，藏有大藏经《甘珠尔》和佛经《十万颂》各1套；第二层为2柱面积的护法殿，供有止贡梯寺护法祖婆曲珍、土地神扎纳鲁增等的塑像。

同果寺供奉的觉欧扎西维巴尔塑像　扎洛摄

拉如寺局部　普多摄

同果寺除格鲁派的日常宗教仪轨和佛事活动外，每年藏历四月份，僧人要诵读大藏经《甘珠尔》。此期间，当地信众都会前往该寺朝佛、转经等。

拉如寺

拉如寺位于工布江达县娘蒲乡拉如村境内，西北约1公里为娘蒲乡政府所在地，地处尼洋河支流娘曲河东岸拉如山西麓坡下，南面为乡村公路。海拔3462米。15世纪初，由宗喀巴大师的弟子森巴曲吉帕巴创建，奉格鲁派。从此，寺庙开始实行活佛转世制度。原建筑占地面积近2万平方米。现寺庙由主殿、僧舍、伙房、接待室、拉章、藏医门诊部、商店、招待所等组成，是林芝市境内规模较大的寺庙之一，为西藏自治区文物保护单位。寺庙总占地面积约1.4万平方米，建筑面积约8000平方米。

相传，宗喀巴大师曾预言："将来会在地形似牛角、路如直箭、弯道像弓的地方建一座格鲁派寺庙，弘扬黄教。"其弟子森巴曲吉帕巴，依照大师预言寻找，得此建寺之地。本想在沟里的腹地建寺，可是到现在的寺庙所在地时，天色已晚，就在此露宿一

拉如寺供奉的释迦牟尼塑像　扎洛摄

夜。当晚，森巴曲吉帕巴梦见许多天女给他献花。第二天醒来，他顿觉此地周围皆是自然生成的圣像：东面如白伞盖度母，南面似大威德金刚，西面像催迫金刚，北面犹如立有蓝色屏风。于是，他当即决定在此建寺，取名拉如寺，“拉如”意为公黄牛角。从此，这里大兴格鲁派，僧人最多时达1000余人。当时，僧人都要到布达拉宫朗杰札仓、色拉寺、哲蚌寺和甘丹寺去学经。

拉如寺第九世活佛洛桑丹白尼玛从8岁开始，一直到1959年，均在色拉寺学经。1959年，拉如寺有70余名僧人，现有常驻僧人40名。

当年，拉如寺建有一座面积28柱的两层主殿：底层为集会殿，面积16柱；后部为弥勒殿，有2柱面积。第二层为尼玛拉康、度母殿、宗喀巴殿。四周建有厨房、讲经院、僧舍、拉章等。当时藏有印度白响铜释迦牟尼佛像1尊、檀香木密集坛城1座、红响铜十六尊者（罗汉）像等珍贵文物。“文化大革命”时期，建筑物和文物受损严重或遗失，只有部分佛塔和佛像被一些年长的僧人藏匿于山林中，落实政策后，方才迎请回寺。

1985年，经政府批准，由

拉如寺的神舞　普多摄

拉如寺第九世活佛洛桑丹白尼玛负责修复该寺。在当地信教群众的大力支持下，于原寺地基上修复了两层主殿：底层的集会殿有16根柱子，释迦牟尼殿有2根柱子。殿内供有一层高草药泥塑释迦牟尼佛像、强巴佛像、千手千眼观音像各1尊，以及一层高的白响铜八大随佛弟子、药师八佛、十六罗汉、妥加帕姆等佛像；藏有金汁书写的佛经《八千颂》。第二层的尼玛拉康供有宗喀巴大师师徒三尊像、千手千眼观音像、五世达赖喇嘛时期的唐卡、莲花生大师像等，度母殿内供有能言度母檀香木雕像、药泥塑度母千尊像、镀金铜度母像，宗喀巴殿内供有宗喀巴大师像、药泥塑宗喀巴大师像千尊等，护法殿内供有香木雕琢护法神女多吉玉珍像1尊、有2000多年历史的噶当派佛塔1座、药泥新塑大威德金刚像13尊、大威德护法神像5尊、金质佛祖像1尊、镀铜密集坛城和胜乐金刚像等旧佛像 50 多尊。集会殿东面为讲经院、乐师房、僧舍数间、厨房、弥勒殿、客房，西面为面积为 8 根柱子的寺属招待所。弥勒殿内供两层高强巴佛像，藏有藏传佛教各教派的各种佛经，供有唐卡、莲花生大师像、萨迦五祖像、玛米塔像 3 尊等。寺庙展览馆内，陈列有洛桑丹白尼玛活佛用过的法衣、法器和参加革命后获得的一系列荣誉证书等展品。近年来，寺庙还建有商店、藏医门诊部，对外服务，增加收入。

拉如寺佛事活动有：藏历五月十五日，举行拉如寺会供。这是该寺一年一度规模最大的宗教佛事活动。届时，工布江达县境内及那曲地区嘉黎县的信众会前来朝佛、转经。其间还跳神舞，举行灌顶仪式。其余的佛事活动，与其他格鲁派寺庙基本相同。

嘎多岗寺

嘎多岗寺位于工布江达县工布江达镇结地岗村东北约 1 公里处的尼洋河北岸。西北面有通往外界的乡村公路，西南约 1.5 公里为工布江达县政府驻地。海拔 3592 米。由嘎朵仁增大师或嘎朵次旺罗布于 1715 年左右创建，奉

嘎多岗寺　普多摄

嘎多岗寺大殿内景 普多摄

宁玛派。寺内修行者大多为尼姑。现寺庙由主殿、僧舍等组成，主供莲花生大师。占地面积427平方米，建筑面积130平方米。

当时建有一座面积为4柱的主殿。“文化大革命”时期，寺庙部分建筑和全部寺藏文物被毁。寺庙建筑物被当作民宅，庭院变成了菜园。

1990年，在喇嘛岭寺的曲尼仁布切捐助1000元的基础上，由旺杰负责其余开支，重修嘎多岗寺。2013年，再次维修。现该寺主殿底层门廊面积为2根柱子，集会殿面积为6根柱子；第二层经堂面积为2根柱子。主殿后部为新建的僧舍。寺内主要藏有药泥新塑如来佛祖像、莲花生大师威猛像、堪钦博地萨达像、法王赤松德赞像、莲花生金刚像、工尊德木像各1尊，木雕金刚手像1尊，嘎朵活佛赐予的铜镀金四臂观音像14尊，度母像1尊，噶当派佛塔1座，大藏经《甘珠尔》1套，顿迴《十万颂》24卷、龙色《十万颂》、顿堆《十万颂》各1套。

嘎多岗寺宗教仪轨和佛事活动有：藏历每月十日和二十五日，诵读《静猛自尊》《上师或根本师》等宁玛派经文。

扎西曲林寺全景　普多摄

扎西曲林寺

扎西曲林寺位于工布江达县工布江达镇嘎旦村西约1公里处、尼洋河北岸的单玛日山南麓，南邻318国道，距镇政府驻地约13公里，海拔3479米。寺庙在明永乐年间（15世纪初），由第一世帕巴拉呼图克图·恰达德庆多吉（1439—1487年）创建，奉格鲁派。帕巴拉呼图克图·恰达德庆多吉的出生地在工布江达县江达乡五龙岗，是宗喀巴门徒沃贝多吉的弟子，后继承上师法位，成为昌都强巴林寺最大的转世活佛，是明末清初统治康区（即昌都地区）的四大呼图克图之一。1487年帕巴拉呼图克图·恰达德庆多吉活佛圆寂后，扎西曲林寺开始实行堪布负责制。

当时建有3层高主殿：底层为集会殿、弥勒殿，供有3层高强巴佛像；第二层为香灯师住所和库房，另有3间佛殿；第三层为4间佛殿。

“文化大革命”时期，寺庙建筑被全部拆毁，寺内除泥塑佛像外，其余全部充公，经文都被烧毁，寺庙也成为废墟，唯有原大殿墙体尚存。

1985年，经上级政府批准

重修，并拨付6万余元资助金，由扎西曲林寺活佛土丹丹增负责修路、筹集木材等前期工作。不幸的是，筹建工作完成时，土丹丹增活佛圆寂。后由仲萨区（今仲萨乡）负责修复主殿。当时只修复了两层：底层的集会殿内，供有药泥新塑的佛祖释迦牟尼像、宗喀巴大师师徒三尊像、强巴佛像、色拉寺格西益西旺久像、第八世东嘎活佛镀金铜像和洛桑释迦益西的灵塔等，另藏有大藏经《甘珠尔》全套。第二层为东嘎活佛寝宫、会客厅。

扎西曲林寺供奉的强巴塑像　普多摄

2000年，寺庙自筹资金，由

扎西曲林寺主殿　扎洛摄

喇嘛洛桑释迦负责扩建了主殿。主殿为12柱两层高：底层为集会殿，第二层为灵塔殿、接待室、活佛寝宫、习经室、库房及厨房等。2011年，在库房遗址上修建了一座有8根长柱、12根短柱的两层主殿。大殿底层的集会殿内，供有扎西伟巴尔金塔、第一世和第十世帕巴拉活佛镀金铜像、甲热活佛桑杰班觉的镀金铜灵塔、宗喀巴大师师徒三尊镀金铜像、镀金铜强巴佛像、一层高镀金铜释迦牟尼佛像、一层高镀金铜四臂观音像、一层高镀金铜文殊菩萨像、一层高镀金铜金刚手菩萨像、一层高镀金铜绿度母像等。另外，在新主殿落成典礼上，第十一世帕巴拉·格列朗杰赐予的镀金铜千手千眼观音菩萨像1尊、贡多活佛赐予的铜镀金金刚勇士像1尊、甲热·洛桑丹增活佛赐予的铜镀金金刚勇士像1尊、波密县洛桑罗布赐予的佛祖释迦牟尼像1尊等供奉其中。主殿第二层为护法殿、库房、接待室、帕巴拉活佛寝宫等。主殿后部建有15间僧舍。主殿下方建有佛塔和厨房。现寺庙由主殿、厨房、僧舍等组成。扎西曲林寺历史悠久，是当地较为有名的寺庙之一，现为西藏自治区文物保护单位，奉格鲁派。寺庙占地面积2100平方米，建筑面积899平方米。该寺僧人最多时有500多名，现有常驻僧人5名。

扎西曲林寺宗教仪轨和佛事活动主要有：藏历二月十五日，迎请强巴佛。藏历三月二十二日开始的神变节活动长达15天。藏历四月，举行规模盛大的本尊修供仪轨；届时，要绘制本尊坛城，僧人要念诵本尊咒语等。藏历五月十五日，为南瞻部洲煨桑节。藏历六月四日，为转法轮节；届时，寺内举行唐卡展览。藏历九月二十二日，为降神节。藏历十月二十五日，举行宗喀巴大师圆寂日祭祀会供。藏历十二月二十八日开始，表演跳神，持续3天。同月二十九日，举行抛朵玛仪轨。

拉龙寺

拉龙寺位于工布江达县工布江达镇古旁行政村拉龙自然

拉龙寺全景　扎洛摄

村境内，地处尼洋河北岸坡地，海拔 3811 米。相传，在 844 年左右，由拉龙拜吉多吉创建。当地群众为纪念拉龙拜吉多吉，给寺庙取名为拉龙寺。现寺庙包含僧舍、门廊、集会大殿、仓库、接待室等房屋，主供莲花生大师，奉宁玛派。寺庙分布面积约 2894 平方米，建筑面积 358.75 平方米。

最初建有一座 24 柱间主殿：底层为集会殿，第二层为喇嘛寝宫、厨房、阳台、客厅，第三层为赐福灌顶室。该寺附近有莲花生大师修行洞，岩壁上有自然生成的吉祥八宝图、藏文“拉龙”二字、十四世拉龙活佛足迹等。此地还有罗布寺和格桑颇章寺。罗布寺失火烧毁之后，拉龙寺、罗布寺和格桑颇章寺合并，保留拉龙寺的名号。故此，拉龙寺藏有诸多珍贵文物，当时有 70 余名僧人。

“文化大革命”时期，寺庙建筑和寺藏文物全部被毁。20 世纪 80 年代，由十三世、十四世拉龙活佛的侍从白玛群培修复。1994 年，该寺由尼姑索朗卓嘎负责，用僧尼化缘所得的收入再次进行维修。现在拉龙寺的建筑规模与“文化大革命”前相当。

拉龙寺主殿　普多摄

主殿坐西北朝东南，为一楼一底藏汉结合式土木石结构，重檐歇山式屋顶，屋面以木板和铁皮铺就。第一层左侧为僧舍，中央为门廊和集会大殿，右侧为仓库。僧舍正门朝东南，面阔4间用3柱，宽10.4米，柱间距2.4米，进深3间用2柱，长7.8米，柱间距2.4米，圆形木柱的直径为0.2米。中央前部门廊面阔8.5米、进深2.1米，廊壁彩绘四大天王、无量寿佛、六趣图等。集会大殿位于后部，面阔3间用2柱，宽8.5米，柱间距2.4米，进深3间用2柱，长7米，柱间距2.2米，殿内供奉有莲花生大师泥塑像等。仓库正门朝东南，面阔4间用3柱，宽10.4米，柱间距2.4米，进深3间用2柱，长7.8米，柱间距2.4米，圆形木柱的直径为0.2米。第一层左侧墙体上有烧香炉，中央为接待室，右侧为住持卧室及护法神殿，后部设2间卫生间。拉龙寺先后有过十五世活佛：一世拉龙拜吉多吉、二世珠旺嘎玛次旺、三世曲吉尼玛、四世吾金尼玛、五世朗瓦让追、六世格桑次仁、七世白玛杰布、八世让琼贡恰、九世贡桑曲扎、十世丹增尼玛、十一世土登嘉措、十二世吾金崔成、十三世白追白玛旺杰、十四世仁增曲旺，十五世赤美丹增（或称噶玛崔成赤美丹增）现居住在四川甘孜藏族自治州新龙县。

该寺宗教仪轨和佛事活动为：藏历一月一日至十五日，举行祈愿大法会；藏历四月，举行金刚佛修供仪轨；藏历五月四日至十五日，举行念诵六字真言一亿遍仪轨；藏历七月十五日至十七日，诵读《大般若经》；藏历八月十日至十五日，举行大乐世界修供仪轨；藏历十一月十五日至二十一日，举行莲花生大师修供仪轨。

朱拉寺外景　普多摄

朱拉寺

朱拉寺位于工布江达县朱拉乡吉木雄村南约200米、朱拉乡政府驻地以西约2公里处、尼洋河左岸支流朱拉河东北岸，北邻日志山，海拔3566米。由宗喀巴大师弟子达瓦桑布于明代（15世纪中叶）创建，奉格鲁派。寺庙规模较大，存有部分历史悠久的殿堂遗迹和建筑，且保存有数量较大、较为珍贵的可移动文物，现为工布江达县文物保护单位。寺庙分布面积约3万平方米，建筑面积约1670平方米。

朱拉寺第四任堪布的灵塔　普多摄

朱拉寺主殿　扎洛摄

寺庙创建之初为觉丹寺，位于现朱拉寺东面，规模较小。相传有一天，喇嘛达瓦桑布为扩建觉丹寺作法事时，飞来一只乌鸦把敬神水的净盘叼去，于是就跟到了现朱拉寺所在的位置。达瓦桑布察看此地地形，觉得此处乃建寺的吉祥宝地：后山有自然生成的强巴佛像、宗喀巴大师师徒三尊像、米拉热巴像及众千佛像。山顶有觉欧仲色大师像。寺庙前方有一处飞流直下的瀑布，该瀑布在夏季酷似响彻千里的大鼓，冬季又形似财神，即大悲十一面观音自然生成像；瀑布下方还有白海螺自然生成像。于是，喇嘛达瓦桑布决定把觉丹寺迁到此处进行扩建。当时建有大小集会殿 2 座、护法神殿、和好塔、法器室及 12 间僧舍等。小集会殿为 2 根短柱两层，主供两层高铜镀金强巴佛像。

“文化大革命”时期，朱拉寺的建筑和文物全部被毁。1986 年，由僧人阿旺赤来负责，修复了该寺 1 间小集会殿。1993 年，在政府资助 5 万元的基础上，信教群众投工投劳，再次由阿旺赤来负责，修复了 1 座有 2 根长柱、14 根短柱的两层主殿：底层为集会殿，第二层为护法殿、库房、寝宫等。

朱拉寺现藏有：金质手抄本佛经《八千颂》1套，金银质手抄本佛经《八千颂》1套，释迦牟尼佛唐卡7幅，佛祖唐卡3幅，金绘大威德金刚唐卡3幅，多闻天王唐卡1幅，金银响铜质地的大小佛像20余尊，噶当派银塔1座，响铜佛像5尊。

该寺历代住持喇嘛有：达瓦桑布、降曲坚参、阿旺赤来嘉措、益西丹白准美、洛桑益西丹白准美、降曲洛桑丹白坚参、洛桑土登当曲强巴嘉措、阿旺土丹克珠等人。朱拉寺还曾出过叫作益西塔堆的甘丹赤巴（法王）。后来，他回到本寺。寺庙原有12个康村、500余名僧人，现有常驻僧人12名。

朱拉寺宗教仪轨和佛事活动主要有：藏历一月五日，举行祈愿法会，众僧齐聚集会殿，念诵经文，祈愿佛法昌盛、众生平安、风调雨顺、五谷丰登、人畜两旺；藏历一月十五日，迎请强巴佛像；藏历五月十五日，举行祭祀敬供土地神多吉扎仪轨；藏历十月二十三日，举行朱拉阿曲佛事活动，其间要展示宗喀巴像、佛祖像，跳神两天，灌顶赐福一天。其余宗教仪轨和佛事活动，与其他格鲁派寺庙相同。

德庆寺

德庆寺位于工布江达县仲萨乡拿岗村贡巴自然村内，地处尼洋河西北岸，距318国道约10公里，海拔3395米。寺庙于1121年由伏藏大师桑登德庆林巴创建，奉宁玛派。

现该寺院由主殿、僧舍、伙房、转经筒房、围墙等建筑组成，历史悠久，具有重要历史文化价值。寺庙分布面积约1.2万平方米，建筑面积440平方米。

相传，藏历第二绕迥铁牛年（1121年），伏藏大师桑登德庆林巴四处寻找建寺之地。他来到贡巴地区后发现：山势犹如护法神殿；山顶酷似铜色吉祥宫（莲花生大师的圣地），并有自然生成的水晶佛塔；前山像莲花生大师的莲花法帽；东面有自然生成的大鹏石像；西南山势如顿珠佛的经堂，并有自然生成、寓意祥瑞、形似大象的石像；西面有格

德庆寺全景　扎洛摄

萨尔王降妖伏魔的岩洞。他觉得此处地形殊胜、寓意深刻，是弘扬佛法的宝地。但此处风灾严重，桑登德庆林巴遂决定建一座镇风寺，为众生消灾祈福，取名为白玛曲林寺，意为莲花佛门。而周围群众习惯以该寺创建者桑登德庆林巴的名字称呼此寺，久而久之便被称作“德庆寺”。

寺庙鼎盛时期有70余名僧人。喇嘛顿尼勒珠巴担任德庆寺住持长达18年，他因对该寺的发展及弘法伟业功勋卓著，后前往藏果果寺继任喇嘛聪美旦增多吉之位。其后，格龙·敏珠旺布担任德庆寺住持17年。此后，由生于隆布娘（今德庆寺下方的村庄）的格龙·西绕琼乃担任该寺经师，喇嘛聪美旦增多吉亲自担任该寺堪布，广收门徒，亲传宁玛派各种典籍。当时，德庆寺在工布、隆布等地名声显赫。

1717—1720年，准噶尔部落侵藏时，该寺被烧毁。后由格龙·朗追修复，也就是现在有4根长柱、12根短柱、3层楼高的主殿。当时供有许多佛像，并藏有较多的珍贵文物，但在“文化大革命”时期被损毁或遗失。主殿成为生产队的粮仓，周围僧舍分给了当地村民。

“文化大革命”结束后，由喇嘛吾金梯乔等人负责修缮了主殿，并四处打探、寻找在“文化大革命”中遗失的文物。经过不懈努力，找回了部分寺藏文物，现供奉于主殿，主要有佛祖释迦牟尼在世时亲自开光的 8 岁儿童等身羯沙流波坭（观音菩萨化身）像、吾金德达林巴亲手制作的手鼓、白铜霹雳锣、大理石白度母像和掘于邦达之地的金刚橛护法殿门链等，另藏有完整的藏文大藏经《甘珠尔》《丹珠尔》。主殿第二层为金刚橛殿、喇嘛寝宫、阳台、客厅等。主殿周围为僧舍、厨房、库房等。

该寺宗教仪轨和佛事活动，主要是宁玛派仪轨和一些极具当地特色的佛事活动。如：每年藏历二月九日至十一日，德庆寺的全体僧众和附近村庄的男性身着盛装，手持五彩经幡，齐聚寺庙后山。众僧诵经、焚香，祭祀当地的护法神（也称土地神或山神）。藏历五月，举行为期 10 天的法会；其间，由当年出家的新僧负责发放布施。藏历五月十五日，寺内举行赡洲烟祭节。当地村民背着大藏经《甘珠尔》《丹珠尔》，绕全村的田地一周，祈求风调雨顺、五谷丰登。最后，到寺庙庭院集中，载歌载舞，互敬青稞酒，共度节日。从藏历六月四日起，举办为期 7 天的德庆寺赛马节：第一天，寺庙开展灌顶赐福活动。届时，周围的信众来到寺院进香拜佛、求福求寿。其余 6 天，举行赛马、拔河、唱歌、跳舞等内容丰富的娱乐活动。藏历十一月份，举行为期 12 天的“日归”法会及会供仪轨。其间，举办抛朵玛、灌顶赐福、开坛讲经等活动，会供两天。

措宗寺

措宗寺位于工布江达县措高乡结巴村，地处巴松措湖心岛上，四面环湖，海拔 3462 米，南距乡政府驻地约 5 公里。寺庙由桑杰林巴创建，是一座有着 1000 多年历史的宁玛派著名古寺。该寺现由主殿、转经筒房、僧舍等组成，奉宁玛派，主供莲花生大师。寺庙占地面积约 3863 平方米，建筑面积约 646 平方米。

相传，现寺庙所在地有一处 8 岁儿童的脚印。桑杰林巴来到此地，并认定这是自己的脚印，便在此处创建了一座寺庙，广结善缘、普度众生。当时建有1座面积有8根柱子的两层主殿，主供为1尊没有颈部的莲花生大师威猛像。这尊像还有一个传奇故事：当年主殿建成后，桑杰林巴打算塑一尊莲花生大师威猛像。他告诉工匠只需塑造身体部分，头部由他亲自塑。当塑造完莲花生大师威猛像的身体部分，还未塑造完颈部之时，桑杰林巴作法，从印度迎请了只有头部而没有颈部的佛像，致使该塑像与众不同。一次，措宗寺发生了一起大火灾，这尊莲花生大师威猛像却安然无恙，至今仍供奉在集会殿。底层的集会殿还供有莲花生大师八号像、莲花生大师三众像、泥塑格萨尔王像、菩萨塔等，第二层供有药泥塑三怙主像。

1940年，二世顿炯对该寺壁画等进行了修缮。“文化大革命”时，整座寺庙被烧毁。1983年，由喇嘛岭寺的曲尼大师和顿旦杂拉班觉活佛负责，当地信众募捐钱物、投工投劳，修复了措宗寺。1993年，还是由喇嘛岭寺的曲尼大师负责，对集会殿后部进行扩建，建成了现在有8根柱子的两层主殿。

后来，顿旦杂拉班觉活佛把在“文化大革命”中被毁的泥塑能仁王佛像、三怙主像改建成一

措宗寺全景 扎洛摄

措宗寺主殿　普多摄

层高的镀金铜像。主殿的第二层供有镀金铜无量寿佛像、无量光佛像、绿度母像、白度母像、药师佛像、不动佛像等。

历史上，措宗寺僧人最多时有过100余名，有自己的农田。现有常驻僧人1名和清洁工2名。近年来，在该寺主殿右侧修建了商店，左侧修建了图书室、招待所、库房、僧舍及供灯房等。

措宗寺以宁玛派宗教仪轨为主，主要开展祈愿、闭关修行和吉日良辰诵经等佛事活动。

第二节　宅第民居

阿沛管家庄园

阿沛管家庄园位于工布江达县仲萨乡林则村内，地处尼洋河南岸，北距318国道约700米，海拔3325米。该庄园始建于1926年，系全国政协原副主席阿沛·阿旺晋美担任噶厦政府官员时的管家索朗多布杰的庄园，是林芝境内著名的人文景观，也是如今保存最为完好、规模相对较大、具有典型工布建筑特色的庄园。现该庄园由庄园楼、马房等组成。庄园占地面积约1.5万平方米，建筑面积约1200平方米。

阿沛管家庄园主楼　扎洛摄

阿沛管家庄园室内壁画　扎洛摄

阿沛管家庄园楼内构造　扎洛摄

因自然原因和“文化大革命”时期的毁坏，经堂、壁画都有破损。2010 年，由文物部门出资 360 余万元，对庄园进行了保护性维修。

庄园楼坐北朝南，为土木石结构的 3 层碉房，高约 15 米，宽 23.2 米，长 25 米，共有 24 间房屋。主楼第一层为储藏室。第二层共 8 间，主要为储藏室、议事厅、客厅、伙房、卫生间。第三层主要为经堂、卧室、议事厅、卫生间等。房内隔墙多为土墙及木质隔板，木雕精美。

庄园楼内的议事厅至今保留着一幅比较完整的壁画，长 3.75 米，宽 1.85 米，为 5 位王公贵族并立图。画像色彩艳丽，人物神态自然、栩栩如生。壁画上留有既非汉字，又非藏文或梵文的奇异文字。房顶为天井式。楼外为石片铺成的庭院。庭院东西两侧为马厩，马厩为木板房。

第三节　城垣城楼

太昭古城（江达）

太昭古城位于工布江达县江达乡太昭村内，地处尼洋河北岸一级和二级台地上，南距318国道约160米，距县城约20公里，海拔3350米。五世达赖喇嘛罗桑嘉措为了加强地方政权，逐步完善西藏地方宗谿行政管理体制，在古工布地区的江达设宗，成为交通要冲。现为西藏自治区文物保护单位。

江达的历史源远流长，古时属娘布之地，由娘布王统治。在距今2000年左右，吐蕃第八代赞普止贡赞普与属臣罗昂争斗，赞普被杀。他的三位王子夏赤、聂赤、恰赤为躲避杀身之祸，逃亡异地。大王子夏赤逃到古工布（即今巴宜区、米林县），二王子聂赤逃到了娘布（今工布江达县境内），三王子恰赤则流亡到波窝（今波密县境内）。后来，大王子夏赤留居工布，成为古工布地区的统治者，历史上称作工布阿杰王。1642年，藏传佛教格鲁派领袖、五世达赖喇嘛罗桑嘉措建立噶丹颇章政权，在古工布地区先后设孜拉、觉莫、雪卡等宗一级行政机构，又在江达设宗。因江达所在地娘布与娘曲（即尼洋河）下游的古工布地域接壤，没有天然的大山江河分隔，两地文化背景、生活习俗又接近，江达便逐渐成为工布辖区，称作工布江达，意即工布之江达。直至西藏和平解放时，则拉岗所辖江达、德木、觉木、雪卡四宗通称为工布四宗。

清代康熙五十九年，即1720年，康熙皇帝命噶尔弼为定西大将军、延信为平逆大将军，率两路大军从青海、四川入藏，驱逐准噶尔军队的侵扰。噶尔弼一路进攻盘踞在直贡、墨竹工卡一带的准噶尔蒙古、西藏联军时，工布的第巴（头人）阿尔布巴·多吉杰布率2000余工布兵协助清军作战，取得胜利。阿尔布

太昭古城全景　扎洛摄

巴·多吉杰布因战功被清廷授予贝子之衔，不久又升任噶伦。

这次战争也体现出了江达地理位置的重要性。自古，内地通往西藏的路径有四条，分别是青藏西道、青藏中道、青藏东道和川藏驿道。除青藏西道以外的三条路，都要经过江达。江达西临拉萨河谷，北与嘉黎接壤，东与波密（古称波窝）为邻，是川藏通道上的军事、交通要冲。故此，清朝中央政府先后在此设立粮台塘铺，委派1名外委、120名兵丁驻防，后驻千总1名、兵丁10名；道光年间，驻有1名外委、46名兵丁。地方事务仍由西藏地方政府管理，委派2名宗本，并由江达宗宗本及地方贵族头人为驿站提供乌拉差役。清代，江达作为交通要道，其境内还设有常多、宁多、江达、鹿马岭4座驿站，其中江达是江达宗的中心驿站。

1913年，西藏地方政府在昌都设立朵麦基巧，管理西藏东部地区。为了保证拉萨通往昌都的交通畅通，西藏地方政府在继承和沿袭清朝所设驿站建制的基础上，增设了拉萨至昌都沿途的驿站，由驿站所在宗承担驿站的乌拉差役。在江达宗境内设立的驿站基本上沿袭了清朝时期的体制，有宁多、鹿马岭、金达（时称经大)、拉如、常多5站。其中，清代的宁多站下移至拉如（今娘蒲乡政府所在地），顺达（清代江达和鹿马岭之间的充饥处）移至金达。据《使藏纪程》载：1934年，国民政府派时任参谋本部次长的黄慕松为专使入藏，为十三世达赖喇嘛土登嘉措圆寂致祭。黄慕松一行经川藏通道进入拉萨，途经江达时停留3天。当地宗政官员告诉黄慕松，江达居民有80余户，其中汉人及其后裔近20户。

1951年，西藏和平解放；1956年，西藏自治区筹备委员会成立，江达宗受西藏地方政府管辖；1960年民主改革后，全区行政区划重新设置，江达设县一级建制，更名为工布江达县，归属于新设的塔工专区；1963年，塔工专区撤销，江达所在的工布江达县划归拉萨市管辖；1986年，设林芝地区，工布江达县划属林芝地区管辖。

“太昭”一名，1912年始有，由四川经略使尹昌衡取之。当时，尹昌衡提出西康建省计划，在计划中，拟在江达设太昭府，后称太昭县。但这些仅具虚名，未成事实。

太昭古城现存关帝庙、度母庙、乌金拉康、吐吉拉康、万善同归碑、古驿站隘口、小八角街、泰山石敢当、宗政府衙门、清代古墓群、唐蕃古道、藏王避雨石、镇气柱、眼镜蛇岩、天梯、鹦哥嘴、松赞干布神石、望乡崖、鬼屋（经堂）、镇妖石、洛哇傍卡摩崖石刻、洛哇傍卡摩崖碑、罗塘、那固琼固沟、果隆山、藏经山、六字真言石刻等景点和古迹。

第四节　古村落

错高古村落

错高古村落位于工布江达县错高乡错高行政村驻地，地处巴松措北岸。村子三面环山，一面临水，平均海拔3400米。

西藏自治区文物保护研究所于2011年11月编撰的《林芝地区工布江达县错高古村落保护报

错高古村落全景　扎洛摄

告》载：

“错高”为藏语音译，意思是湖头，湖头的村叫错高村。错高古村落现有居民 63 户、嘛呢拉康 1 座、佛塔 1 座、村公用房及废弃的早期藏式建筑等，建筑面积约 8000 平方米，占地面积约 4 万平方米。所有建筑集中分布于巴松措东北侧湖岸台地上，建筑物大小不一、疏密无序，整个村落大体呈东西走向分布。

该村落各民居的建筑面积均达 400 余平方米以上，房屋建筑整体框架为石木结构，都保存有工布民居原有风格及特征，上下共两层：第一层为牲畜圈养地；第二层为居民的住宿和生活区；第二层顶部与房顶之间有阁楼，为堆放牲畜饲料和储存食物的地方。佛塔位于村庄南侧。据当地老百姓介绍，它也属村落早期建筑之一，规模较小，仅存塔基和塔瓶。佛塔附近有嘛呢石刻 1 处。嘛呢拉康位于村中央。当地老百姓说，它距今已有 200 余年的历史。这个拉康坐西朝东，为单层土石木建筑结构，单檐悬山式屋顶，平面略呈方形，面积 18 平方米，内有 1 座大转经筒。

错高古村落旧民宅　扎洛摄

错高古村落在历史上曾出了不少大力士，有“力士村”的美称。受传统文化的影响，居民从小就能歌善舞。最典型的歌舞节目是“梗”舞表演。在农闲季节，尤其是在重大节日，农牧民群众自发地组织起来，开展各种文艺演出。其中就有男女一起跳“梗”舞，在工布江达县各种文艺演出及民俗表演中获得了一致好评。2008 年，“梗”舞被列入西藏自治区非物质文化遗产保护名录，并列为西藏自治区重点非物质文化遗产保护项目。就服饰及语言而言，村民的着装样式既保持了民族特色，又富于明显的地方特色。村内仍有一批民间工匠艺人。他们打制的藏刀和制作的藏式饰品，特色鲜明，工艺精湛，质量优良。

在错高古村落通过走访调查，发现几户房屋均历经四五代人，属祖辈自建，至今至少已有 100—300 年的历史。在几百年的历史长河中，村民们依然保存着原有的建筑风格与生活方式。居民住宅内仍使用原始灶炉，家具均为手工制作，建筑及生产、生活用具均保存着原始特征。村落规模较大，其民居与周边天然林区融为一体，是目前在林芝市境内发现

嘛呢拉康　林文广摄

的唯一一处保存完整的工布民居古村落，在工布地区民居建筑史上占有重要地位。民居建筑整体框架以石木为主，在样式、色彩、选材、用材、装饰等多方面保留了工布建筑的传统，具有鲜明的地方特色。

错高古村落保存的多种古文化遗产、得天独厚的自然景观，是一种古老、完整兼具脆弱性的文化资源，以其极高的生态价值、历史文化价值和科研价值，引起了社会各界的广泛关注。现错高古村落保存的居民住宅、佛塔、拉康等，都是藏族先民在青藏高原创造的丰富多彩、极具特色的文化，是中华文明的重要组成部分。这为研究林芝古代的政治、经济、文化、宗教等方面提供了宝贵的实物资料，对研究西藏的文化史、民族史、经济史、藏汉关系史等都有着非常深远的历史和现实意义。

第二章

古遗址

第一节 城址

阿沛庄园遗址

阿沛庄园遗址位于工布江达县工布江达镇阿沛村东约200米处、尼洋河北岸一级台地，南距318国道约100米，海拔3397米。该庄园为阿沛家族所有，建于19世纪末，“文化大革命”时期遭受严重破坏。2001年11月9日，被公布为县级文物保护单位。

现存3座建筑物遗址，从西向东依次为遗址一、庄园楼遗址和遗址二，略呈三角形分布。庄园分布面积约6000平方米。

遗址一位于庄园楼遗址西北面，距庄园楼约20米，坐北朝南，一半以上已垮塌，现存部分墙体，第一层为土石结构。内侧横向排列有3根方形木柱，边长0.12米，间距2.6米。南墙靠西侧有门和窗户，门高1.6米、宽1米，离地高0.6米；窗户高1.2米、宽0.6米，离地高1米。南墙靠东侧为正门的轮廓，门高1.8米、宽1.3米，离地高0.8米。墙体残高0.6—4.8米，墙体厚1—1.4米，外侧东西长16.7米、南北宽5.3米，屋顶不存，内部结构不详。

庄园楼遗址位于庄园遗址中央，坐北朝南，现存四面墙体及内部第一层部分屋顶和木柱，为3层土石结构。北墙有两排椽木孔，第一层离地高2.5米，第二层离地高5米。第二层椽木孔以上有高2.5米的墙体。第一层内侧前部存有一半的楼顶，离地高3米，内部有建筑物垮塌形成的土石堆。从建筑物现存状况分析，庄园楼前部为第二层建筑，后部为第三层。墙体残高5—8米，墙体厚1—1.4米，外侧东西长17.5米、南北宽16米，内有14根圆形木柱和1根方形木柱，圆形木柱直径0.2米，方形木柱边长0.2米。进深13.6米，4间3柱，柱间距2.9—3米。面阔宽14.8米,5间4柱，柱间距2.6米。

阿沛庄园主楼遗址　扎洛摄

遗址二位于庄园遗址东北

阿沛庄园遗址全景　扎洛摄

面、庄园楼东北约 30 米处，坐北朝南，现存四面墙体，为第一层土石结构。南墙中央门高 1.6 米、宽 1 米。南墙靠西侧有一扇窗户，高 1.8 米、宽 1.6 米，距离地表 0.2 米。墙体残高 2—3.2 米，墙体厚 1—1.4 米，外侧东西长 7.6 米、南北宽 4.3 米，屋顶不存，内部结构不详。

第二节　寺庙遗址

关帝庙（格萨尔拉康）遗址

关帝庙或格萨尔拉康遗址位于工布江达县江达乡太昭村内，海拔 3566 米。当地人称之为"格萨尔拉康"，始建年代不详，历史沿革不详。"文化大革命"时期遭受严重破坏，加之后期年久失修、风雨侵蚀等原因，导致建筑损毁严重。据当地群众介绍，寺庙原为一层石木结构，仅有一间，内置两柱，主供格萨尔王、文成公主、戳东、吉边等像，另存有一部彩色版、藏汉双语算卦书。现寺庙仅存建筑基址，占地面积约 130 平方米。

在中国的诸多神灵中，受到儒、佛、道三教供奉的神灵就数关帝了。对关帝的崇拜遍及四方，同样也进入了藏传佛教中。清朝时期，在西藏的清兵营地建有供奉武神关帝的庙宇，使关帝庙开始出现在藏传佛教文化中。一般来说，关帝庙大殿正中供有关帝，右边是阿米年钦山神，左边供二郎神。

关帝正式进入藏传佛教、为藏传佛教的大师所认可，是在清代。众所周知，关帝生前叫关羽，是三国时期蜀汉玄德皇帝手下大将，所向无敌，一生征战无数，罕逢敌手，闻名者无不降服。有关关帝在西藏的来历有个传说：在一次战事中，关羽不幸身亡。因其临终时处于极怒状态，他的魂灵便成为具有神通的、属于"鲁神类"的非人，流徙于兴隆地区，危害地方，凶残暴虐，人们很难走近他的住处。400 年

关帝庙遗址　扎洛摄

后，手持中观学说的智者大师至该地静修。关公变成大蟒蛇绕山峰三圈，并引来千万个龙族军兵，显示大山倒塌、日月沉没、兵器似雨降、霹雳闪电不断等种种恐怖景象，企图以此恐吓大师，而大师入于三摩地不为所动。最后，关公无计可施，领其八部众顶礼大师，向大师陈述了自己的前世。大师向他讲述佛教因果奥义。关公感悟，应诺自己将做佛教的护法神，请求将自己的身像建在寺院中，守护佛法和僧众。

尚存太昭古城内的关帝庙遗址，是全木质结构。过去，每逢藏历四月十五日，当地百姓会在关帝庙前集会，举行祭祀活动。庙前还留有“敬献宝炉”石碑。

由于关帝跟格萨尔王一样，有“战神”之誉，所以在藏族地区，关帝庙一般也被称作“格萨尔拉康”，即格萨尔神庙。

第三节　其他古遗址

秀巴碉楼群

秀巴碉楼群位于工布江达县巴河镇秀巴村内，地处尼洋河北岸孜央山南麓，南距318国道约100米，海拔3229米。原有6座碉楼，现存5座。碉楼群占地面积6000平方米，现为西藏自治区文物保护单位。

5座碉楼残高40—50米，皆石砌而成，平面呈"亞"字形，剖面为底部大于顶部的梯形，存有四面墙体，形状、大小、结构甚为相似。其中一座保存较为完好，内部突出有4个棱角，共有6排类似于椽木孔的结构。第一层椽木孔距离地表2.6米，每排椽木孔的间距为2.6米；每两排椽木孔之间，留有一个类似通风孔口（或窗户）。

目前，在林芝境内共发现碉楼37座，大多分布在工布江达县境内，在巴宜区和米林县各分

秀巴碉楼群全景　扎洛摄

布1座，在朗县分布9座。秀巴碉楼群在规模和建筑风格上最具代表性。早在中国秦汉以前，就有一种多层建筑存在，叫作“角楼”或“望楼”。角楼更多地反映了这种建筑在住宅中的位置，建于住宅院墙的转角部位。望楼主要表达的是它的功能。望楼在上古时期是人们望候神人的“台”，建在院落内，对位置的要求并不严格。碉楼的建造就受到古代角楼或望楼的启示，远在汉代就已经很完备了。秀巴碉楼（或林芝碉楼）的来历，至今还未得到证实，从各种史料、资料和地理位置来推断有3种可能：一是经甘孜、阿坝传入，二是经青海传入，三是经西藏阿里传入。

秀巴碉楼与川西丹巴碉楼相比较：高碉的分布在甘孜、阿坝地区十分广泛。高碉的东部起点，今可见的在阿坝藏族羌族自治州境内。以岷江为界，自岷江以西，多碉楼建筑，而且愈西则碉楼建筑愈多；到甘孜藏族自治州境内的丹巴，则碉楼成群。林芝市西部的工布江达县、南部的米林县和中部的巴宜区（距工布江达县较近）存在碉楼，东部靠近昌都的波密县、察隅县则未发现碉楼。部分专家还专门对林芝碉楼进行了年代测定，结果证实，林芝碉楼早于丹巴碉楼。

秀巴碉楼群局部　扎洛摄

秀巴碉楼与青海碉楼相比较：青海藏族碉楼分为四类，即碉楼式碉楼、独立式碉楼、碉塔式碉楼和院式碉楼。前两类主要由下层民众居住。后两类为百户、千户头人和贵族头人的财产，标准高，投资大，建造难，其特点是：第一层用来圈养牲畜或堆放杂物；第二层为居室；第三层为供佛念经场所，以及储藏粮物。由此可见，青海藏族碉楼同林芝朗县发现的部分寺庙遗址的建筑有所类同，并非与秀巴碉楼相同。例如朗县容丹寺遗址的主殿部分，建筑正门在南墙上，现存第二层椽木孔高出地表6米，内部存有未完全破坏的屋顶结构，有椽木、木梁和木托，四墙没有窗户的轮廓，但南墙、北墙和东墙存有类似于通风孔的轮廓。

秀巴碉楼与阿里碉楼相比较：而今保存最早的碉楼实物，是坐落在西藏阿里地区札达县托林镇象泉河南岸古格故城遗址里的58座碉楼。古格碉楼经阿里、山南传入林芝的可能性相对较大。据《山南地区文物志》载：古碉楼在山南地区的洛扎、措美、隆子、乃东亚堆等地分布。特别是从措美当巴开始，前往洛扎本巴、拉康等南路朝圣路沿途，处处都能看到高耸、壮观的碉楼群，据粗略统计，有500多座。古格碉楼遗址、山南碉楼遗址与林芝碉楼有许多相似之处，皆石砌而成，平面呈“亞”或“□”字形，形状、大小、结构颇为相似。根据秀巴碉楼的建筑形态，它们应该是在战时修建起来的，用于预警防卫，或作为统治标志，或用于士兵住宿，后因其壁厚、稳固、可以起到保暖的作用而被乡村民众采用。古格王朝是由吐蕃王室后裔在9世纪，即唐朝中期建立于吐蕃西部的地方政权。因此，大致可以推断出，秀巴碉楼距今有1100年左右的历史。保护秀巴碉楼群，对研究西藏古碉建筑的形制风格、历史衍变等具有重要意义。

第三章

古墓葬

太昭清代古墓群

太昭清代古墓群位于工布江达县江达乡江达村北约350米处、尼洋河与娘蒲曲交汇处的郎布日山坡，海拔3570米。

据《中国文物地图集·西藏自治区分册》载：太昭清代古墓群的封土墓共138座，依地形可分为A、B两区：山南麓为A区，共73座；山东麓为B区，共65座。

太昭清代古墓群全景　扎洛摄

太昭清代古墓群个体墓碑之一　扎洛摄

目前共发现墓葬 122 座，依地形可分为 A、B、C 区：A 区共 52 座（现由当地有关部门修建围栏，对其进行保护）；B 区共 27 座；C 区共 43 座。墓葬皆用块石或砾石砌筑成圆丘状，依面积可分为大、中、小 3 型，大型墓约 15 平方米，中型墓约 8 平方米，小型墓仅 1 平方米左右。

在 A 区墓葬中存有张永禄的墓碑，墓碑为一扁平砾石制成，未经修整，砾石高 0.44 米、宽 0.29 米。石碑正中阴刻楷书汉字“皇清显妣（妣应为考，碑文中有笔误——作者注）松潘中营战兵张公讳永禄之墓”，右上款为“光绪二年四月初五日子时故”。

第四章

石 刻

万善同归石碑

万善同归石碑位于工布江达县江达乡江达村内，海拔 3550 米。石碑凿刻于清嘉庆二年（1797 年）冬月，由碑首、碑身两部分组成，现为西藏自治区文物保护单位。

《清史稿·本纪十六·仁宗本纪》载，嘉庆二年为丁巳年，是年闰六月，与碑文文字相符。从碑文记载可知，修路之举始于该年闰六月，冬月完工并刻碑记功。

碑身为长方形，高 1.61 米、宽 1.05 米、厚 0.16 米。正面阴刻楷书繁体汉字 32 行，共 1129 字，从右至左竖排。其中，正文 31 行，共 1113 字，每行 26—45 字，字径 2.3 厘米见方。内容为修葺江边险道之记功碑文，原文为："江达汛西去约二里遥，有鹦角嘴一处，本西藏大道，石径崎岖。每逢钦宪出入，并换台员弁、贸易客商、人夫轿马、驼牛等经过，往往颠獗堪虞。且该处上悬陡壁，下迫河流，尤难修葺。予等击心伤困，同结善缘，协力募化，共捐资二百零六两三钱，诹日命匠修理。于闰六月望五日兴工，至是年冬内而工成。庶悬宕绝径，皆为坦途。爰勒石于后，以垂不朽云。是为序。"其后，为驻防拉里汛（今嘉黎县嘉黎镇）、江达汛（今工布江达县江达乡江达村）等处官兵捐资

万善同归石碑全景　扎洛摄

银两数额。第六列至第十二列间下部，阴刻有藏文正体9行，内容为宗本、四邻百姓等藏族官民捐资银两数额。碑末题款为“大清嘉庆二年岁次丁巳冬月吉日谷旦”16字。

碑首为半圆形，高0.7米、宽1.15米、厚0.2米。其上浅浮雕双龙戏珠图案。下部中央阴刻楷书“万善同归”四字，横排右书，字宽0.06米、高0.08米，字间距0.02米。

洛哇傍卡摩崖造像

洛哇傍卡摩崖造像位于工布江达县江达乡江达村西约2公里的洛哇傍卡山东南麓崖壁上，海拔约3580米。

造像面积约50平方米，高1.5—3米，均为阴刻，内容包括人物造像6尊、佛塔、早期藏文题记和六字真言等。6尊人物造像位于中部，像高1.55—3米，宽0.6—2米，内容分别为佛像、度母、世俗人物等。左下角刻有佛塔10余座，其最为突出的形制特征中，不见晚近藏传佛教佛塔的“第四层塔阶”和“第三层塔阶”的标准形制，而且能判断的佛塔“相轮”的数量有“六轮”“七轮”等，这些特征均为

洛哇傍卡摩崖造像局部　扎洛摄

早期佛塔所有。依目前掌握的资料，这种造型的佛塔不会晚于13世纪。古藏文题记有10余字，可辨文字意为“无上戒律”。从藏文形体风格判断，造像时代为吐蕃王朝晚期，即9世纪初至9世纪中期。

洛哇傍卡摩崖造像局部　扎洛摄

一号石刻的宗喀巴师徒三尊像　扎洛摄

吉木雄摩崖造像

吉木雄摩崖造像位于工布江达县朱拉乡吉木雄村东北约 7 公里处、尼洋河左岸支流朱拉河左岸的缓坡地上，海拔 3720 米，始刻年代不详。石刻造像分布于朱拉寺周边，共发现 4 处，保存较好，内容独特，对研究造像艺术等具有一定价值。占地面积约 44 平方米。

二号石刻的绿度母和米拉热巴造像　扎洛摄

三号石刻的四臂观音造像　扎洛摄

一号石刻位于朱拉寺东约200米处，占地面积约13平方米。浅浮雕，内容为宗喀巴师徒三尊像。宗喀巴造像高2.55米，宽为2.22米。

二号石刻位于朱拉寺西约50米处，占地面积约4平方米。内容为绿度母、米拉热巴两尊造像，浅浮雕，皆为结跏趺坐。其中，绿度母造像高1.5米，宽1.33米；米拉热巴造像高1.13米，宽0.87米。

三号石刻位于朱拉寺西约100米处，占地面积约4平方米。西面从北至南的内容为文殊菩萨、四臂观音、金刚手，东面从

四号石刻左边的曲杰（护法神）造像　扎洛摄

四号石刻右边的其扎巴拉造像　扎洛摄

北至南的内容为文殊菩萨、弥勒佛、金刚手，皆为浅浮雕。

四号石刻位于朱拉寺南约100米处，高浮雕，占地面积约19平方米。石块左侧刻有曲杰（护法神）造像，右边西北方向刻有其扎巴拉造像。其中，曲杰造像高2.5米，宽为2.3米；其扎巴拉造像高2.5米，宽2.83米。

第三篇

米林县名胜古迹

第一章

古建筑

第一节 寺庙

扎西绕登寺

扎西绕登寺位于米林县扎西绕登乡雪巴村内，北距扎西绕登乡政府驻地约200米，南距扎西绕登河约1.8公里，海拔2994米。由二世达赖喇嘛根敦嘉措的弟子仁钦南杰于1422年创建，奉格鲁派。建筑面积2677平方米，占地面积4861平方米。寺庙可移动文物藏量丰富，现为西藏自治区文物保护单位。

相传，当年噶举派红帽世系第二世嘎玛巴·卡觉旺布来到此地观察地形，看到被当地奉为三怙主神山的水晶圣山深处，清泉直流，上空似法轮，地貌如莲花，四面八方齐聚自然生成的吉祥八宝，便深信此处乃佛法圣地，并脱下红帽贴于南面的一块巨石上，石面立刻显现出了黄帽（格鲁派僧帽）的印迹。他于是预言，将来此处一定会建一座格鲁派寺庙。若干年后，二世达赖喇嘛根敦嘉措的弟子仁钦南杰就前来此地，寻找建寺宝地。他在途中遇到一人，问其姓名，答曰扎西；后又遇一人，问其姓名，答曰绕登。行至今雪巴村，仁钦

扎西绕登寺主殿　格桑摄

南杰也看到此地地形殊胜，遂决定在此建寺，弘扬佛法。然后，他把在途中遇到的扎西和绕登两个人的姓名合起来，取名扎西绕登寺。

寺庙在1950年墨脱大地震中被毁。1957年，依照原寺样子重修了一座两层主殿，“文化大革命”期间再次被毁。从20世纪80年代开始，先后进行过多次维修。现寺庙由主殿、僧舍、厨房、法器室等组成。

据第司·桑杰嘉措所著《黄琉璃宝鉴》记载，该寺历代上师有：仁钦南杰、工顿洛追旺布、班丹洛追、贡嘎洛点、仁青

扎西绕登寺供奉的释迦牟尼塑像　普多摄

扎西绕登寺主殿内景　扎西次仁摄

伟绰、班智达仁青旺布、仁青曲桑、西饶旺久、平措朗杰、贡嘎白、曲吉坚参、塔布热降巴、桑杰丹增、洛桑丹增、班丹坚参、索巴桑布、斯木卡·丹增塔杰、工布达则·顿珠嘉措、工念贡觉多吉、娘布·班丹嘉措、羌纳·贡嘎洛桑、工斯木瓦·洛桑丹增、扎囊·绛巴旺杰、觉隆巴·洛桑坚参、塔拉瓦·仁青曲杰、觉宗·洛桑塔杰、觉乃擦朵热降巴·崔成塔杰等人。

扎西绕登寺札仓活佛有：第一世益希嘉措，在世80多年，著有《曲桑文集》等诸多著作；第二世阿旺洛追；第三世仁钦赤列；第四世阿旺洛桑曲吉坚赞。

扎西绕登寺强巴佛殿（弥勒佛殿）中央，供有两层高强巴佛像。其右侧供有三世佛像，左侧供有宗喀巴大师师徒三尊像。集会殿中央为宗喀巴大师师徒三尊像，其后部供有鎏金铜莲花生大师像、泥塑四臂观音像、响铜释迦牟尼像。响铜释迦牟尼佛像为甘丹麻母琼寺（该寺已成废墟）的唯一一件旧文物。另外，还供有文殊菩萨像、仁钦南杰像、益希嘉措像等。集会殿左右墙壁上，画有明代精美壁画。第二层为护法神殿，供有大威德金刚十三众、

羌纳寺全景　扎西次仁摄

多闻天王、白主怙五众、神怙三主等。

扎西绕登寺的主要佛事活动有：藏历每月的吉日都举行大威德金刚十三众、胜乐金刚修供仪轨，上师供及酬补神怙三主等仪轨。

羌纳寺

羌纳寺位于米林县羌纳乡羌都岗村东约200米处、雅鲁藏布江右岸二级台地，南为梯钦林山，东为达巴山，北距岗派公路和羌纳乡政府驻地约200米，海拔3008米。由宗喀巴大师的弟子丹巴塔吉于1494年创建，奉格鲁派。寺庙历史悠久、规模较大，有珍贵的可移动文物，是林芝地区较为有名的寺庙之一。现为西藏自治区文物保护单位。

丹巴塔吉在娘龙沟创建该寺时，建有一座3柱面积的主殿，有僧人20余名。后扩建至50柱面积，寺内僧人增至50余名。

从二世达赖喇嘛时期开始，羌纳寺的规模逐渐扩大。尤其是五世达赖喇嘛罗桑嘉措的弟子扎西群培奉命担任该寺堪布之后，对寺庙进行扩建，僧人一度达到370多名，也是羌纳寺历史上僧人最多的时期。后来，在羌纳寺第三任住持珠旺·丹增嘉措时期，该寺又扩

羌纳寺主殿　扎西次仁摄

建至300柱面积。

在1950年墨脱大地震中，羌纳寺藏有的响铜、金、铜等制成的较小佛像10多尊，一层高弥勒佛像等较大佛像13尊及精美绝伦的壁画等文物、建筑物全部被毁。1957年，羌纳寺由娘龙沟搬迁至现所在地梯钦林。在重修该寺时，建有3层（面积为4根短柱）的强巴佛殿；强巴佛殿上部为8柱间大的护法神殿；集会殿有包括2根长柱在内的28根柱子，外部门廊有7根柱子，当时有200多名僧人。1959

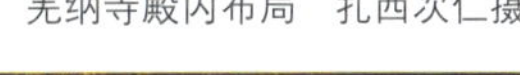

羌纳寺殿内布局　扎西次仁摄

羌纳寺供奉的强巴佛塑像　普多摄

年民主改革时，寺内尚有60余名僧人。“文化大革命”时期，寺庙被毁。

20世纪80年代后进行了几次维修，才形成现在的规模。2014年，文物部门出资700万元对寺庙进行保护性维修。现由集会大殿、接待室、僧舍、法器室等组成。主供佛为强巴佛。寺庙占地面积为6484平方米，建筑面积5088平方米。

寺庙历代住持有：第一任丹巴塔吉，第二任杰（尊者）·仁钦南杰，第三任珠旺·丹增嘉措，第四任杰珠巴·旺久，第五任杰·晋美嘉措。

该寺主要宗教仪轨和佛事活动有：每年藏历一月举办的神变节，基本形式类同于拉萨大昭寺的祈愿大法会（从三日到十五日举行法会，在十五日举行迎请强巴佛、摸顶赐福等仪轨）；届时，有众多信众前来观佛、求福。藏历九月举办降神节。藏历十月二十五日举办甘丹阿曲（甘丹燃灯节），祭祀宗喀巴大师。

第二节　拉　康

堆米拉康

堆米拉康位于米林县里龙乡才巴村堆米自然村东北部，地处雅鲁藏布江北岸二级台地东龙根娘山脚的空地，南距306省道约3.5公里，海拔3000米。该拉康

堆米拉康　扎西次仁摄

只有一座建筑，主供佛为无量寿佛，奉噶举派。堆米拉康建筑面积 70 平方米，占地面积 120 平方米。

堆米拉康的前身位于堆米村西北山间的一片青草地上，叫巴隆寺，由塔布拉杰·达瓦喜奴创建。相传当初，塔布拉杰·达瓦喜奴骑着白色牦牛云游四方。他到达扎西绕登扎达之地，恰逢当地村民欢聚过节。村民觉得，偶遇骑着白色牦牛的云游僧乃吉祥之兆，于是向他敬献了几大碗青稞酒。几碗酒喝下去后，塔布拉杰已有些醉意，就把自己的坐骑白色牦牛拴好，在一旁打了个盹儿，醒来时发现坐骑不见踪影，便沿着牦牛的脚印寻了过去，当寻到堆米村时，看到一只猴子牵着自己的坐骑正往山上走。他加快脚步追了过去，追到山间青草地时，只见白色牦牛在悠闲地吃草，却不见那只猴子的踪影。他顿觉惊奇，沉思后说："刚才明明看到一只猴子牵着我的坐骑往山上走，怎么到这儿就不见了呢？"塔布拉杰意识到，原来神猴在昭示自己，这里就是弘法宝地。因此，他当即决定在此修建寺庙，弘扬塔布噶举教教法。可是，周围没有建寺所需的水源和石料。塔布拉杰就打坐、祈愿、作法，求水源和石料，果真求得了一眼泉水和像酥油块一样方方正正的石料，建成了寺庙，取名为巴隆寺，“巴隆”意为神猴的预示。由于此地山高路远，香客极少，僧人们获取补给十分困难，而且经常遭遇偷盗，喇嘛班觉嘉措就用射箭选址之法，将巴隆寺搬迁至堆米村附近，取名“新寺”。

“文化大革命”时期，新寺成了废墟。20 世纪 80 年代，根据当地群众的意愿，喇嘛岭寺曲尼大师的弟子吾金桑登根据喇嘛岭寺的经济条件，在堆米村中修建了一座面积较小的三层主殿，由喇嘛岭寺的曲尼大师亲自命名为吾金曲阔林，意为莲花生大师讲经传法之地。当时，主殿底层供有莲花生大师像，第二层供有大悲十一面观音像，顶层供有无量光佛像。后因主殿屋顶常年滴漏雨水，殿内的梁柱、墙体及壁画逐渐被毁，又无力修复。最后，拆除了原有的三层主殿，修建了 9 柱面积、一层高的拉康。现拉康内供有：佛身无量光佛像、报身大悲十一面观音像、化身莲花生大师像、班丹拉姆像等。

堆米拉康的佛事活动，除在藏历吉日良辰，信教群众前来朝拜、供奉外，没有特定的宗教仪轨和佛事活动。

龙达吉玛曲登塔

龙达吉玛曲登塔位于米林县

堆米拉康殿内的佛塔与佛龛 扎西次仁摄

龙达吉玛曲登塔外景　扎西次仁摄

里龙乡才巴村茂公自然村西约1.2公里处、雅鲁藏布江北岸一级台地上，南距306省道约1.5公里，海拔3227米。始建年代不详，奉宁玛派。现由佛塔和保护性小殿堂等组成。该塔建筑面积为196平方米，占地面积为500平方米。这座塔是米林县境内历史悠久、传说较多、较为有名的佛塔，且规模较大、较为壮观。2009年10月9日，被公布为县级文物保护单位。

龙达吉玛曲登意为风马沙丘佛塔。

相传，莲花生大师在降伏藏区妖魔时，得知亚巴的长臂罗刹女逃到了塔布一带的甲贵宗，欲追踪降伏。在追踪到今才巴村时，大师突感身体不适，流下几滴鼻血。这时，天空奇现彩虹，空行母益西措杰下凡，染过大师鼻血的沙子变成一个个小塔。空行母益西措杰就把这些小塔集中在一起作为胎藏，修建了一座镇魔塔。后来，掘藏大师桑杰林巴又把空行母益西措杰施法修建的佛塔作为胎藏，修建了龙达吉玛曲登塔。该塔从此名震四方，成为沿雅鲁藏布江顺时针转经朝拜的起始点。此处还有一个奇特的现象：虽然佛塔周围都是沙丘，但不管怎么刮风起沙，佛塔周围的转经道从未发生过沙子阻挡道路。

“文化大革命”时期，该佛

龙达吉玛曲登塔殿内的佛龛 扎西次仁摄

塔被毁。20 世纪 80 年代，党的宗教政策得到落实后，找回并将被村民收藏的、染有莲花生大师鼻血的圣物小沙塔作为胎藏，对佛塔进行了维修。

现龙达吉玛曲登塔位于小殿堂中央，坐南朝北，土石结构，为菩提塔，由塔座、塔身、塔刹组成。须弥座式塔基，下枋宽 3.5 米、高 0.6 米；第四层下枭高 0.4 米，第一层宽 2.6 米，以上逐层收分 0.3 米；束腰高 0.4 米、宽 1.7 米；两层上枭高 0.2 米，上枋宽 2.4 米、高 0.15 米；塔阶座宽 2.2 米、高 0.2 米；第四层塔阶高 0.8 米；塔瓶覆钵式高 1.1 米，最大直径 1.5 米；塔瓶顶部中央置方形宝匣，边长 1.1 米，高 0.3 米；塔瓶四周为木质相轮。

工尊德木拉康

工尊德木拉康位于米林县派镇玉松村，地处雅鲁藏布江北岸，距派镇政府驻地约 15 公里，东为南迦巴瓦峰，南为嘎朗山，南距岗派公路约 2 公里，海拔 2952 米。据当地群众介绍：藏于该拉康的工尊德木唐卡，距今有 1000 多年的历史。现有拉康 1 座，主供莲花生大师、工尊德木唐卡，奉宁玛派。占地面积

工尊德木拉康　扎西次仁摄

约400平方米。

工尊德木以前为苯教神灵之一，后被莲花生大师降伏，封为藏传佛教护法神，也是掌握世间生灵之生死大权的神灵之一。相传，莲花生大师在降伏罗刹魔王时，因受魔之邪气和阴气隘扰，流下了鼻血。大师用鼻血画了一幅工尊德木唐卡，此唐卡成为工尊德木拉康之镇寺圣物。最初，该唐卡伏藏于工布地区的固母措，后由一位嘎玛巴活佛掘藏而得。嘎玛巴活佛想给这幅唐卡绣个绸缎边饰，以表敬重之心。在拉萨的裁缝店内刺绣边饰时，唐卡不由发出声来："我不要华丽的装饰，请把我送回东方的工布之地。那里才是我护法的地方。"鉴于这奇特的现象，嘎玛巴活佛把唐卡请回工布，并寻思修建一座供奉唐卡的拉康。他用骰子占卜，两个骰子竟然叠加在一起。因此，修建了一座像两个骰子垒砌起来一般方方正正的拉康。底层供有莲花生大师像、工尊德木唐卡等。因为工尊德木掌握着世间生灵的生死大权，所以，第二层还有敛气室（鬼神收盛生灵呼吸气息的密室）等。

民间还世代相传，工尊德木与桑耶的白哈王是夫妻。据说，白哈王为世间妖魔，法力无边，经常祸害生灵。莲花生大师就决定降伏此魔，让桑耶的生灵过上安宁的日子。大师几次与白哈王斗法，也未能将其降伏。一次在大师与白哈王斗法时，空行母益西措杰及其随从工尊德木也在场。此次斗法中，白哈王被工尊德木的美艳所打动，没有集中精力应战。莲花生大师便抓住时机，将其降伏，并说："你若起誓，从此不再祸害此地的生灵，就把德木许配给你。"白哈王当即立誓，答应了大师的要求。自兹后，工尊德木被封为工布地区的护法神，白哈王被封为桑耶的护法神。每年藏历一月十八日至二十二日，他们俩在工尊德木拉康相聚一次。

该拉康在 1950 年墨脱大地震中全部损毁，次年修复。"文化大革命"时期，藏于该拉康的工尊德木唐卡被香灯大师收藏，不慎霉烂，只得用布包裹，藏于拉康。现供于拉康中的工尊德木唐卡，是喇嘛岭寺的曲尼大师在 1988 年赠予该拉康的。

工尊德木拉康殿内结构　扎西次仁摄

第三节　日　追

单嘎日追　扎西次仁摄

单嘎日追

单嘎日追位于米林县卧龙镇单嘎努觉村北约1公里处、雅鲁藏布江北岸的央登山脚下，南约10米处有通往外界的乡村公路，距306省道约2.2公里，海拔3193米。该日追创建人为觉果茶究，距今约有800年的历史。现由主殿、佛塔、僧舍等组成。奉宁玛派，主供强巴佛。单嘎日追建筑面积362平方米，分布面积2000平方米。日追周边自然条件优越，可移动文物藏量丰富。

主殿位于单嘎日追的东部，坐北朝南，方向正北，为3层石木结构，北倚崖壁而建。第一层为集会大殿，1间房，面阔5间用4柱，宽6米，柱间距为1.2米，进深3间用2柱，长6米，柱间距2米，方形木柱，柱边长0.2米。西侧挂有唐卡7幅，供奉有单嘎日追护法神等6尊佛像。后部供奉有强巴佛等佛像。殿内珍藏有4尊珍贵的佛像，分别为：四臂观音佛像，高0.75米，宽0.53米，底座周长1.43米；释迦牟尼佛像，高0.99米，宽0.66米，底座周长1.78米；莲花生大师佛像，高0.85米，宽0.55米，底座周长1.48米；度母佛像，高0.86米，宽0.58米，底座周长1.53米。第二层为无量寿佛殿，1间房，木质结构。北墙右侧崖壁上刻有无量寿佛造像1尊，高1.15米，宽0.65米，面色为红色，头戴天冠，右手抬至胸前，左手托宝瓶。第三层为药王佛殿，1间房，木质结构，北面供奉药王佛等佛像。

单嘎日追前部有新修的围墙，北面和东面为岩崖。主殿西面有1排转经筒和3座佛塔。僧舍位于日追的东面，距主殿约30米。

厅古如日追

厅古如日追位于米林县派镇吞白村西北常松山半腰处，距镇政府驻地约3公里，海拔3009米。奉宁玛派，主供莲花生大师。

厅古如日追全景　扎西次仁摄

厅古如日追修行洞内供奉的莲花生大师塑像　扎西次仁摄

相传，莲花生大师从桑耶寺来到工布地区，为了降伏此地的魔王，隐居常松山西面闭关修行、增强法力。大师在此闭关修行 7 日，祈愿除魔伟业一帆风顺。出关后，大师作法，变为一名年轻的僧人去降伏魔王。魔王知道大师来降伏他，就作法也变成了一名青年。一日，他们在雅鲁藏布江边相遇。魔王变成的青年问僧人：“你去哪里？”僧人答道：“我去降伏魔王。”话音刚落，魔王现出了原形，是一个九头十八臂的怪物，隔着雅鲁藏布江与大师斗起了法。就在此时，“嘣”的一声，莲花生大师作法，变成一只小鸟从魔王的胯下飞走，飞到常松山修行洞中，嵌进岩体，念诵本尊咒语并修习佛法。后来，此洞得名“厅古如日追”，意为莲花生大师嵌于岩体的修行洞。

莲花生大师在此洞中再次修行之后，法力与日俱增，念修了三只金刚杵。出关那天，大师把一只金刚杵抛向魔堡，把魔堡炸得粉碎。魔王无力抵抗，逃到了一处像木箱一样方正、叫作“岗囊”的沟壑之地。莲花生大师追到此处，高举金刚杵，念诵咒语降伏了魔王，并用火功将魔王烧成了灰，把火灰葬于雅鲁藏布江之中。

厅古如日追有两只自然生成的金刚杵，据说是当年莲花生大

嘎南日追　普多摄

师闭关修行时炼成的。日追周围还有许多自然生成的佛像。

厅古如日追的宗教活动有：每年藏历五月十五日，广大信众不远千里到此转山朝拜，祈愿众生平安。

嘎南日追

嘎南日追位于米林县派镇东南部岗朗山半腰处，海拔 3300 米。相传于 772 年创建，创建者不详，奉宁玛派。主供莲花生大师像。面积约 180 平方米。嘎南日追意为讲经传法修行洞。

该修行洞地貌酷似盛开的莲花，周围林木茂密，百花齐放，经幡飘动，景色美不胜收。据传说，莲花生大师降伏工布地区的妖魔之后，为了弘扬佛法，教化当地众多妖魔，使他们成为佛门子弟，就在此洞中讲经传法，故得名“讲经传法洞”。大师在洞中讲经传法时，不仅众妖魔专心听讲，洞外的岩石也好像听大师讲经传法一样，都朝向修行洞。

洞中有莲花生大师的脚印、手印和自然生成的法帽，以及具有菩萨心肠的猕猴自然生成像。另外，还有个非常奇特的自然现象：每年藏历十月十二日，洞中会滴落象征安康、长寿的神泉。

嘎南日追殿内结构　扎西次仁摄

亚钦的堪布珠旺龙道嘉措曾说:“此圣地有顺时针大转和小转两种转法。按顺时针小转1圈,就等于念诵莲花生大师六字咒语;按顺时针转上330圈,定能投胎于莲花生大师的铜色吉祥圣宫。”嘎南日追周围还有两块硕大的岩石。相传,这是当年莲花生大师给空行母益西措杰(莲花生大师的明妃之一)讲经之处,也是佛教信徒必拜之圣地。

1980年,永嘎仁布切来到嘎南修行洞,闭关修行近20年。1983年,他扩建修行洞,并修建了唐卡展览殿。

嘎南日追的宗教活动有:藏历每月吉日良辰,广大信众前来转山朝拜,祈愿众生平安。

嘎南日追修行洞内的佛像　扎西次仁摄

第四节 宅第民居

仲麦觉旦庄园及杰布孔

仲麦觉旦庄园及杰布孔位于米林县里龙乡朗贡村，海拔4600米，为朗贡村标志性建筑，至今有100多年历史。1951年，进行了一次维修。现由仲麦觉旦庄园和杰布孔副庄园两部分组成。庄园建筑面积为1200平方米。该庄园保持了原始的贵族庄园风貌且地处边境，是林芝境内少有的保存完好的贵族庄园，现为西藏自治区文物保护单位。

仲麦觉旦庄园的主人名叫平措，拉萨人，于1940年过世，享年70多岁。庄园主的夫人名叫仁增，拉萨人。庄园主的女儿名叫措杰（早年因食物中毒，在朗贡去世），女婿名叫觉旦（工布羌那乡朗多人）。当时，庄园有6名佣人。1940年，庄园主平措去世后，由女婿觉旦掌管仲麦觉旦庄园；1958年，觉旦带着家仆及贵重物品潜逃出境，庄园交由格桑顿珠看管；1977年，格桑顿珠将庄园交付三女

仲麦觉旦庄园　扎西次仁摄

仲麦觉旦庄园楼内构造　扎西次仁摄

儿索朗卓嘎及其丈夫嘎玛看管；索朗卓嘎去世后，由其姐姐措姆看管；现由措姆及其妹夫嘎玛共同看管。庄园楼高约15米，3层土石结构的房屋共11间，中间为天窗。庄园总面积约1000平方米。房屋造型好，设计独特，墙体厚1.2米，门与窗均为精致的藏式传统雕刻；门锁为自制门锁，设计精巧，做工精致，非常牢固，一般人无法打开；房屋之间用木板隔开；第一层用于圈养牲畜及堆放杂物，第二层为会客室及生活区，第三层为卧室；四周都设有瞭望窗；房屋主体完好，结构完整。

杰布孔在当时为副庄园，迄今有70多年历史。庄园主名叫桑白，拉萨人；庄园主的夫人名叫丹增旺姆，拉萨人。桑白曾效忠于仲麦觉旦和杰布孔两大庄园主，代收苛捐杂税，后趁庄园主出逃，占据了副庄园。1959年，桑白夫妻二人潜逃出境，临逃走前，要求措姆老人的丈夫加央洛追看管杰布孔庄园，并强行带走措姆老人及部分牧民为他们搬运东西。后来，桑白在经商途中被河水冲走。现杰布孔庄园占地面积约200平方米，整体保存较好。

第二章

古遗址

第一节 城址

热嘎庄园遗址

热嘎庄园遗址位于米林县米林镇东多村热嘎自然村南约2公里处、雅鲁藏布江南岸罗布坝的密林中，东北距306省道约2公里，海拔3177米。

“热嘎”意为风水宝地。据说，热嘎庄园是工布王阿吉杰布的一座庄园，距今已有1300多年的历史。若这一传说成立，则该遗址的最初建筑修建于7世纪；但因缺乏可靠的参考文献及考古测量数据，其具体创建者和始建年代不详。2000年，西藏自治区文物局主持的全区文物普查、复查中，首次对该遗址进行了调查。照当地村民的说法，很早以前，热嘎庄园遗址是一座寺院。也有人认为可能是工布王的庄园，而且有人在该遗址山脚306省道边上立了一块“工布王庄园”的说明牌。然而，目前没有任何证据能够证明该遗址是工布王的庄园，我们只能将它暂定名为热嘎庄园遗址。

现存遗址有土台子、街道和房屋等遗迹。建筑遗迹主要集中于遗址中部，还能看到稍有房

热嘎庄园遗址中的瞭望台遗迹　格桑摄

屋轮廓的残垣断壁，但不能辨清完整的房屋形制。墙体最高者达5米之多。砌建方式分为三种：自然石块垒砌成墙，石块勒脚和土石结构的墙身，外墙大石块、内添小碎石的墙体等。从遗址内柳树等粗大树木的生长情况看，该遗址废弃的时间至少在200年以上。

热嘎庄园遗址的主体建筑位于称为罗布坝的山坡平地，东南低、西北高，遗址的周围全被森林覆盖。经全球定位系统（GPS）测量，该遗址占地面积约为4万平方米。

第二节　寺庙遗址

藏果果寺遗址

藏果果寺遗址位于米林县里龙乡仲萨村东北约2公里处、雅鲁藏布江南岸的密林中，距里龙乡政府驻地23公里，南距306省道约2公里，海拔2980米。

相传，藏果果寺最初称为格桑曲林禅院，为镇蝎而建，分别在蝎子的心脏上、左右角上、尾尖上建有集会殿、三世拉康、尼玛拉康、喇嘛寝宫。后由孜列寺活佛那措让追扩建，新修了20

藏果果寺遗址局部　达瓦次仁摄

柱面积的集会殿，殿内供有一层高泥塑莲花生大师像、半层高杰尊那措让追像、杰尊那措让追银质灵塔等文物和藏品。

寺庙在“文化大革命”时期被毁，现仅存主殿遗址1座。寺庙占地面积为220平方米。主殿遗址为土石结构，现存四面残墙，内部结构不详。从现状分析，主殿遗址正门朝西。南墙残长13米，北墙残长20米，东西两面残长10米，东西长22米，南北宽10米。墙体残厚1米，残墙高1.2—4米，石砌墙基高1.2米，其上为土石筑成。殿内壁画尚存残迹，内容已不可辨。殿前有块石铺成的小广场。

甘丹麻母琼寺遗址

甘丹麻母琼寺遗址（嘎玛根遗址）位于米林县扎绕乡雪巴村西南约300米处，海拔3057米。

据巴窝·祖拉陈瓦所著《贤者喜筵》载：甘丹麻母琼寺由噶玛噶举派红帽世系第一世嘎玛巴卡觉旺布在36岁时，即1386年创建。当时的第四层金顶主殿之集会殿面积为16根长柱、96根短柱。周围建有规模较大的僧舍。鼎盛时期有禅师、修行者、僧人等近300名，他们每年夏季

甘丹麻母琼寺遗址局部　扎西次仁摄

和冬季在此闭关修行3个多月，专心修法。嘎举派红帽世系第一世嘎玛巴卡曲旺布、第四世嘎玛巴瑞白多吉、第五世嘎玛巴德兴西巴等高僧大德曾先后莅临该寺开坛讲经，收徒传法，一时名震全藏。

当时，该寺集会殿中央供有佛祖三众像。佛祖释迦牟尼像有三层高，左右供有八大随佛弟子像。第二层供有十六罗汉像。第三层的护法神殿供有双身刹地神。第四层为观佛殿。集会殿内还画有精美的壁画，主要内容为佛祖的十二功绩伟业。主供释迦牟尼佛像，奉噶玛噶举派。

甘丹麻母琼寺有一根镇寺的檀香木柱，相传是从龙宫迎请而得的。后来，寺庙主体建筑在1950年墨脱大地震中被毁，唯有这根檀香木柱子屹立不倒，被广大信众奉为圣物，时常削去一小块，用作供灯的灯芯。也有信徒把柱子的木屑当作圣物藏于家中，以求平安。该寺旁边还有一棵大核桃树，相传是把佛祖的拐杖放在此处而长出来的。

甘丹麻母琼寺遗址现存主殿遗址1座、围墙遗址1处，其他遗迹不存。遗址占地面积为1380平方米。

围墙遗址为石块垒砌而成，

现存四面墙体，墙体残厚1—2米，墙高0.6—2米。外侧西南向东北宽46米，西北向东南长30米。

主殿遗址位于寺庙遗址的西南面，现存四面墙体，为土石结构，内部结构不详，墙体残高3—7米，墙厚1.1—2米，东北墙体有类似于门的轮廓。外侧西南向东北宽17米，西北向东南长22.3米。内侧西南向东北宽14米，西北向东南长20.2米。

第三节　其他古遗址

南伊沟藏医学校遗址

南伊沟藏医学校（也叫缅龙寺）遗址，位于米林县南伊珞巴民族乡南伊村南约4公里处的扎贡沟密林中。763年，由宇妥·云丹贡布创建，为西藏历史上首家医学校，也是首家私立学校。它因何被废弃，未见文字记载。

现遗址内保存相对较好的，只有1处石塔和数座石堆。该遗址占地面积为600平方米。

南伊沟藏医学校或缅龙寺现存遗址为：(1）缅龙寺或叫缅龙藏医学校、邦嘎寺、吉吉寺三座遗址（据一些史料记载，曾经在南伊沟建有三座高低不一的寺庙，应把这个遗址视为藏医学校

缅龙寺遗址　格桑摄

新建的南伊藏医学校　普多摄

遗址。民间也把这个遗址认作藏医学校遗址）。(2) 据传是宇妥·云丹贡布受“甘露化药”仪轨时住过的马明红岩修行洞。(3) 一座据称是由宇妥·云丹贡布大师亲自寻找并开光，立于八功德甘露泉边的石碑（民族出版社于1982年出版的《前后宇妥传》载，将药泉目录刻于石碑，并如是祈祷：愿聚众贤之加持，集药精华圣泉水，世间生灵得以享用，便能禳解身心苦。可是，石碑上的目录被阳光、雨水和风暴侵蚀，已经变得模糊不清。故，后人在石碑上刻了“唵嘛呢叭咪吽”六个字）。(4) 宇妥·云丹贡布的摩崖像（这是在20世纪90年代左右，信徒们为缅怀对雪域医学事业作出巨大贡献的宇妥·云丹贡布，并为鼓励后代继承藏医学而刻之）。现在由奇正药业资助，在南伊沟（缅龙）修建的私营藏药厂，也是参照过去的藏医学校而建的。该藏药厂距离米林县城约3公里。

具有西藏特色的医学理论创始人宇妥·云丹贡布，在708年出生于前藏堆龙吉纳的一个医学世家。其父为宇妥·琼波多吉，其母名叫嘉巴曲珍。宇妥·云丹贡布3岁起随父学写读、听医理，颖悟敏捷，熟练掌握了医理精要，开始行医治病。他5岁时，随父受“甘露化药”及“药师佛修习法”等佛教密乘之开许仪轨。宇妥·云丹贡布10岁时，被吐蕃王美阿匆将他召至桑耶应试，令其与昌迪·杰涅卡普等吐蕃名医辩论，皆获全胜，遂为九大吐蕃名医之首、吐蕃医学名家中的佼佼者和导师、名扬四方的医学大师，始任美阿匆和赤松德赞两朝御医。25岁时，宇妥·云丹贡布为了进一步拓宽医学知识面，远赴天竺（印度）学习。藏王赤松德赞予以阻拦，当年未能成行。后来，宇妥·云丹贡布在前往天竺途中，与尼泊尔医学名家拔纳释拉哈相见。宇妥·云丹贡布师从天竺的班钦·旃陀罗比及名医美旺等人为师，听受《四续补篇·珍珠鬘》及《刀针关键锁钥》等众多医学论著；回国后又赴汉地五台山，受拜众多名家教言。35岁时，宇妥·云丹贡布按照观世音菩萨的预言，又一次赴天竺，在拔纳释拉哈处听受很多教言。38岁时，宇妥·云丹贡布第三次到天竺，拜谒百余名上师，系统学习《医术十万颂》《医续晶鉴》《月王药物补遗》《仙人耳传》《医学八支心要略论》等古印度医学名著。返藏后，他以吐蕃医学为基础，博采印度、尼泊尔、汉地等各地的医方精义，撰成《医学四续》（也译作《四部医典》）。书中总结前人经验，吸收其他民族的医学精华，将吐蕃的医学理论提升到了一个新的高度，为藏医学的发展奠定了坚实的理论基础。通过这部不朽的医学著作，宇妥·云丹贡布创立了比较完整的藏医学体系。他将隆、赤巴、培根三因确立为藏医学的理论核心，并从这一理论出发，详细论述了人体的生理、病因、病理以及诊断、治疗方面的问题。此外，他还强调医者必须具有高尚的道德修养，将病人视为自己的父母。因此，宇妥·云丹贡布被人们尊为医圣，视为药王的化身。藏王赤松德赞将塔布、工布、娘布三地奖给宇妥·云丹贡布。西藏的九位贤人向他顶礼、叩头。为了向药师佛及其近侍祷祝，宇妥·云丹贡布大师前往幽静之地缅龙修行21天。面对聚集于此的无以计数的

僧徒、学生，他以讲、辩、著的形式推进医学事业的发展，夜以继日地治病济世。在缅龙寺，宇妥·云丹贡布白天为僧徒、学生讲授医学课，夜间随僧徒、学生们各自的愿望，讲经说法。45岁时，宇妥·云丹贡布按照撰写《四部医典》的预言，讲授续部十八分义等大量医学例子。55岁时，即763年，宇妥·云丹贡布首家医学校在工布的缅龙寺正式成立，招收学生约300人。宇妥·云丹贡布大师为学生面授四续分义补遗等；同时，规定了学生的毕业标准，分为崩然巴（相当于医学博士）、热江巴（相当于医学硕士）、嘎久巴（相当于医学学士）、堆热瓦（相当于医学大专）4个等级。他培养出了崩然巴医师约50名、热江巴医师约50名、嘎久巴医师约100名。宇妥·云丹贡布直到65岁，依然生活在工布地区。90岁时，依空行母的预言，在转完工布杂日神山返回缅龙寺时，为众生利益起见，娶圣地扎日姑娘——秘妃空行母为妻，赐名多吉措姆。当年，生下公子宇妥·崩；93岁时，生下公子宇妥·白崩；96岁时，生下公子宇妥·嘎嘎。晚年时，宇妥·云丹贡布除继续著书立说外，把主要精力放在医学教育方面。宇妥·云丹贡布125岁时，即藏历水鼠年（833年）七月十五日，在太阳升起之时离开人世。

保存相对较好的遗迹，位于南伊沟藏医学校遗址中央，坐西北朝东南，为石木结构。现存四面墙体，底部有护体墙，北墙一侧倒塌，东墙、南墙、西墙有部分残垣，内部结构不详。长有柳树和浅草等植被。北墙残长6米，南墙残长12.4米，东、西墙长12.5米。护体墙宽约为1米，南北长14.5米，东西宽14.4米。该遗址地表现被柳林和浅草覆盖，往西还存有建筑群坍塌后残留形成的石堆。

为了继承和弘扬西藏传统医学，近年在南伊乡政府驻地附近，由民营企业奇正藏药厂建了一所藏医学校。目前，该校面向西藏自治区农牧民招收学员。

第三章

石 刻

第一节 石 碑

朗嘎藏文石碑

朗嘎藏文石碑位于米林县丹娘乡朗嘎村东南约 400 米处、朗嘎山北麓坡地上，北距岗派公路约 400 米，海拔 2982 米。石碑上刻有古藏文，刻于藏王赤松德赞在位时期（755—797 年），对研究古藏文和西藏历史等具有重要参考价值。现为西藏自治区文物保护单位。

朗嘎藏文石碑外景 扎西次仁摄

朗嘎藏文石碑旧照　达瓦次仁摄

该石碑在"文化大革命"时遭受到一定程度的破坏，碑首从石碑上断裂。石碑现由碑首、碑身、碑座组成，碑首已坠落地面。碑座高 0.5 米，宽 0.94 米，厚度为0.29米。石碑通高3.8米。碑身高 2.6 米，宽 0.88—0.98 米，厚 0.26 米。碑首高 0.7 米，宽 0.87 米，碑首底部厚 0.28 米，顶部厚度 0.29 米。

朗嘎藏文石碑是吐蕃王室与其邦国工嘎布王之间的盟书。据历史记载，工嘎布王和吐蕃王室同出一脉，故吐蕃王室一直对工嘎布王的割据政权予以庇护。该石碑是以诏书的形式，重申工嘎布王在其辖区内的政治、经济上的特权应得到承认和尊重，责令地方官员不得肆意侵害。

杰果石碑

杰果石碑位于米林县羌纳乡结果村东南约 2 公里处、雅鲁藏布江右岸塔巴林山山脚下的密林中，西北距岗派公路约 2 公里，海拔 3031 米。

该石碑在噶厦政府时期由结果宗建造。"文化大革命"时期，石碑断为数截。现存的碑身腰，断为两截；其中，上段又断为两截，一截下落不明。现存碑身上段和碑身下段。石碑为青灰色细晶岩，未经加工，在自然石面上雕刻藏文。碑根立于地面，残高 1.68 米，宽 0.42 米，厚 0.36 米；

杰果石碑碑亭　普多摄

碑身上段一截斜立在地面，斜撑着下段碑身，残高 0.88 米，残宽 0.26 米，厚 0.16 米。碑身最宽处为 1 米。

石碑四面均刻有文字。由于年代久远，其中三面所刻文字已无法辨识，只有东面的少量词汇可以辨认。根据现存能识词典判断，碑文记载的是吐蕃王朝时期属臣罗昂达孜弑君事件，文字却是 11 世纪后的藏文书体，且在碑后刻有疑似立碑者的署名——当琼旺布和平措达杰，但名字不是藏文，加之此碑风化严重，故无法判断其立碑年代。

目前，米林县政府已对该石碑进行保护性修复：腰部以水泥合体，根部用水泥砂浆塑一方形平台固基，外修一座八角亭对碑身进行保护。

杰果石碑正面局部文字　普多摄

第二节　石　雕

丹娘村石雕像

丹娘村石雕像位于米林县丹娘乡丹娘村内，地处雅鲁藏布江南岸台地，南距岗派公路约200米，海拔2934米。建造年代不详，来历众说纷纭。该雕像为一尊石雕像，当地群众称之为工布王石雕像。它是米林县乃至林芝市目前发现的唯一一尊石雕造像。

丹娘村石雕像原来放置于一户村民家中。为了保护雕像，当地政府给该村民建造新房后，将以前的房屋用于保护雕像，成为雕像现有的保护建筑物。雕像立于后来修砌的一块长方形的土台座上。“文化大革命”时期，雕像的头部被破坏。后来按原样，将头部修复。雕像高1.82米，肩部宽0.54米。雕像座高0.15米，长0.76米，宽0.51米。

供奉丹娘村石雕像的房舍　扎西次仁摄

丹娘村阿吉杰布王石雕像全身　扎西次仁摄

第三节　摩崖石刻

唐东杰波摩崖造像

唐东杰波摩崖造像，位于米林县南伊珞巴民族乡南伊村南约6公里处扎贡沟山坡石洞内的石崖上，海拔3303米。凿刻年代不详。内容为唐东杰波像，是林芝市唯一一处保存较好、内容清晰的唐东杰波造像。该造像十分精美。

据《唐东杰波传》载："1361年，竹钦·唐东杰波生于后藏昂仁（今昂仁县）沃迦拉孜地区。其父多杰坚参，母嘉塔拉姆，与宗喀巴同时代人，属噶举派。""唐东杰波不仅是一位享有盛名的噶举派大师和竹钦（大圣），而且是一位桥梁设计和建筑专家，他一生为弘法利生和发展藏族文化而努力，建立了不朽功勋。终其一生，功昭日月，为藏地人民修建无数座铁索桥和木桥（据说共建铁索桥50座、木桥60座）。"

唐东杰波小时候家境贫寒，

唐东杰波摩崖造像洞　扎西次仁摄

父母把他送到香觉尼玛僧那里出家。由于刻苦研读，唐东杰波几年内就掌握了藏文；后在多朵嘉拉寺跟从宦觉饶处受比丘戒，取名为尊哲桑波；又在昂襄寺拜洛桑多杰和官却达勒为师，学习经论三载，学成后到萨迦寺辩经。别的答辩者十分骄矜，而他非常谦逊，唐东杰波尊哲涅巴之名由此而来。此后，他又到岗布勒，师从达玛华哇勒曲噶图、拉东巴·索南却等人闻习新旧秘咒，学成后长期静修于鄂日寺。唐东杰波在塘卡桑觉地区居住时，有人这样说："在辽阔的空性界，钻研空性之瑜伽师，犹如无畏王，此人乃名为唐东杰波。"从此，人们誉称他为"智白旺秀唐东杰波"，意为成就自在的唐东王。

唐东杰波在云游中，见藏地的人们渡河艰难，江河无情地夺走许多渡河人的生命，遂发愿为民造桥，并到藏地各处寻矿炼铁，铸造建桥的铁链，还亲自操锤，干起了被当时人们认为最低贱的铁匠活。那时，藏地之铁如黄金般稀有难得，因而价格昂贵。为了筹集建桥费用，唐东杰波招集虔诚信徒中生得俊俏聪明、能歌善舞的七姊妹组成戏班子，以佛教故事为内容，自编自导成具有简单故事情节的歌舞剧到各地演出，以化导人众、募集经费。这就是藏戏的雏形。因此，人们把唐东杰波视为藏戏的创始人、祖师。

为寻找造桥之铁，唐东杰波亲率50余名弟子，来到工布地区的丁杂、巴卡、麦木岗等地。在工布的麦木岗，当地百姓捐了许多铁器。有一个叫顿珠杰布的，捐献了13捆铁链。贡嘎等铁匠积极参与炼铁，仅18天时间，就打制出4条长达18米的铁链。百姓们还主动捐献自家的牦牛、犏牛240多头，把铁链运往拉萨等地。现在南伊一带老百姓表演的白尾牦牛舞，相传就是由唐东杰波编创的。因唐东杰波须发银白，舞者便装饰着牦牛的白色绒毛翩翩起舞，以此纪念他的功绩。

唐东杰波摩崖造像刻在东向崖面上，技法皆为高浮雕。崖面高约10米，整个造像画面高2米、宽2.1米；唐东杰波像高1.3米、宽1.2米。南面的边框刻有一只小鹿，顶上刻有一尊小的无量寿佛，离地约1.3米，离洞口约30米。该造像所处石洞坐北朝南，南北长约50米，东西宽约42.6米，高约60米。

第四篇

波密县名胜古迹

第一章

古建筑

第一节 寺庙

桑林寺

桑林寺位于波密县易贡乡贡仲村西约1公里处、易贡藏布江北岸坡地。南约100米处，有通往外界的乡村沙石公路。海拔2286米。寺庙由竹钦·嘎当唐巴创建，创建年代不详。奉宁玛派，主供莲花生大师。寺庙建筑面积500平方米，分布面积800平方米。

建寺之初，有两层主殿1座、次久拉康1座、僧舍若干

桑林寺全景　阿旺仁青摄

桑林寺主殿　阿旺仁青摄

等。主殿底层为集会殿，面积为50柱；第二层为护法神殿、法器室、厨房、喇嘛寝宫及奏乐室。该寺被火灾烧毁（年代不详），先迁至根宁，又迁回原址等几次搬迁。“文化大革命”时期，寺庙遭到了毁灭性破坏，寺庙建筑成为废墟，寺内文物损毁。

1984年，县政府出资5万元，当地信教群众募捐筹集20万元，由白玛桑旦和安培负责在原址上修复。现寺庙由主殿、接待楼、嘛呢拉康等组成。

主殿位于寺庙的北面，为三层藏汉结合式石木结构，四角攒尖式屋顶，墙体由石块垒砌而成，屋顶由木板和铁皮铺就，平面呈长方形。主殿坐北朝南，方向正北，前部为一亭庑，中央为一门廊，东侧有通往二楼的木质楼梯；后部为集会大殿，供奉有莲花生大师、四臂观音等新泥塑像。主殿二楼共两间房，南面一间为经堂；中央一间为供奉殿，供奉有四臂观音、莲花生大师等像；供奉殿外围有一个回廊，回廊北面供奉有释迦牟尼等三尊佛像。

接待楼位于寺庙的东面，距主殿东南3米处。这两座建筑为石木结构，单檐悬山式屋顶，墙体由石块垒砌而成，屋顶由铁皮和木板铺就，平面呈长方形。接

待楼坐东朝西，第一层共 3 间房，由伙房和僧舍组成；第二层也有 3 间房，为接待室。

两座嘛呢拉康都位于寺庙的东面，紧挨接待楼的南墙，皆为一层石木结构，单檐悬山式屋顶，墙体由石块垒砌而成。

先后由嘎瓦当巴、拉龙白吉多吉、噶当曲吉坚参、喇嘛白多、仁增图乔多吉等历代住持在桑林寺讲经传法，继承和弘扬佛陀旨意，初奉宁玛派，后改奉萨迦派等教派。

该寺主要佛事活动有：每年都要举行两至三次较大规模的修习法会和会供，届时除了本寺僧人，当地的多数男性信教群众也会参加。每年藏历十二月，举办跳神、抛朵玛供品等活动。

成色寺

成色寺位于波密县易贡乡贡扎村西南约 1 公里处、易贡藏布江南岸坡地。北约 100 米处，有通往外界的乡村沙石公路。海拔 2368 米。奉宁玛派，主供莲花生大师。建筑面积 320 平方米，

桑林寺供奉的莲花生大师塑像　阿旺仁青摄

成色寺全貌　达瓦次仁摄

分布面积1300平方米。

据寺僧称：该寺由白玛德达林巴创建于公元1200年之前。另一种说法是：由伏藏大师南迦多吉创建，创建年代不详。

“成色”意为俯瞰集市。从寺庙所在地俯瞰时，远处的村落就像繁华热闹的集市，故得名成色寺。

寺庙主殿原有两层建筑：底层前部为集会殿，后部为拉康；第二层为大藏经《甘珠尔》殿、护法神殿、喇嘛寝宫、法器仓库等。主殿周围建有禅院、僧舍及拉章、两层厨房。

西藏民主改革时期，寺庙建筑及寺内文物未受到破坏。当时，主要用于部队官兵的住宿、关押犯人，并作为通往八盖的驿站。“文化大革命”时期，寺庙遭到了毁灭性破坏，寺庙建筑及寺内文物损毁严重。

1986年，由现任民管会主任曲珠负责，当地信教群众义务投工投劳，建起了一座木板房主殿。此后，扩建了三次。现寺庙由主殿、僧舍、转经筒房、住持喇嘛寝宫等组成。主殿位于寺庙的中央，为石木结构，单檐悬山式屋顶，墙体由石块垒砌而成，屋顶由木板和铁皮搭建而成，平面呈长方形。

成色寺主殿　阿旺仁青摄

主殿坐西朝东，前部残留有以前主殿前部的墙体，中央为集会大殿，有采光天棚。主殿后部有 1 间供奉殿。

僧舍位于寺庙的东面，距主殿东南约 6 米处。建筑为石木结构，单檐悬山式屋顶，平面呈长方形。

嘛呢拉康（转经筒房）距主殿西南方向约 30 米。建筑为石

成色寺供奉的佛像　普多摄

木结构，单檐悬山式屋顶，平面呈长方形。建筑物坐西朝东，仅1间。南北长6米，东西宽4米，内有两座体形中等的转经筒。

住持喇嘛寝宫位于距主殿西30米处。建筑为石木结构，单檐悬山式屋顶，石砌墙体，屋顶由铁皮和木板铺就，平面呈长方形。寝宫坐西朝东，仅1间。南北长7.2米，东西宽4米，屋顶离地面3米，底部有高1.2米的石基。

成色寺历代住持有伏藏大师桑杰益西、白玛德达林巴、杰色旺青多吉、仁增图乔多吉、阿强贡嘎洛追、乔追吾金多吉、贡嘎其美罗布、卓堆赤来旺久、白玛艾顿丹增、艾顿曲美让追、贡桑卧珠活佛等人。

该寺以前的佛事活动主要有：当地周边村落中的大多数男性，每年都要到寺院举行一次规模较大的法会和供奉祭祀仪轨。

巴卡寺

巴卡寺位于波密县古乡巴卡村西北约100米处、帕隆藏布江南岸山坡上，海拔2714米。13

巴卡寺全景 普多摄

巴卡寺主殿　普多摄

世纪至14世纪期间，由一世巴卡活佛仁增扬达嘉措创建。主供莲花生大师，奉宁玛派。寺庙占地面积约720平方米。

巴卡寺又名巴卡桑昂曲林。寺庙所在地河水湍急，水浪高达数米，“巴卡”意为浪尖，故得名。

当年，巴卡活佛云游波密各地，观地貌、看星象，寻找建寺宝地，最后觉得巴卡村曲索仓家的农田为最佳之地。曲索仓的土地属于两位老人。在巴卡活佛的请求下，这两位老人欣然答应把地献出来建寺。因此，巴卡寺从建寺到“文化大革命”前，每年举行的跳神活动中，会表演一种扮演两个老人的神舞，以此纪念当年献地的两位老人。

巴卡寺原有一座16柱面积、3层高的主殿：第一层为集会殿和弥勒殿；第二层为护法神殿、寝宫、经堂等；第三层为嘛呢拉康，四面各有一座佛塔。此外，还建有金刚手拉康、修行室、僧舍、厨房、客房、议事厅、嘎朗第巴寝宫等。该寺在鼎盛时期，曾有僧人90多名，周边村寨每户都要派一名男丁到寺内当僧人。

巴卡寺经历几次兴衰。当年，波密嘎朗第巴和噶厦政府发

巴卡寺供奉的莲花生大师塑像　普多摄

生战争时，该寺的瑞木藏木林也夏（一种乐器）等一批珍贵文物被噶厦政府没收，但寺庙建筑未损。1950 年墨脱大地震时，寺庙大多数建筑被夷为平地。1953 年，索朗旺扎动员巴卡寺所在周边村的村民进行重修。“文化大革命”时期，寺庙的建筑、佛像、经书全都被毁。在中共中央于 1982 年制定的《关于我国社会主义时期宗教问题的基本观点和基本政策》和 1984 年制定的海外藏胞可以归国定居的政策感召下，十世巴卡活佛索朗丹增赤来朗杰历尽艰辛，从印度回到波密，在巴卡寺遗址上搭建帐篷，继续弘扬佛法。1985 年，在巴卡村和岗村的信教群众支持下，搭建了一间木板房作为拉康。1991 年，由国家出资 2 万元和寺庙化缘所得共计 9 万元，重修了一座 12 柱面积、3 层高的主殿：底层为集会殿和弥勒殿，第二层为护法神殿、寝宫、仓库，第三层为莲花殿、大藏经《甘珠尔》殿。1996 年，由齐纳巴扎喇嘛负责，修复了寺庙西北处的佛塔及厨房、僧舍等。2006 年，修复了寺庙西面的佛塔和拉章。2012 年，开始修复金刚手拉康。2013 年，国家出资 20 万元维修了僧舍。2014 年，修建了康孜佛塔。

巴卡寺历代活佛及上师有：一世巴卡·仁增央达嘉措、二世巴卡·仁增确吉嘉措、三世巴卡·仁增贡桑让追、四世巴卡·仁增贡桑洛追、五世巴卡·仁增白玛让追、六世巴卡·贡桑仁增多吉、七世巴卡·贡桑德庆确杰、八世巴卡·仁增康松永追、九世巴卡·仁增贡桑隆追、十世巴卡·索朗丹增赤来朗杰等人。

该寺佛事活动有：按宁玛派的仪轨，在每月的吉日良辰开展诵读佛经活动。其中，规模较大的宗教活动，算是每年藏历十一月十日举行的诵经、摸顶、供奉祭祀活动。

许木寺

许木寺位于波密县玉许乡麦差村，地处波堆藏布河西岸坡地上。南约50米，为玉许乡通往外界的乡村公路。海拔2989米。1386年，由红帽系第二世嘎玛巴·卡觉旺布创建，奉噶举派。

1386年，红帽系第二世嘎玛巴·卡觉旺布37岁时，率弟子300余人到今工布和波密地区讲经传法。因其声音洪亮，极具穿透力，当地信众对卡觉旺布非常敬重，随他修习。后来，卡觉旺布的声望日隆，从四面八方慕名而来的僧俗信众络绎不绝。卡觉旺布便在今波密一带创建岗索寺，也就是许木寺的前身，主供噶举派本尊佛及八大菩萨像，当时有100余名僧人在寺内修习噶举派经典。

1586年，岗索寺所在地发生泥石流灾害，寺庙主殿及许多僧舍被埋，僧人死伤惨重，寺庙被毁。事后，向羊八井主寺汇报了泥石流灾情。由于当时的红帽世系嘎玛巴活佛年幼，无力重修

许木寺全景　阿旺仁青摄

许木寺主殿　普多摄

岗索寺。若干年后又报请第九世嘎玛巴·旺久多吉重修岗索寺。旺久多吉对此高度重视，亲自来到波密查看地形，为建寺选址。他看到许木曲巴拉村一处山坡（原许木寺遗址）形似海螺，四面群山环抱，树木葱郁，山顶犹如莲花盛开，便认定此地是吉祥殊胜之地，在此重修了岗索寺，并更名为许木寺，当时建有3层高主殿，主殿名为万物昌盛宫。

当年的万物昌盛宫底层，为6根长柱、16根短柱面积的集会殿，殿内供奉有弥勒佛、护法神、铜镀金三世佛3尊、降魔塔1座、泥塑金刚手菩萨像、十六罗汉唐卡、金粉绘制的噶举派历代祖师唐卡等，另藏有金汁书写的《十万颂》经书3套等；第二层为12间修行房；第三层为卓玛拉康。随着寺庙规模逐渐扩大，在万物昌盛宫东北面建有忿怒金刚殿，南面建有护法神殿，东面建有通追殿。

在第十世嘎玛巴·曲英多吉（1604—1674年）时期，一次，法王在去羌地途中，在许木寺开坛讲经，将此寺献给了八邦寺司徒·却吉迥乃。从此，许木寺的住持、法王、管家都由八邦寺派驻。在主殿下方的台地上建有法王寝宫，法王每三至四年轮换一次。此后，历代司徒活佛都到许木寺讲经传法，深受当地僧众欢迎。司徒·白玛归桑时期，八邦寺派驻许木寺的住持扎西拉达，在寺庙附近修建了 9 座佛塔。扎西拉达圆寂后，司徒·白玛旺乔找到其转世灵童，赐名噶玛常松尼玛·洛追若色。嘎玛常松尼玛·洛追若色 10 岁时拜白玛旺乔为上师，13 岁开始在八邦寺学经，精通各类佛法典籍。嘎玛常松尼玛·洛追若色 25 岁时到许木寺任住持，在当地广收门徒，开坛讲经，弘扬噶举派教法。

1959 年西藏上层发动武装叛乱时，许木寺被损毁。20 世纪 80 年代，在麦差村东部的一块空地上重建了主殿。原许木寺只残留大致的建筑轮廓和部分石堆，墙体不存，内部结构不明，南北长 23.2 米，东西宽 10.2 米。

许木寺的佛事活动，除了按噶举派的宗教仪轨，在吉日良辰诵读佛经外，还在每年藏历十一月二十二日举行规模较大的诵经、摸顶等佛事活动。

许木寺供奉的弥勒佛塑像 普多摄

许木寺供奉的玛尔巴、米拉热巴、塔布拉杰塑像 普多摄

远眺玉仁寺　玉仁寺提供

玉仁寺

玉仁寺位于波密县玉许乡扎西岗村那青自然村东约 200 米处、波堆藏布河右岸约 60 米的坡地上，海拔 3056 米。由红帽世系嘎玛巴·曲吉扎巴创建于 1453 年。主供莲花生大师，奉噶举派。分布面积 2000 平方米，建筑面积 800 平方米。

寺庙先后经历过 5 次迁址：第一次，从玉仁山脚下迁至林昂。第二次，从林昂迁至纳达唐。第三次，从纳达唐迁至玉仁米饶，更名为玉仁米饶寺。第四次，把玉仁米饶寺和拉卡桑旦林寺合并成一座寺庙，并迁至玉仁纳钦，更名为玉仁纳钦寺。第五次，迁至现址。这期间，玉仁纳钦寺发生火灾后，寺庙建筑和文物损毁严重，僧人伤亡惨重，加上在该寺修行的僧人寿命都较短；因此，嘎玛巴·曲英多吉来到该寺查看地形后，认为玉仁纳钦寺建寺的地形似磨子，故寺庙灾祸迭起。于是，他将寺庙迁至现址，更名为玉仁扎西绕登寺，也就是现在的玉仁寺，属于楚布寺的分寺。

玉仁寺成为楚布寺的分寺后，原建筑群包括：有 4 根长柱面积的集会殿 2 座、学经堂 4

玉仁寺主殿　玉仁寺提供

玉仁寺供奉的莲花生大师塑像　普多摄

间、护法神殿 2 间、僧舍 200 多间，有 230 多名僧人在此修习噶举派教义。从此，噶举派势力也日渐壮大。当时波密境内的贡果寺、直通寺、德罗日追、麦纳日追、曾卡日追等，都由玉仁寺负责管理。

玉仁寺以前藏有镀金铜觉阿曲扎像 1 尊、噶玛巴·堆松钦巴白铜像 1 尊、朗达玛时期的白铜度母像 1 尊、白铜金刚成人等身像 1 尊、镀金铜胜乐金刚像 1 尊、镀金铜莲花金刚像 1 尊、各种唐卡 220 余幅、铜钹 4 对、长号 2 对、1954 年从内地购置的上等跳神服 16 套、从布达拉宫朗杰札仓仿制的跳神服上衣16件。现仅存嘎玛巴·堆松钦巴白铜像1尊。

寺庙历代住持及高僧有：杰顿晋美扎巴、曲吉扎巴、曲扎益西、贡觉延拉、嘎旺曲吉旺久等人。历代活佛有：第一世活佛、掘藏大师顿堆多吉之子罗布永扎，第二世活佛喇嘛丹增，第三世活佛喇嘛罗布嘉措，第四世活佛日追拉色等人。此外，从第九世嘎玛巴·曲英多吉开始，历代嘎玛巴活佛都到过玉仁寺，并在此开坛讲经传法。

玉仁寺主要佛事活动有：藏历一月，寺庙所在村落的信教群众都集中到寺内，开展佛事活动10天：诵经修法，消灾祈福，跳神3天，抛朵玛供品；藏历二月，修习密集金刚10天；藏历三月，守饥行，禁食斋9天；藏历四月，修习密集金刚、修习宝瓶10天，修习伏魔金刚诀7天，念诵六字真言1亿次，念诵莲花生大师咒语1亿次；藏历九月，修习忿怒金刚8天；藏历十月，修习普明大日如来7天；藏历十一月，修

贡果寺全景　阿旺仁青摄

贡果寺主殿　阿旺仁青摄

习胜乐金刚、金刚亥母7天；藏历十二月，众僧合修，念经修法，招财纳福7天。此外，藏历每月十日、二十五日，都要举办法会、修习本尊、念诵1亿次六字真言、抛朵玛供品。

贡果寺

贡果寺位于波密县玉仁乡海定村北约200米处、波堆藏布河左岸的贡果山山顶上，海拔3056米。该寺于1653年由掘藏大师顿堆多吉创建，奉宁玛派。寺庙建筑面积350平方米，分布面积500平方米。

该寺创建人、掘藏大师顿堆多吉系西藏东部康区德格县人。寺庙建成后，他从康区来到后藏，拜仁增加村宁布为上师。29岁时，顿堆多吉根据上师意愿来到波密地区，从那里的神山圣水中挖掘出大量伏藏经文和佛像。他也因此被认作雪域高原著名的128位掘藏大师之一。他曾在叫作布乃的奇特岩壁处，与朗曲米久多吉大师相遇。两位圣者一见如故，共叙弘法大事。

藏历第十一绕迥土兔年(1639年)，顿堆多吉观察贡果山四周地貌，依照桑多白日山的形状，在贡果山山顶修建了高3层的寺庙。寺庙底层为面积4柱的集会殿（又名次久拉康），第二层为寝宫，第三层为库房、藏经阁。当时在此修行的僧人众多，涌现了很多佛学造诣高深的弟子。顿堆多吉58岁时，在铜色吉祥宫圆寂。此后，其弟子朗卡晋美、仁增龙色宁布、巴追确曲坚参、竹钦（大成就者）·白玛仁增、归桑恰朵伦珠、竹钦·白玛罗布等人先后任该寺住持。在嘎朗王室和当地贵族的资助下，后世传人罗布永扎时期，贡果寺名扬四方。

此外，贡果寺历代住持还有旦增上师、贡嘎上师、乔赤来罗布、鲁上师、康区活佛朵昂旦增、卡色卡老、格龙·白玛崔成、桑杰活佛、松旦上师等人。

藏历第十二绕迥火兔年（1742年），寺庙从康区迎请了格龙·多吉增巴和格龙·纳拿，在贡果寺下方的空地上修建了一座面积12柱的殿堂，在殿堂左右修建了护法神殿、僧舍等。主殿底层为集会殿，第二层为贡果寺护法殿、拉康、土地神殿，第三层为库房。

藏历第十六绕迥土龙年（1928年），波密嘎朗第巴与噶厦政府发生战争时，贡果寺的建筑及文物被毁，后得到维修；在1950年墨脱大地震时，受轻微毁坏；“文化大革命”时期，建筑全被损毁，文物被烧。

1983年，在松旦上师担任住持时，由巴卧崔成和阿琼负责，当地信教群众投工投劳，修建了一座面积两柱的殿堂。1987年，国家资助2万元，由松旦上

贡果寺供奉的释迦牟尼塑像　阿旺仁青摄

普龙寺全景　达瓦次仁摄

师和阿琼负责修复了第一层面积 12 柱的大殿；1989 年，修复了第二层；1990 年，修复了第三层。后来，寺庙自筹资金 40 余万元，修建了一栋两层高僧舍及厨房、仓库。寺内现有僧舍 26 间、厨房 2 间、仓库 2 间。寺庙目前主要藏有铜质镶金银唢呐、尼泊尔铜钹（相传是神鸟雪鸡从海底掘出的伏藏物）、震天锣、莲花生大师唐卡等文物和藏品。

贡果寺的主要佛事活动，除了按宁玛派的宗教仪轨，在吉日良辰诵读佛经外，还在每年藏历十一月二十二日举行规模较大的诵经、摸顶等佛事活动。

普龙寺

普龙寺位于波密县倾多镇珠西村西约 500 米的拉曲密山半山腰上，海拔 3064 米。1253 年左右，由竹钦·嘎当唐巴创建。主供释迦牟尼佛，奉噶玛噶举派。寺庙建筑面积 210 平方米，占地面积 700 平方米。现为西藏自治区文物保护单位。

竹钦·嘎当唐巴在 36 岁时，前往后藏、工布、杂日等地拜山朝水，虔心修行。到达今波密后，他受到了曲如、易贡、嘉措、古村、嘎朗等地群众的欢

普龙寺主殿　阿旺仁青摄

迎。竹钦·嘎当唐巴看到波密森林茂密、鸟语花香、民风淳朴，尤其是普龙沟的珠西这个地方，周围山峰矗立，形似吉祥八宝，于是决定在此建寺，弘扬佛法。竹钦·嘎当唐巴61岁时，修建了色康钦莫殿（金色大殿），仅用69天时间封顶。从此，他在普龙寺广收门徒、开坛讲经，于当地大兴噶玛噶举派。

其后，普龙寺历经42代住持。后来，德格八邦寺活佛司徒·邦玛贡桑来到波密，对普龙寺和仓巴龙南（镇风）殿进行了修缮。此后，德格八邦寺每3至5年，都会派遣法王和侍从到普龙寺进行管理。

普龙寺在700多年的沧桑历史中，曾先后两次被嘎朗王、准噶尔军队烧毁，后被修复；在1950年墨脱大地震中，再次被损毁，后由桑杰活佛和夏岗活佛重修；“文化大革命”中，又一次遭到破坏。

竹钦·嘎当唐巴当初修建的色康钦莫殿中，供有竹钦·嘎当唐巴、杰瓦贵仓瓦、喇嘛吾金等7位住持高僧的泥塑像。这7尊泥塑像胎中，藏有迦叶佛的舍利、德罗巴的袈裟、纳若巴的发髻、玛尔巴的僧袍、米拉热巴的修行绳以及80位竹钦（大成就者）的发髻等圣物。此外，还藏有观世音菩萨像1尊、伏藏金刚手像1尊（此像乃普龙寺镇寺之宝，现仍存于寺内）。

从1982年起，由索朗多吉上师和阿布上师负责重修了该寺。寺院依山而建，由主殿、接待室、僧舍、佛塔、灵塔、拉康旧址等组成。主殿位于寺庙中央，坐西北朝东南，为三层楼阁式石木结构；四角攒尖式屋顶，由木板和铁皮铺就。第一层墙体由石块垒砌而成，为早期建筑的

普龙寺主殿供奉的莲花生大师、宗喀巴大师塑像　达瓦次仁摄

墙体。前部为门廊，门廊后面为集会大殿，供奉新塑的释迦牟尼等佛像。接待室位于主殿西北约7米处，石木结构，为后期新修。僧舍位于主殿西南3米处，单檐悬山式屋顶，墙体为石块垒砌而成，屋顶由木板和铁皮铺就，为后期修建。佛塔和灵塔分别位于接待室的两侧，为后期修建。

寺庙旧址位于普龙寺北部，未进行修复。旧址在以前为三层建筑：第一层为法器室，第二、三层为供奉殿。现存东墙和南墙部分墙体，内部结构不明。东墙存有一个窗户的轮廓，墙体为石块垒砌而成，墙体残高最大为10米，东西长16.3米，南北宽11米。

普龙寺的佛事活动，除了按噶举派的宗教仪轨，平时在吉日良辰诵读佛经外，还在每年藏历九月二十二日，举行较大规模的诵经、灌顶赐福等佛事活动。

倾多寺

倾多寺位于波密县倾多镇达龙村西南约500米处、镇政府驻地旁，西距倾多镇至波密县城的公路约100米，海拔2758米。由第一世帕巴拉呼图克图·恰达德庆多吉于15世纪上半叶创建。奉格鲁派，主供强巴佛。寺庙占地面积约1600平方米，为波密县境内历史悠久、规模较大的寺

倾多寺主殿　扎洛摄

庙。寺中保存有明末至清代的壁画，现为西藏自治区文物保护单位。

“倾多”意为江河交汇之地。倾多寺坐落在波堆藏布河与亚龙藏布河交汇处，故得名。正如该寺庙简史所描绘的那样，寺庙背后的大山状如一群秃鹫的喙；前面的山犹似大象驮宝；左右山上八瑞相齐聚；右边的江河好似蓝宝石，源源不断一如恒河水，象征讲修佛法永兴盛；左边的江河如同吠琉璃，滚滚流淌不竭源，象征波密众生皈依佛法。该寺地形堪舆者，为拉杰白强的佛法传承人索朗崩或称不二大成就者嘎瓦当巴·杰瓦曲顶巴。相传，创建波密境内普龙寺的竹钦·嘎当唐巴在前往珠西丁钦途中，从鲁拉山顶俯瞰，看到十六罗汉在倾多方向修习佛法，便令门徒前往查看。门徒只看见16只蜜蜂正在一朵大花上采蜜。他如实回禀后，竹钦·嘎当唐巴预言道：“你修行得不够深，所以看成蜜蜂了。将来，十六罗汉的一个化身会到这里建寺。”

在普龙寺住持仲·索朗伦珠仁布切时期，他向色拉大乘寺的大慈法王释迦也失陈言，提起打算建法相讲经院的事宜。大慈法王释迦也失回应道：“甚好。派小僧来吧，我教。”不久，普龙寺便派出波密的甲热等7名具有高贵血统的大官之子前往拉萨学习。他们拜色拉大乘寺僧院的聪美曲杰·坚参桑波等众多贤哲为师，成为名家，并由释迦也失授予比丘戒。甲热等7人受到波密方面邀请，尔后前往普龙寺。起初，与该寺一同讲修。后因仲·索朗伦珠仁布切圆寂、寺庙狭小之故，离开普龙寺讲经院。江央坚参在亚缅龙建立禅院，奉噶举派。尊者桑杰扎巴在曲果热孜修建讲经院（倾多寺），弘传格鲁派教法。此外，出现了达娃强曲等无数圣贤。这时，倾（倾多寺）因与亚（南亚酋长，是普龙寺的施主）不和，便迁至楚曲卡，后又迁至巴托朵拉嘎。

据《东嘎藏学大辞典》记载：第一世帕巴拉呼图克图·恰达德庆多吉在39—49岁（1478—1488年）之间，创建了倾多、德木洛色林、巴达桑珠林、易贡强巴林、江珠喀、叶尔巴拉日宁布和龙布扎西群培等20余座寺庙。

帕巴拉呼图克图·恰达德庆多吉（1439—1487年）所建拉康称为亚洛拉康，大殿面积为8根长柱、28根短柱，强巴殿面积为4根长柱，三楼顶层叫作伦珠杨孜（天成屋脊）。大殿为两层，门廊面积为4根短柱，外头两层楼的面积为10根长柱；二层护法神殿面积为4柱，一层厨房面积为8柱。吉拉康面积为14根短柱、2根长柱，共计16柱；门廊面积为2根短柱。僧舍为两层楼，拉章（大上师居室）也为两层楼。佛堂面积为4柱，佛殿面积也为4柱。叫作宗纳玛的4层寝宫神殿面积为8柱，门廊面积为2柱，外面为6根长柱。两层僧舍及其走廊面积为17根长柱，并有2扇大门。第十七代上师沃卡桑杰桑布任住持时期，扩建了布果拉康，后期又扩建了5层高的森康拉康。五世达赖喇嘛和第司·桑杰嘉措时期，倾多寺有700多名僧人。

藏历第十六绕迥土龙年（1928年），波密与西藏地方政府之间发生战争时，倾多寺被西藏地方政府所辖波堆宗占领。他们嫌四五层的寝宫神殿过高，容易招致风敌（风患），便在首任宗本拉乌达热·土旦丹塔时期拆除了寝宫神殿。也正是在这个时

倾多寺供奉的第一世帕巴拉呼图克图·恰达德庆多吉活佛塑像　普多摄

期，有了倾多宗纳玛这一名称。西藏民主改革后，倾多寺只剩40余名僧人。1963年，西藏第二监狱进驻波密倾多寺。当时，解放军住在寝宫神殿里，将亚洛拉康用作监狱，吉拉康里住着干部，并把约40名僧人安排在布果拉康。此后在“文化大革命”时期，第二监狱将拆除寺庙、拉康的任务交给各分队。当时，将布果拉康、亚洛拉康、吉拉康三个拉康夷为平地；寝宫神殿第三层拆完后，对底层房屋稍事改造，当粮库使用，并保存至今。

1984年，波密监狱搬到如纳之后，将森康拉康的第二层借给倾多寺开展宗教活动。1986年，僧人曾达到70名。1994年，根据信教群众的意愿，经西藏自治区和林芝地区有关部门同意，在亚洛拉康遗址上重修了两层拉康（为现在的主殿）：底层为面积16柱的大殿，集会大殿后面的弥勒殿面积为2柱；上层前区为集会殿，右面为寝宫，左面为护法神殿。另外，对3间储藏室和机动房、面积为4柱的厨房1间、僧舍16间、千供房1间、接待室1间和辩经场等逐一进行了维修。

目前，倾多寺由森康拉康、主殿和僧舍等组成，占地面积约1600平方米。森康拉康位于寺院西北部，为一楼一底藏汉结合式石木结构，单檐歇山式屋顶，底层由门廊、大殿组成。大殿的西南、西北和东北墙绘有壁画，从壁画风格判断，时代为明末至清代。后壁主供强巴佛，另有宗喀巴大师、四臂观音等新塑像。二楼现已废弃。主殿位于寺院东南，距大殿约80米，为一楼一底藏汉结合式石木结构，单檐悬山式屋顶，主供强巴佛。

倾多寺历代上师为：帕索·曲吉坚参、帕巴拉呼图克图·恰达德庆多吉、达娃强曲大师、嘎久·贡布坚参、肖巴·确吉扎巴、荣布·西饶桑布、嘎久·桑杰洛追、日热·桑旦森格、珠拉·强秋坚参、曲杰·臧钦巴、曲杰·臧琼巴、曲杰·贡觉炯乃、曲杰·索朗坚参、古茹·洛追坚参、岗巴·仁钦贡布、曲杰·大瓦洛追坚参、沃卡·桑杰桑布、曲杰·阿旺白乔、班觉桑布大师、曲杰·根敦塔杰、谢阿·帕巴桑杰、曲杰旺波·冲·桑杰炯乃、曲杰·班典坚参、帕巴·童瓦顿典、曲杰·阿旺赤列饶杰、帕巴·曲吉杰波、德木·拉旺曲

倾多寺僧人在学经　普多摄

吉坚参、嘎久·列谢嘉措、嘎久·索朗伦珠、德木·贡觉索朗旺秋活佛、曲杰·索巴坚参、仁钦扎巴活佛，以及历代堪布、赤巴等共计33名。

倾多寺历经31代住持，以前藏有嘎久·贡布坚参小型像1000尊，金质佛像100尊，用金汁书写的经书100余卷，宗喀巴大师像一大一小各1尊，一层高镀金铜弥勒佛像1尊，能仁王佛像一大一小各1尊，日热·桑旦森格金质灵塔1座，一层高镀金铜宗喀巴大师像1尊，镀金铜四臂观音、无量寿佛、三怙主、能仁王、度母、弥勒佛等像各1尊，唐卡400多幅，响铜佛像36尊，银塔2座，镀金铜塔2座，《般若经》5套，大藏经《甘珠尔》2套，银号1对，白铜号1对等珍贵文物。

现有佛像、佛塔等文物主要为：两层高镀金铜弥勒佛像1尊、成人等身镀金铜弥勒佛像1尊、两层半高释迦牟尼佛像1尊、一层半高燃灯佛像1尊、密集本尊像1尊、四臂观音像1尊、一层高宗喀巴大师师徒三尊像、成人等身尊胜佛母像1尊、度母像1尊、乃追·强巴格列活佛灵塔1座、响铜金刚持像1尊、至尊龙普尔玛像1尊、伏藏海螺1件。

倾多寺主要佛事活动有：藏历十二月二十四日至次年一月一日，众僧齐聚集会大殿诵经、抛朵玛食子；藏历二月十日至十七日，举办祈愿法会，迎请强巴佛；藏历三月十日至十七日，修宝瓶次第；藏历四月二十四日至二十九日，抛朵玛，跳神舞；藏历六月十五日至七月三十日，夏居（夏季闭关修行）；藏历八月二十五日至二十九日，秋季法会；藏历九月十日至十七日，修习本尊坛城，举行火供仪轨；藏历十月二十四日，供祭宗喀巴大师；藏历十月二十五日，举行甘丹燃灯会。另外，藏历每月的六日、八日、十日、十五日、二十五日、二十九日、三十日，都会举行各种宗教仪轨和佛事活动。如：六日祭拜普明弘光佛，八日举行度母仪轨，十日举办修习法会，十五日修习密集布萨，二十五日修习尊胜佛母，二十九日抛掷朵玛仪轨，三十日举行布萨仪轨等。

多东寺主殿　扎洛摄

多东寺

多东寺位于波密县扎木镇巴琼村西约 300 米处、帕隆藏布江南岸一级台地，北距 318 国道约 1 公里，海拔 2833 米。1689 年，由第一世达祥活佛吾金桑旦林巴（又名达祥·努丹多吉）创建，主供释迦牟尼佛，奉宁玛派。寺庙分布面积约 8000 平方米，建筑面积 2000 平方米。2000 年，被列为县级文物保护单位。

因建寺之地有一天然石海螺能发出优美的声音，故在此建寺，得名多东（“多东”意为石海螺）。不久，达祥·吾金桑旦林巴又创建了支寺嘎瓦隆寺和卓龙寺，由多东寺统一管理。

由于世代达祥活佛得到嘎朗第巴的大力资助，当时的多东寺在波密境内乃至整个康区都赫赫有名。第五世达祥活佛在位时，波密嘎朗第巴与噶厦政府发生战争。多东寺的“伦布”和“达巧拉让”（两座活佛居室）被拆毁，支寺卓龙寺被烧毁。

后来，第六世达祥活佛在德让卡重建多东寺，当时建有面积 8 柱、3 层高的主殿。主殿底层为集会大殿，后部为弥勒殿两间；第二层为护法神殿、上师寝宫、仓库、厨房；第三层为贵重文物仓库。主殿前方有面积较大的厨房和客房1间，另有一座达祥活佛的3层拉章。拉章底层为牲畜圈，第二层为卧室、殿堂、仓库，第三层为经堂、经师房、活佛寝宫。此外，拉章周围还建有粮仓、炒青稞房、客房等。以上建筑物在1950年墨脱大地震时被损毁。

多东寺以前主要藏有罗刹女魂魄铁铸造的宝剑、金汁书写的《龙经》26卷、镀金响铜释迦牟尼8岁等身像、达祥活佛银质镶嵌珠宝灵塔、大小金佛像和响铜佛像100多尊、檀香木雕琢而成的佛像3尊、金鞍2对、银镶金笛2对、号筒2个、伏藏铃铛2对、金汁绘制的唐卡60余幅、银质曼陀罗3个。

该寺历代上师为：第一世达祥·吾金桑旦林巴（又名努丹多吉）、第二世达祥·白玛绕杰益西若巴、第三世达祥·白玛丹增旺久、第四世达祥·白玛杰白多吉、第五世达祥·桑阿丹白多吉、第六世达祥·嘎玛桑阿丹增、第七世达祥·嘎玛永堆曲吉尼玛。另外，还有曲吉林巴、丹增伦珠活佛、达巧活佛、巴夏·白玛仁增、白诺活佛、仁增嘉措活佛等人。尤其是仁增嘉措活佛在位时，修建了8座该寺历代高僧的灵塔及嘎瓦隆佛塔和卓龙佛塔。

“文化大革命”时期，多东寺成为一堆废墟。

多东寺的神舞表演　扎洛摄

1984 年，由萨登村的阿贵和布杜牵头，在当地信教僧众的大力支持下，重建了一座面积 16 柱、2 层高的主殿。主殿底层为集会殿，第二层为护法神殿、寝宫、储藏室。当时，政府资助 8 万元，修建了一座面积 4 柱的拉康及厨房、仓库、学经堂。2002 年，第七世达祥活佛嘎玛永堆曲吉尼玛出资 16 万元，修建了一座 300 平方米的印经房，并重修了上师寝宫、修行房、僧舍等。

多东寺目前藏有释迦牟尼镀金铜像、度母镀金铜像、噶当佛塔及大藏经《甘珠尔》《丹珠尔》等几十件重要文物和藏品。

该寺佛事活动，按宁玛派的仪轨，在每月吉日良辰开展诵读佛经活动。其中规模较大的宗教活动，算是每年藏历十一月十日举行的诵读佛经、灌顶赐福、供奉祭祀活动。

嘎瓦隆寺　扎洛摄

嘎瓦隆寺

嘎瓦隆寺位于波密县扎木镇巴琼村东北约 10 公里处、帕隆藏布江南岸桑多白日山的半山腰，西南约 300 米为原扎墨公路，海拔 3777 米，由莲花生大师的化身达祥·吾金桑旦林巴于多东寺建成之后修建（约 1690 年左右），奉宁玛派。寺庙占地面积约 1540 平方米。嘎瓦隆寺

嘎瓦隆寺佛塔　扎洛摄

历史悠久，为波密县境内有名的寺庙，也是林芝市少有的主供马头金刚的寺庙。

嘎瓦隆寺所在地山峦叠嶂，清泉直流，森林茂密，鸟语花香，奇岩异石处处可见。尤其是，此处有形状和神态酷似双身马头金刚、亥母金刚、忿怒佛母、护法神（怙主）、四臂观音的5座自然生成的石像，更有许多伏藏的佛教典籍，是佛教信徒转山朝拜的圣地。

当年创建嘎瓦隆寺时，最先由嘎朗王出资，嘎朗巴、古唐、萨登、卡达、岗、扎木等地轮流出30名民工修建。当时，前来求法的巴日·仁增朗杰和阿旺丹增两位上师亲自参与修建。经过全体僧人的努力，仅两个多月时间，就建成了两层高的本尊殿：底层供有马头金刚、亥母金刚自然生成石像，第二层为释迦殿、伏藏物库房。后又陆续增建了亥母金刚殿、怙主殿、忿怒金刚殿、四臂观音殿、铜铁宫以及厨房等。第五世达祥活佛时期，铜铁宫因失火被毁，不久后得到修复。

“文化大革命”前，该寺藏有伏藏莲花金刚像、稀世释迦牟尼像、金刚手像、空行母益西措杰像、本尊莲花生大师像、达祥活佛和曲林大师金塔，以及伏藏宝剑、伏藏舍利佛宝瓶等珍贵文物和藏品。“文化大革命”时期，寺庙被烧毁，寺内文物被萨登公社、扎木区没收，后不知去向。

1984 年，由多东寺负责，扎木、萨登、岗、卡达、巴琼、达兴等村的信教群众义务投工投劳，修复了本尊殿。1985 年，巴琼·白玛索朗出资修复了铜铁宫，据说规模与当年相当；萨登村的巴嘎出资修复了四臂观音殿（最初为木板房，后于 2013 年改建）；萨登扎珠出资修复了亥母金刚殿。1986 年，萨登村色仓的儿子朗卡旺青出资修复了乌鸦面怙主殿，达兴的娘纳村出资修复了忿怒金刚殿（后于 2008 年、2011 年、2012 年多次修缮）。

嘎瓦隆寺依山而建，现由主殿、僧舍、修行洞、供奉殿四部分组成。主殿位于寺庙中央，坐东北朝西南，为一层石木结构，石砌墙体，单檐悬山式屋顶，屋顶由木板和铁皮铺就。主殿由集会大殿、弥勒殿组成。主殿前部在后期加盖了僧舍和厨房，木板结构。僧舍位于主殿的西北面，厨房位于主殿的东南面。集会大殿和弥勒殿位于主殿的后部，石木结构，石基为以前主殿残留下来的，残留的石基离地距离为 0.3 米，宽为 1.2 米。集会大殿在主殿后部的东南面，正门朝西南，面阔 3 间用 4 柱宽 8 米，柱间距 2.4 米，进深 2 间用 1 柱长 7 米，方形木柱，柱边长 0.4 米，地面铺有木板，屋顶高 4 米，木柱、托木、梁上绘有彩色图案。集会大殿的西北面有通往弥勒殿的木门。弥勒殿坐西北朝东南，面阔 3 间用 2 柱，宽 8.2 米，柱间距 2.3 米，进深 3 间用 2 柱，长 8.2 米，柱间距 2.3 米，方形木柱，柱边长 0.2 米。弥勒殿主

曲宗寺主殿　普多摄

供据称为自然生成的马头像。3座供奉殿分别位于寺庙的西北部和东南部，2008年在原有基础上修建而成，石木结构，主要供有据称为自然生成的石佛像等。

僧舍位于主殿东南部，修行洞位于主殿东南约6米处。

嘎瓦隆寺的佛事活动，与多东寺相同。

曲宗寺

曲宗寺位于波密县多吉乡政府驻地东南约300米处、曲宗藏布河南岸约30米的央宗山北麓坡底，海拔3358米。藏历第八绕迥木猴年（1464年），倾多寺第五代法嗣肖巴·确吉扎巴以原有北崩拉康为基础，创建了曲宗寺。奉格鲁派，主供强巴佛。包括建筑废址在内，寺庙分布面积约18.5万平方米，建筑面积670平方米。寺庙历史悠久，规模较大，有珍贵的寺藏文物。

据传说，在640年，即吐蕃赞普松赞干布迎娶文成公主时，文成公主一行渡过金沙江，经昌都洛隆到达波密境内，准备在波密休整一段时间。当快要到今曲宗时，提前派使臣命当地官吏在曲宗修建一座放置释迦牟尼佛像的小型拉康。随文成公主进藏的汉族工匠同当地群众一道修建了拉康，取名北崩拉康。拉康修好

后，文成公主一行在此休整了一段时间。虽然这一说法纯属民间传说，但说明北崩拉康修建年代很早。

1464年，肖巴·确吉扎巴把北崩拉康扩建成曲宗寺，建有弥勒殿、吉康（公用房）、护法神殿、佛塔、寺庙围墙、三扇大门、寺庙东西南北各一座拉康（神殿）及僧舍等，在此大兴格鲁派。当时，有150多名上师和僧人在该寺修行。后来，先后修建了下大殿（夏居大殿）、强萨拉康（也叫新弥勒殿）以及扎根寺、唐根寺、多卡寺、维色寺等支寺。

曲宗寺历代法嗣为：肖巴·确吉扎巴、擦瓦·饶强巴、沃卡瓦·阿吉旺波大师（活佛）、帕巴桑杰（第二世帕巴拉，1507—1566年）、杰仲·米岳宁波、安多瓦上师、温冲·桑杰迥乃、德木·拉旺确列南（第三世德木活佛，1573—1630年）、

曲宗寺供奉的强巴佛塑像　阿旺仁青摄

曲宗寺举办的佛事活动　普多摄

嘎久·玛瓦塔杰、德木·拉旺丹白坚赞活佛（第四世德木活佛，1631—1668年）、桑杰桑波、帕巴索朗、杰仲·阿旺、洛桑南喀、杰仲·拉旺巴、索朗尼玛、云旦迥乃、阿旺活佛、凯喀巴·扎纠坚参、贡觉索朗旺增等人。之后，由曲宗寺四代仓珠活佛、三代扎果活佛、三代达妥活佛和历代巴珠活佛（与倾多寺世系相同）四大活佛系统继续弘扬佛法。其中，第二世达妥·益西迥乃活佛是一名爱国人士。在西藏和平解放时期，他积极配合当时的波密解放委员会做了大量卓有成效的群众工作，其间作为宗教人士代表前往内地参观学习过一次。在“文化大革命”期间，他受到了打击。党的十一届三中全会后，他担任了拉萨市政协委员、拉萨市佛教协会副会长，1980年在拉萨圆寂。

曲宗寺以前主要藏有两层高镀金铜强巴通追佛像1尊，灵塔2座，大藏经《甘珠尔》刻板2套、《丹珠尔》3套，各种唐卡300余幅，响铜、黄铜和红铜供神杯600盏，供神灯700盏等文物，以及各种跳神服装和面具。另外，下大殿（也叫夏居大殿）主要供有各种佛像，还有锣鼓等乐器。强萨拉康主要供有药泥塑

曲宗寺组织的赛马会　普多摄

成的千手千眼观世音菩萨像和经卷等。

西藏民主改革时期，将寺庙上大殿(北崩拉康）和下大殿(夏居大殿）的财产没收后分给当地群众，将建筑物拆毁。强萨拉康作为曲宗寺僧人的住所保存了下来。“文化大革命”时期，强萨拉康被拆毁，把僧人遣返回原籍劳动改造或从事生产劳动，将寺庙建筑和墙体基本拆光，拆下的材料用于其他建筑，使寺庙遭受了浩劫。

党的十一届三中全会以后，特别是中央召开第一次西藏工作座谈会以后，党的宗教政策得到落实，曲宗寺也得到了维修。

1980 年，由国家资助 2 万元，当地信教群众自发进行维修。当时，修复了面积 2 根长柱的公主（文成公主）拉康和 4 根长柱、12 根短柱的大殿 1 间。后又修复了厨房2间、僧舍8间、接待室 1 间以及活佛寝宫等。

该寺现藏有金质佛像 50 尊、檀香木雕琢的释迦牟尼佛像 1 尊、大藏经《甘珠尔》4 套、《丹珠尔》2 套、噶玛噶举派经卷《十万颂》108 函、唐卡 53 幅、曼陀罗 2 个、长号 2 对、唢呐 1 对、鼓 1 对、铜锣 5 对、钹 2 对等文物和宗教用品。

寺庙传统宗教活动有：藏历一月的冬季法会，即从二日开始，至少发放5天定规布施；六日举行抛朵玛仪轨；十日安排祈愿法会座次（占座）；十五日迎请强巴佛并举行祈愿法会；十六日赛马；从十七日起，原曲宗寺下辖的8个村举行为期3天的歌舞、娱乐等文体活动。藏历二月，诵读新经。藏历三月，举行春季法会。藏历四月，食斋、行善事。藏历五月，夏至法会，其间跳两天神舞。藏历六七月，举行夏季法会。藏历八月，举行抛朵玛仪轨（为寺庙的福寿法事）。藏历九月，办理开光事宜，二十二日为天降节。藏历十月二十五日，为燃灯节。藏历十一月，举行秋季法会。藏历十二月二十四日至二十九日，举行冬季抛朵玛仪轨，其间举行为期1天的跳神、转坝子、远程赛跑（赛马）等活动。

加达寺

加达寺位于波密县多吉乡木古村北部，在木古行政村的两个自然村——日木村和木古村之间，地处曲宗藏布河西约200米

加达寺外景　普多摄

加达寺主殿　普多摄

的缓坡上，海拔 3228 米。1600 年左右，由倾多寺第六代住持荣布·西饶桑布创建，奉格鲁派。寺庙建筑面积 700 平方米，分布面积 8907 平方米。

加达寺原属倾多寺支寺，为格鲁派寺院，当初建有 3 座集会殿，僧人达 100 多名。当年，曲宗寺和倾多寺发生矛盾，倾多寺僧兵头领旺吕率众在加达寺安营扎寨。曲宗寺的僧兵夜袭加达寺，致使寺庙被烧毁，加达寺僧人几年间无处修行。后来，曲宗宗本多吉旺久把自己的粮仓借给加达寺，加达寺便更名为多吉寺。1905 年，清军程凤翔部到波密一带时，多吉寺和松宗寺进行了抵制，但最终被攻陷，寺庙被烧毁。次年，再次修复加达寺。“文化大革命”时期，该寺又被毁。20 世纪 80 年代，喇嘛勘惹和白玛仁增、布曲、罗布占堆等人，动员当地百姓募捐 6600 元进行修复，并从德格印经院迎请了大藏经《甘珠尔》。

寺院现由新修的主殿、拉康、僧舍、接待室四部分组成。主殿位于中央，系在残留的墙体基础上重修而成，坐西朝东。为 4 层楼阁式建筑，屋顶由木板和铁皮搭建成四角攒尖顶。墙基为石砌。第一层建筑的墙身为夯

加达寺供奉的释迦牟尼塑像　普多摄

土，表层敷白灰；第二、三、四层用木板和铁皮搭建而成。前部为一门廊，前端立四方形檐柱。门廊后部为集会大殿，殿内主供释迦牟尼佛。

主殿东约40米处，存有以前的高6米的夯筑围墙。其中，南墙、北墙、东墙保存较好。拉康位于主殿北侧约16米处，亦是在残留墙体基础上重修而成的，坐西朝东。它为两层楼阁式建筑，屋顶由木板和铁皮搭建成四角攒尖顶；第一层建筑的墙身为夯土，表层敷白灰；第二层以木板和铁皮搭建而成。前部是一门廊，门廊后为经堂。

寺庙的传统宗教活动，除按照格鲁派的仪轨，在每月吉日良辰开展诵读佛经活动外，于每年藏历一月二十二日举行规模较大的诵经、摸顶、供奉祭祀活动。

松宗寺

松宗寺位于波密县松宗镇政府驻地西约300米处、帕隆藏布河北岸，北距318国道约30米，海拔3026米。明成化元年(1465年)，由朱拉·强曲坚参创建，主供释迦牟尼佛，奉格鲁派。寺庙分布面积38179平方米，建筑面积700平方米。

寺庙由原茶绕扎西曲林寺、德寺、根尼寺三寺合建而成，故得名松宗（“三合”之意）寺。就该寺的选址，格鲁派典籍预言：“曲宗藏布江和阿供藏布江两江汇合之地形，犹如宗喀巴大师法帽，日后定能大兴格鲁派。”松宗寺正是建在两江汇合之地，形似宗喀巴大师法帽的地势上。

松宗寺主殿　普多摄

原来，松宗寺的领地非常大，寺庙规模盛大，佛事兴旺，建有两层亚乃拉康：底层为集会殿，里边为色康；第二层为强巴（弥勒）殿。三层次久拉康：底层为集会殿；第二层为札仓和伙房；第三层为护法神殿。

另外，还建有弥勒殿等 4 座拉康，100 多间僧舍，东、南、西 3 个康村。南门外有一座 5 层高的佛塔，四面各建有 1 座度母殿，后因战争被烧毁。此后，经寺院组织，重修如旧。1911 年，清军程凤翔部攻打此地时再次被烧毁。不久，寺院又一次重修如旧。1950 年墨脱大地震中，4 座拉康及 100 余间僧舍、3 个康村、四面的度母拉康等都被毁。后经松宗寺属下各头领 10 余年的努力，除西门外的佛塔外，其余的得以重修。松宗寺的僧人要到甘丹寺降孜札仓和色拉寺麦札仓学经。寺庙规模最大时，有 300 余名僧人；西藏民主改革前，尚有 150 余名僧人。

松宗寺过去主要藏有特大弥

松宗寺供奉的释迦牟尼塑像　普多摄

勒佛像1尊、泥塑宗喀巴大师师徒三尊像1尊、金质大小佛像700余尊、大藏经《甘珠尔》4套、《丹珠尔》1套、《般若经》3套、用1300块银圆铸造的供灯1盏、用30块银圆铸造的供水杯30盏、用10块银圆铸造的供水杯30盏、银质旧供灯10余盏等文物和藏品。

该寺在“文化大革命”时期又被拆毁，所有石料和木材都用于修建区政府、学校、卫生院等，寺庙文物被没收或卖给个人。

1986年，在政府资助的基础上，由寺庙僧人化缘，重建了亚乃拉康；由于没有在原址地基上修建，后来垮塌了。1996年，寺庙用化缘的收入，重建了面积12柱的集会殿。2008年，在上级有关部门的资助下，新建了4间僧舍、2间伙房、护法神殿、接待室和图书室等。

现在，次久拉康的主供佛为2层高泥塑强巴佛像。拉康藏有唐卡100多幅、大藏经《甘珠尔》2套、《丹珠尔》1套、《般若经》2套、供灯900余盏、用金汁在深蓝色藏纸上书写的佛经1卷、镀金铜释迦牟尼佛像1尊、弥勒佛像大小各1尊、四臂观音像1尊、白度母像1尊、无量寿佛像

松宗寺迎请强巴佛像 阿旺仁青摄

1尊、泥塑宗喀巴大师师徒像三尊等文物和藏品。

松宗寺历代住持有：朱拉·强曲坚参、达瓦落追嘉措、鲁本·卧卡瓦、阿旺活佛、温仲桑迥、德木·巧来朗杰、班觉嘉措、倾多瓦·热强、帕巴拉（不知其为第几世）、德追·拉旺丹杰、贡曲索朗旺久、多龙巴·阿旺班觉、赤根·仓根上师、汤列活佛、阿罗布上师、吾金上师、布琼上师。

该寺传统宗教仪轨和佛事活动主要有：藏历一月，修供药师佛。藏历二月，用5天时间念诵大藏经《甘珠尔》，举办为期2天的祈愿法会，还举办3天的赛马、歌舞表演等活动；按习俗，最后一天，寺庙为官员和信众摆茶酒宴。藏历三月，用15天时间念诵六字真言。藏历三月二十五日至四月二十五日，举办为期1个月的密集本尊法会。藏历五月，行禁食吃斋8天和酬补仪轨3天。藏历六月十五日至七月十五日，夏季安居或坐夏，闭关修行1个月。藏历七月十六日开始，举行夏季欢宴5天。藏历八月，利用5天时间做法事，主要祭祀会供护法神，祭拜会供土地神。藏历九月，举办秋季法会1个月，并用5天时间诵读大藏经《甘珠尔》，举办降神节活动。藏历十月，举办甘丹阿曲（燃灯节）5天。藏历十一月，诵六字真言5至15天。藏历十二月，进行跳神培训15天，二十五日跳神1天，二十九日举办抛朵玛仪轨。

日昂寺

日昂寺位于波密县玉普乡阿西村东约3公里处，距阿贡藏布河北岸约60米，南距318国道约40米，海拔3254米。据《倾多寺简史》载：在倾多寺第二十二代住持时期，阿武达杰杰仲·米尤瓦创建日昂寺，奉宁玛派。寺庙分布面积900平方米，建筑面积300平方米。2007年3月2日，被公布为县级文物保护单位。

相传，当地百姓从木如沟迎请无量寿佛像去附近寺院，背夫们在途中休息时，看到佛像背对人群。背夫们觉得佛像朝着木如沟，再继续往前抬会不吉利，遂

日昂寺全景　阿旺仁青摄

决定把佛像抬回原处。这时，佛像开口说话："我要去的地方叫日昂。我朝着木如沟，是在祈福途经的地方无天灾人祸、人们终生安乐祥和。"快到玉普迥巴（今仲坝）村时，佛像又说："我要去的地方不是这里，而是一处两河交汇、周围有形似五佛的山峰之地。"于是，背夫们按照佛像的指点继续寻找，到达现在的日昂寺建寺之地时，看到周围有五座山峰，形似五佛，便在此地修建了无量寿佛殿，后被人们称为日昂寺。"日昂"意为五座山峰。

日昂寺建寺之初，只有一座两层高的主殿（无量寿佛殿）：底层为集会殿，第二层为住持寝宫、经堂、护法神殿。1950 年墨脱大地震时，该寺被损毁，无量寿佛像断为两截。次年，修复寺庙，佛像由阿西村的银匠朗色修复。

过去，日昂寺藏有无量寿佛像一大一小2尊、弥勒佛像1尊、释迦牟尼佛像 1 尊、噶当派佛塔 1 座、佛经《十万颂》2 套、用红铜和黄铜铸造的高约 1.8 米的法台 1 座等文物和藏品。"文化大革命"时期，这些文物全部丢失，不知去向。寺庙被拆毁。

1950 年左右，由出生于玉普迥巴的伏藏大师岗布的转世灵童索朗扎巴上师出任该寺住持。此后，由阿西阿旺群培、桑如索朗、阿西强巴等人担任住持。

1985 年，当地信教群众在

来自甘孜木雅的上师其美仁增带领下，于废墟上重修了日昂寺。2007年，由该寺的强巴贡桑活佛和阿西·平措朗杰、次旺索朗负责，铸造了一尊高约4米的镀金铜无量寿佛像，以做日昂寺的主供佛。

寺庙现由主殿、僧舍两部分组成。主殿坐西北朝东南，位于寺庙的中央。为3层石木结构的楼阁式建筑，屋顶由木板和铁皮搭建成四角攒尖顶。前部为一门廊，面阔9米，进深3米。后部为集会大殿，面阔3间用2柱宽9米，柱间距2.2米，进深3间用2柱长11米，柱间距3.3米。柱子为方形木柱，柱边长0.2米。僧舍位于寺庙西南面，为后期修建而成，共有5间房。寺院的东北、西北、西南面堆有嘛呢堆。

现在，该寺藏有较大的金质佛像12尊、较小的金质佛像4尊、金质佛塔2座、泥塑佛像7尊、旧唐卡3幅、新绘唐卡18幅、大藏经《甘珠尔》2套、《丹珠尔》1套、佛经《十万颂》3套、《金光明经》1套、《经藏》1套、《贤劫经》1套、《五部箴经》1套等文物和宗教藏品。

寺庙的传统宗教活动有：藏历二月，举行祈祷佛事活动7天；藏历十月二十五日，举行燃灯佛事活动1天；藏历每月十日、二十五日，念诵佛经。

日昂寺供奉的释迦牟尼塑像　阿旺仁青摄

第二节　拉　康

吾金曲林拉康

吾金曲林拉康位于波密县八盖乡日卡村，地处堆曲藏布河北岸约1500米的山坡上，距八盖乡政府驻地约13公里，海拔3339米。主供莲花生大师，奉宁玛派。寺庙分布面积约1500平方米，建筑面积136.8平方米。

吾金曲林拉康，又名日卡吾金曲林拉康、日卡寺，相传，在藏历第八绕迥初（1450年左右），由巴卡活佛仁增央达嘉措创建；另一说法是，由生于今昌都类乌齐县甲钦卡的九世巴卡活佛贡桑隆追，于藏历第十六绕迥年间（1927—1987年）在日卡地区传法时创建，为巴卡寺的支寺。由于巴卡历代活佛的自传在羊卓寺失火时被毁，该拉康的具体创建年代无从知晓。

吾金曲林拉康建有2柱间门廊、8柱间集会殿、2柱间弥勒殿；门廊左右有四大天王和六道轮回图等精美壁画；底层集合殿内藏有大藏经《甘珠尔》和《丹珠尔》全套、用金汁书写的佛经《十万颂》1套；弥勒殿供有药泥塑一层高强巴佛像、一层高能言莲花生大师像、一层高金刚手像、镀金铜嘎巴像，第二层为怙主殿、上师寝宫、奏乐室、僧舍等；主殿两侧为僧人休闲花园，东面为4间粮仓，西面有40间僧舍，南面为厨房，北面为法台。16世纪，塔杰上师担任日卡寺住持时，由于从雄金村嫁到日卡村的一名妇女挑拨村子之间的关系，致使雄金、朗玉、珠玉三村村民纵火烧寺，焚毁了寺庙建筑和佛像、佛经及佛塔等。

日卡寺被烧毁后，当地有一名叫阿孜赞普的八盖小邦王，在此栽下一棵柏树，放生了一头小牦牛，并祷告道：“我若有缘继续留在此地，柏树定能生根发芽、枝繁叶茂，小牦牛定能长成一头壮牦牛。”然后，他前往印度求法12年。12年后，阿孜赞普回

吾金曲林拉康　阿旺仁青摄

到日卡村。他看到当年自己亲手栽下的那棵柏树枝繁叶茂，已长成一棵大树，自己亲手放生的小牦牛，也已长成一头大牦牛时，顿觉如愿，就亲自负责重修了日卡寺。当时，日卡寺辖亚龙、龙普、日卡3村，有60多户差巴，每户都要支1名僧人差，故该寺僧人最多时有60多名。

西藏民主改革时，日卡寺的药泥塑佛像被毁，佛经被烧，寺庙房舍被改成了学校，镀金铜佛像被村民藏到山林中。“文化大革命”时期，寺庙建筑被彻底拆毁，改作公社的打麦场。

党的十一届三中全会后，党的民族宗教政策得到落实。由贡觉坚参活佛负责，在当地信教群众的大力支持下，于原寺庙遗址上重修了一座木板房拉康主殿，同时修建了一间厨房、一间粮仓。1992年，在木板房主殿周围砌筑了石墙。拉康坐西北朝东南，为单层藏汉结合式石木结构，单檐歇山式屋顶。前部为一门廊，面阔8米，进深3.3米。门廊前布置4根方形檐柱。门廊后为集会大殿，面阔5间用2柱宽8米，柱间距2.10米，进深5间用2柱长13米，柱间距3.13米，方形木柱，柱边长0.2米。屋顶距地面高约8米。僧舍位于

通更次久拉康　普多摄

主殿旁边，为一层木质结构建筑，歇山式屋顶，共有 2 间房。

日卡寺历代住持和活佛为：巴卡活佛仁增央达嘉措至塔杰上师之间，有过几代住持、上师和活佛不详。八盖地方王阿孜赞普修复日卡寺后，统管政教一切事务。平措塔杰、多吉次旺、白玛顿珠、根敦上师、白玛仁增、贡觉坚参等人为历任住持。

吾金曲林拉康的主要宗教仪轨和佛事活动有：静猛合修 1 天，修森达 1 天，修宝瓶次第 7 天，诵读大藏经《甘珠尔》1 个月，守饥行、禁食斋 8 天。另外，藏历每月十日、二十五日等良辰吉日，举行法会、举办会供。

通更次久拉康

通更次久拉康位于波密县多吉乡通参村的西南部，距多吉乡政府驻地约 11 公里，海拔 3435 米。该拉康由多旦桑登创建，原奉噶举派，后奉格鲁派。

该拉康始建年代不详。元朝时，被蒙古强嘎军烧毁，后由孜仲·阿旺吾登上师迁至现址并重建。仲堆·阿旦上师、其美多吉上师、强巴上师、曲嘎、平措次仁、顿珠等人先后担任住持。

1993 年，在上级部门的大力支持下，对通更次久拉康进行了维修。现拉康内藏有泥塑弥勒佛像、佛祖像、无量光佛像、四臂观音像、莲花生大师威猛像等，金质佛像有尊胜佛母像、莲花生大师威猛像、弥勒佛像等，另藏有唐卡、各种佛教典籍、法器等珍贵文物和宗教用品。

通更次久拉康的宗教活动有：藏历每月十日、二十五日，附近信教群众前来诵读经书、举办会供。

苯宗拉康

苯宗拉康位于波密县康玉乡境内，相传于1900年左右创建。创建者的自传在“文化大革命”时期被毁，准确的创建者和年代不详。

苯宗拉康随着住持上师的意愿，先后改奉过几个教派。在波密曲宗寺和位于此地的措卡寺住持以及其他高僧的关怀下，该拉康日渐兴盛。尤其是措卡寺住持其美多吉上师，在此兴办禅院、弘扬佛法，当时寺内有30余名僧人，每年还要举办4次修习法会。“文化大革命”时期，苯宗拉康遭到毁灭性破坏。当年禅院的残垣断壁，现仍依稀可见。

党的十一届三中全会以后，党的宗教政策得到充分落实。1986年，在当地信众的支持下，由贡桑德钦上师牵头，修复了该宗教活动点。但由于没有常驻僧人和具体的管理人员，加之雨水侵蚀严重，苯宗拉康无法开展正

苯宗拉康大殿　普多摄

常的佛事活动。2008 年，按照当地信众要求，经上级有关部门批准，由生于当地的扎西顿珠上师负责管理这个宗教活动点；并在钦饶维色上师和群众的大力支持下，再次对该拉康进行了维修。

苯宗拉康的主要宗教活动有：藏历每月十日、二十五日，附近信教群众前来诵读经书、举办会供。

第三节　日　追

宗来日追

宗来日追位于波密县八盖乡巴瑞村南 150 米处、堆曲藏布河南岸约 30 米的央宗山北麓坡底，海拔 3358 米，距乡政府驻地约 30 公里。由唐东杰波的化身、康区的竹钦·白玛珠乔于 17 世纪创建，距今有 400 多年历史，主供莲花生大师，奉宁玛派。日追分布面积约 4500 平方米，建筑面积为 222 平方米。

1950 年墨脱大地震时，宗来日追受到了严重的损毁，不久由嘎玛伦珠负责，当地群众出资修复。“文化大革命”时期，宗来日追遭受严重破坏，仅保存了

宗来日追　普多摄

宗来日追供奉的莲花生大师塑像　普多摄

主殿的部分墙体。1980 年，由嘎玛伦珠之子扎西负责，当地群众出资，重修了主殿。

主殿位于日追大院北部，为两层石木结构，歇山式屋顶。前部为一门廊，前部置四根方形檐柱，右侧为通往二楼的木质楼梯；门廊后为集会大殿，集会大殿后为弥勒殿。主殿第二层为住持住房、僧舍、厨房等。僧舍位于主殿南约 30 米处，为一层木质结构建筑，歇山式屋顶，只有一间房。

宗来日追的宗教活动有：藏历每月十日、二十五日，附近信教群众前来诵读经书、举办会供。

江嘎日追

江嘎日追位于波密县玉许乡麦差村境内，距波密县城 80 公里。相传，该日追由止贡・西饶扎巴建于藏历第八绕迥末。现定编僧人 2 名。

江嘎日追又名邦嘎寺，曾经建有经、禅两院，僧人达到 80 余名。主殿内供有三世佛像、十六罗汉像、十八菩萨像和莲花生大师八号像等。历史上，红帽系嘎玛巴建阿扎巴曾亲临江嘎日追，创建林珠寺，开坛讲经，广收门徒，弘扬佛法。

“文化大革命”时期，江嘎日追已成废墟。1986 年，经波密县政府批准重建，现已成为信教群众开展日常宗教活动的场所。该日追建有 3 间木质结构房屋，即修行房、经书房和伙房。

江嘎日追的宗教活动，除在藏历每月十日、二十五日附近信教群众前来诵经、朝拜以外，没有特定的其他佛事活动。

第四节 佛 塔

甲热佛塔

甲热佛塔位于波密县多吉乡政府驻地以北约500米处，海拔3270米。该佛塔由昌都强巴林寺第二世甲热·曲杰阿格旺布活佛于1524—1591年间修建，故称甲热佛塔。

当时，波密境内的倾多寺、曲宗寺、加达寺、松宗寺、达兴寺等格鲁派寺庙的堪布，均由昌都强巴林寺派遣。有一年，倾多寺下辖的亚隆西巴村和曲宗寺下辖的通根村发生牧场纠纷时，强巴林寺派遣甲热·曲杰阿格旺布活佛前往曲宗调解。经甲热活佛等高僧大德的调解，双方达成共识，签订了和解协议，并修建了这座和解纠纷塔。

甲热佛塔底部呈正方形，中间呈圆形，顶部呈锥形，占地面积约80平方米，高约10米。塔的正面供有一尊镀金铜佛祖像，其余三面绘有图画。胎藏装有宗喀巴大师的法衣、肖巴·确吉扎巴的法衣，以及取于印度、汉地、尼泊尔、藏地的圣水、圣土和各种佛教典籍等。“文化大革命”时期，该佛塔被毁，现还尚未修复。

栋亚佛塔

栋亚佛塔位于波密县松宗镇栋亚村西约500米处，海拔3080米，地处318国道旁。据《波密宗教源史》记载，加热旺加布有两个公子，大的叫旺旋，小的叫多吉坚参。多吉坚参娶绒萨赛姆和普龙温姆贡觉为妻，绒萨小姐生了贡觉索朗和仁钦坚参，普龙温姆贡觉生了南巴杰瓦崩。南巴杰瓦崩时期，八思巴大师从内地返回西藏。他途经波密龙亚时，为不使波密地区失去地力，当地大户南巴杰瓦崩祈请八思巴大师禳解。八思巴大师施法，在一天内修建包括栋亚十万佛塔在内的三座佛塔，并进行了

栋亚佛塔　普多摄

开光。《波密宗教源史》认为，波卧地区最早修建的佛塔，是东曲仓巴镇风寺和栋亚十万佛塔。

栋亚佛塔为菩提塔，坐西朝东，土石结构，石块垒砌而成，塔高 10.8 米，建筑面积 38.5 平方米。它由塔基、塔座、塔瓶、塔刹等组成。须弥座式塔基，无下枋、下枭，束腰高 1.4 米、宽 6.4 米；第二层上枭高 0.3 米，上枋宽 7.1 米、高 0.4 米。塔基上置塔座，宽 6.1 米、高 0.2 米；其上为 4 层塔阶，高 1.4 米。塔瓶座宽 4.1 米、高 0.2 米，覆钵式塔瓶高 2.1 米，直径 2.7—3.5 米；塔瓶上为木质相轮。

第五节　古村落

日卡古村落

日卡古村落位于波密县八盖乡日卡村，距乡政府驻地约 13 公里。“八盖”意为岩壁上需架梯子方能通过。以前，这里连骡马道都没有，搬运物资全靠人背肩扛。后来修了一条简易骡马道，季节性通行，夏季无法通

日卡古村落全景　索朗旺秋摄

过。2011年，公路修至八盖乡政府驻地。2013年，公路修到日卡村，打开了日卡村通往外界的大门。

正是因为地理上的阻隔，日卡村保留下来许多古老的习俗，与其他藏地的习俗有较大差别。

日卡古村落里的篝火晚会　索朗旺秋摄

据日卡村保存至今的《阿孜赞普王自传》记载：在此地，土王阿孜赞普、法王降央扎巴这两位世俗首领与宗教首领同时存在。我们可以从当地村民的习俗中，窥见到氏族组织时期社会生活的印记。日卡村村民没有固定的居所，每户都住在拆建极其方便的木板房内，住15天至20天即搬迁一次，此为一大习俗。板房内，厨房和卧室通用。屋顶盖有防雨的木板，用竹编围于四周防风，地上铺一层干树叶即可。若有远道而来的客人，出于对客人的尊重，就添点干树叶或重铺干树叶。日卡村还有一个特点，就是每家每户的木制粮仓都集中建于一处，据说是为了防止火灾。

当地有著名的美食——八盖藏香猪。八盖自然环境优美，藏香猪的种群得到了很好的保护和延续，加之放养于深山老林中，肥肉少，瘦肉多，肉质鲜嫩可口，如今已成为八盖农牧民致富奔小康的特色产品。另有八盖的木锁，具有古老的历史，同时也体现了当地民众的聪明才智，现已列入西藏自治区非物质文化遗产名录。

日卡村至今仍保留着世代传承的生产、生活方式和习俗，并独具特色，是林芝地区保存较好的一座古村落。

米堆古村落

米堆村是波密县玉普乡的一个行政村，位于318国道南侧约7公里处，距乡政府驻地约37公里，距县城108公里，海拔3600米。

据民间传说和当地长者口述：在吐蕃小邦时期，此地就有人居住。目前，米堆村共有40余户、300余人，耕地面积

米堆古村落　普多摄

181.9 亩，草场面积 84451.2 亩，是典型的高原半农半牧区。房屋多为三层石木结构，底层为土石垒砌的牲畜圈，第二层为木板结构的住房，第三层为放置杂物的板房。新农村建设中，在保留具有当地特色的民居建筑风格前提下，改善了基础设施，实现了“六通一改”，即通水、通电（太阳能）、通路、通广播电视、通邮、通电话及厕所改造。

距米堆村约 2 公里的米堆冰川，是西藏林芝著名的自然景观风景区。米堆冰川地质地貌奇特，是我国最重要的现代海洋型冰川之一，也是世界上海拔最低的冰川。2005 年，《中国国家地理杂志》“选美”特辑中，以往名不见经传的米堆冰川榜上有名，被评为“中国最美冰川”。米堆冰川常年受印度洋、孟加拉湾气流影响，全年冰雪覆盖。该冰川主峰海拔约 6800 米，全年雪线平均海拔约 4600 米，末端海拔在 2400 米左右，冰川下段穿行于针叶、阔叶混交林之中。放眼望去，冰川点缀下的山脉，自上而下呈现出一山有四季、十里不同天的自然奇观，美不胜收，令人流连忘返。

第二章

古遗址

第一节 聚落遗址

拉颇遗址

拉颇遗址位于波得藏布河左岸一级台地后部、倾多镇巴康村巴托卡自然村，系波得藏布河流域的一个重要遗址群。拉颇遗址的发现，是西藏自治区新石器时代考古继昌都卡若遗址、拉萨曲贡遗址之后的又一重大发现。

2009 年 11 月 6 日，当地村民扎西措姆在其房屋东侧耕地内挖沼气池时，发现陶片与磨制石斧。2011 年 10 月，西藏自治区文物研究所实地调查时，再次在扎西措姆家发现陶片标本。后对拉颇遗址进行了考古试掘，开挖 2×4 米探沟一条，发掘出土一批陶器与动物骨骼标本，确认为一处新石器时代遗址。

拉颇遗址出土的陶器标本，显示出早期文化的特征。专家在与周边文化进行初步比对后认为：其早期标本的时代为新石器时代晚期，大约为距今 4000—4500 年；其晚期标本的年代也大约在距今 2000 年前后。拉颇遗址出土的陶器有夹砂陶与泥质陶两大系。其中，夹砂陶系内有灰陶、红褐陶。早期标本器表以装

远眺拉颇遗址　阿旺仁青摄

拉颇遗址出土的带耳罐　索朗旺秋摄

饰细绳纹为主要特征，部分标本还装饰有附加堆纹、单向穿孔，有不少器物的腹部发现有鸡冠鋬耳。器物种类以体型较大的陶罐为主。泥质陶系的标本数量较少，大多为灰陶。器表经打磨很光滑，火候普遍较高。器物种类以钵为主，有少量带耳罐。器物

拉颇遗址开挖区局部　索朗旺秋摄

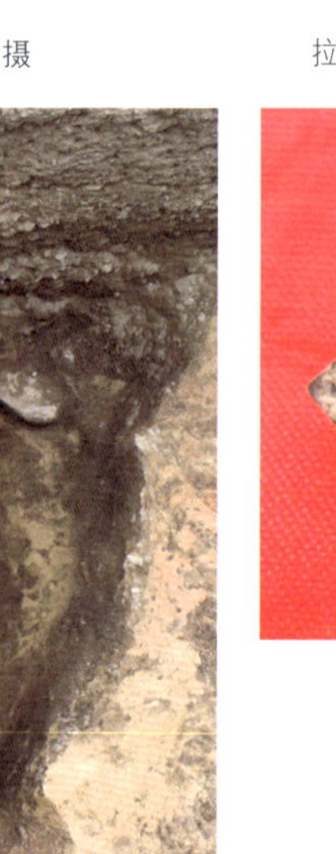

拉颇遗址出土的饰穿孔鸡冠鋬耳磨光陶片　索朗旺秋摄

中多为平底器。这些特征，与青藏高原东部大渡河流域的中路文化早期遗存极其相似。同时，这些特征又与黄河上游的新石器时代文化有相似之处。据此，初步推断拉颇遗址早期文化的时代约为距今4000—4500年。

西藏自治区文物研究所专家认为：拉颇遗址的发现，初步展现了波密地区新石器时代文化的面貌。对其进行进一步的考古发掘与研究，将会促进对波密地区新石器时代考古学文化的研究，也必将为西藏自治区新石器时代考古研究提供重要资料，为全面建立西藏自治区新石器时代考古学文化序列填补一个重要的时空空白。

第二节 寺庙遗址

雪瓦卡强曲岭寺遗址

雪瓦卡强曲岭寺遗址位于波密县古乡雪瓦卡村内东侧，距318国道约500米，海拔2562米。据《波密历史》《倾多寺简史》载：准噶尔侵藏时期，旧寺被毁；后在嘎朗王迁至雪瓦卡村后重建，一直由嘎朗王室供养。

1894年，昌都强巴林寺四大活佛系统之一的贡多活佛、五世洛桑朗杰出生于嘎朗王府，该活佛代替帕巴拉活佛行使多年政教大权。在洛桑朗杰和昌都强巴林寺的大力支持下，对雪瓦卡强曲岭寺进行了多次修缮。该寺奉格鲁派，建有显密学经院。1928年，噶厦政府与波密嘎朗第巴发生战争时，嘎朗第巴·旺钦顿堆自己放火烧毁雪瓦卡强曲岭寺，后由噶厦政府修复部分寺院建筑。西藏和平解放后，该寺逐渐衰落。现仅存主殿废址及围墙。寺庙遗址分布面积1308平方米。

主殿废址位于遗址北面，坐北朝南。主殿外围有转经道和围墙。主殿为夯筑，仅存建筑轮廓，结构已分辨不清。主殿西侧有一堆泥塑佛像残骸。墙体由于长年受到雨水冲刷，现已变成土堆，土堆最高达3米。主殿废址

乃隆寺遗址　索朗旺秋摄

南北长 22 米，东西宽 22 米。主殿废址前端留有 4 个圆形的石柱础，石柱础顶面离地距离 0.06—0.5 米，石柱础直径最大的为 0.48 米，柱心直径最大的为 0.1 米，石柱础表面凿刻的莲花瓣花纹依稀可辨。

乃隆寺遗址

乃隆寺遗址位于波密县倾多镇曲西村北约 2 公里的密林中，地处波得藏布河左岸支流亚龙藏布河东岸坡地上，距倾多镇政府驻地约 20 公里。东南面有一条乡村公路。海拔 3009 米。1600 年左右，由四世班禅罗桑确吉坚赞的徒弟竹钦·班觉桑布创建。遗址分布面积 720 平方米。

乃隆寺遗址所处的乃隆沟，如同雪域高原的神山。据传，莲花生大师在此修行多年。当年有一位继承莲花生大师衣钵的大成就者，看到乃隆沟景色宜人，树木茂盛，鸟语花香，满山奇山异石，清泉直流，曾有意开光此地，使之成为佛教圣地，但又觉时机未到而作罢。后来，竹钦·索朗仁青、大印·索朗嘉措、吾金扎西（大印·索朗嘉措之徒）、持戒者赤来嘉措、杰恰那·多吉曲吉杰布、德木·巧来朗杰活佛、嘎玛巴曲美多吉、掘藏大师热西·白玛仁增等高僧，均亲临此地开光加持，广收门徒，广传佛法。

在乃隆竹钦·班觉桑布时期，创建乃隆寺，奉宁玛派。五世达赖喇嘛和四世班禅罗桑确吉坚赞曾亲临此地，广传格鲁派教法，由四世班禅罗桑确吉坚赞确定改奉格鲁派。

当初，建有集会殿、弥勒殿、怙主殿及储藏室等；后在宗达第巴和尼洛第巴发生争端时，被宗达第巴烧毁。不久，由倾多寺支持、乃隆寺僧人具体负责实施，重修了乃隆寺。在“文化大革命”时期，该寺再次被毁，未修复。现由活佛住房遗址等组成。

活佛住房遗址位于寺庙遗址的西南面，坐西朝南。由现存建筑所用的石基和石阶，可以看见建筑的部分轮廓，块石结构、内部结构十分明显。遗址最前部存有 5 个石头垒砌而成的台阶，石阶残高（南北）3 米、残宽（东西）3 米。石阶两侧存有石基，南面残高 1.1 米，北面残高 1.5 米。遗址中央也存有石阶，石阶残高（南北）2.6 米、残宽（东西）2.2 米。石阶两侧存有石基，南面残高 1.3 米，北面残高 1.5 米。遗址南北宽 25 米，东西长 28.6 米。

乃隆寺历代活佛为：第一世活佛波窝竹钦·班觉桑布、第二世活佛崔成旦达、第三世活佛洛桑伦珠、第四世活佛降白旺久、第五世活佛旦巴塔杰、第六世活佛强巴格列等人。

卡如卡寺遗址

卡如卡寺遗址位于波密县倾多镇热西村西约 500 米处、亚龙藏布河北岸约 700 米的卡如卡山半山腰上，海拔 3031 米。1458 年前后，由第一世帕巴拉呼图克图·恰达德庆多吉创建，奉格鲁派。遗址分布面积约 900 平方米。

卡如卡寺前身为庄拉康。当时，此地有察如岗、亚岗、色卡岗、庄康仓四户大户人家，由庄康仓出资修复而得名。相传，因庄拉康邻近村道，惹怒了拉康护法神，引发村里人畜死伤不断。后来，倾多寺活佛第一世帕巴拉呼图克图·恰达德庆多吉知道此事后，亲自前往察地选址，把庄拉康迁至离村道较远的山坡上，改名为卡如卡寺，成为倾多寺的一座支寺。据当地长者称，当时卡如卡寺建有一座两层4柱主殿：底层为集会殿，第二层为护法殿、经堂。主殿前方有一座两层5柱拉康：底层为修行殿，第二层为议事厅。周围建有僧舍、厨房、寝宫等。

在1950年墨脱大地震中，寺庙建筑和泥塑佛像全部被毁，但金铜质佛像大多保存完好。后由达嘎罗布上师负责，先后修复了主殿、僧舍等。当年，寺内藏有镀金铜汉式十六罗汉、八大药师佛像、宗喀巴大师师徒三尊像、师君三尊像、多闻子、瞻巴拉、千手千眼观音6尊、莲花生大师八大化身像、佛祖三众像、金刚手像、班丹拉姆三众像、四面护法像、土地神亚龙乃布像、用帕巴拉呼图克图·恰达德庆多吉的鼻血绘制的亚龙乃布像唐卡3幅、佛塔8座、大藏经《甘珠尔》《丹珠尔》全套、佛经《十万颂》10套、《大宝伏藏经》2套、长号4对、胫骨笛子3对、铜钹2对、人头盖骨碗3个等珍贵文物。这些文物在“文化大革命”时期被毁或遗失。

“文化大革命”前，卡如卡寺主要的佛事活动有：藏历一月一日至十六日，念诵大藏经《甘珠尔》，诵读佛经《十万颂》，当地群众转山煨桑、祭祀亚龙四地战神；藏历四月八日开始，守饥行、禁食斋8天；藏历十月和十一月，祭祀土地神；每月的良辰吉日举行法会。

卓龙寺遗址

卓龙寺遗址位于波密县扎木镇桑登村南约5公里处的卓龙沟内，海拔3227米。由加永吾金普赤于1644年创建，奉宁玛派。遗址占地面积600平方米。

卓龙寺遗址坐北朝南。北墙为石头垒砌而成，内部结构不清，现只存有部分墙体。遗址北

卓龙寺遗址局部　索朗旺秋摄

部建筑的墙体保存较好，残高1.3米，厚0.8米。遗址东面的墙体最低，残高为0.3米。遗址南北长10米，东西宽8.3米。

羊卓寺遗址

羊卓寺遗址位于波密县古乡索通村南约500米的羊卓山半山腰上，海拔2605米。初奉宁玛派，后改奉萨迦派。相传，贡嘎丹增依照观世音菩萨的预言，来到波密地区弘法。他到达波密后，向嘎朗王借建寺之地。羊卓寺最初建在赤当扎西岗，后迁至羊卓。贡嘎丹增61岁圆寂后，该寺无住持，由嘎朗王管理。八思巴前往内地觐见元世祖忽必烈途经波密地区时，在波密一带修建佛塔，创建古唐娘杰寺，并修缮了羊卓寺，主持羊卓寺二世活佛的坐床典礼。从此，羊卓寺改奉萨迦派。

1950年墨脱大地震前，羊卓寺建有20柱、3层高的森格朗尤（雄狮凌空）殿：底层为集会殿，第二层为灵塔殿，第三层为经堂。周围建有17间僧舍以及奏乐室、喇嘛修行室、寝宫、仓库、厨房等。后来在一次火灾中，部分建筑受损。当时有50余名僧人。

1950年墨脱大地震中，该寺损毁严重。后在原寺遗址上，修建了一座木板房主殿。“文化大革命”时期，该木板房主殿再度被毁。

羊卓寺先后有过9位活佛，分别是：贡嘎丹增、益西、阿旺丹增、贡嘎尼玛、丹增聂扎、白玛旺久等人。其中，第四世、第六世活佛的名字不详。普龙寺的桑杰活佛、夏岗活佛，巴卡寺的仁增嘉措活佛、索朗嘉措活佛，普龙寺的阿布大师等高僧，曾先后亲临羊卓寺讲经传法。

羊卓寺的宗教仪轨主要以萨迦派为主，除了每月良辰吉日的法会和会供外，另举办大悲观世音菩萨修供仪轨10天。

羊卓寺遗址残存部分墙体的地基和4个石柱础。地基宽1米。石柱础离地面最高0.1米，直径为0.5米，石柱础形状为圆形且间距为3.5米。遗址西北至东南长17．5米，东北至西南长22.3米。从建筑的墙体地基上看，该遗址为旧大殿，内部结构已不可辨。

仓巴龙努拉康遗址

仓巴龙努拉康遗址位于波密县倾多乡通曲村，距乡政府驻地约5公里，海拔2930米。

相传，当年在修建大昭寺和小昭寺过程中，白天砌筑的墙体一到晚上就因沃塘湖泛滥而垮塌，无法修建。文成公主卜卦得知，吐蕃的地形如罗刹女仰睡，大昭寺正好位于罗刹女心脏之上。若要建成大昭寺，除了先要填埋沃塘湖，镇压罗刹女的心脏外，还必须在罗刹女的四肢及12个关节点上修建佛殿镇压。位于波密地区的仓巴龙努拉康，就是为镇压罗刹女的右手而建的。

民间相传，该拉康当时建有3层主殿1座，主殿周围有5座大佛塔，四周围墙之上建有108座小佛塔，占地面积200余亩。据《倾多寺简史》载，在嘎朗香灯师波伯时期，仓巴龙努拉康的建筑外形酷似城堡。

据《古扎宗教史》载，七世达赖喇嘛格桑嘉措（1708—1757年）时期，仓巴龙努拉康在地震中垮塌。遵照七世达赖喇嘛格桑嘉措和摄政的旨意，九世岗波瓦·降白赤列旺布（也称第钦·多吉杰布）主持重修了该拉康。

1890年左右，通昌沟发生泥石流灾害，仓巴龙努拉康受损严重，不久重修如旧。后来，从丁青来的热巴艺人在仓巴龙努拉康庭院内表演热巴舞，激怒了当地的土地神，苦依沟发生泥石流，仓巴龙努拉康再次被毁，后再次修复。然而，在准噶尔入侵西藏时，该拉康又被准噶尔军队焚烧成废墟，不久又恢复原貌。1928年，噶厦政府和波密嘎朗王之间发生内战时，拉康所藏文物损毁严重，但主体建筑未受损。

历史上，竹钦·唐东杰波、嘎玛巴热白多吉、巴卡寺的仁增朗松活佛、掘藏大师多吉杰布、达祥·暖旦多吉、顿迥·普扎益西多吉、司徒·白玛旺乔、八邦大师等众多高僧大德，曾亲临仓巴龙努拉康讲经传法。

“文化大革命”前，仓巴龙努拉康有一座两层高、镶有各种名贵宝石的镀金铜强巴佛像，还有成人等身的镀金铜释迦牟尼佛像，以及成人等身镀金铜无量光佛像、莲花生大师像、宗喀巴师徒三尊像、佛报化三身像、无量寿佛三众像等文物。“文化大革命”时期，该拉康损毁严重。拉康底层一度用来做倾多区学校的教室。

仓巴龙努拉康的主要佛事活动有：在夏、冬两季举办规模较大的修供。平日里，主要举行良辰吉日法会及各种神灵酬补仪轨。

达兴寺遗址

达兴寺遗址位于波密县扎木镇达兴村北侧、帕隆藏布河南岸的一级台地上，北距318国道约2公里，海拔2826米。1465年，由索朗仁青创建。寺庙遗址分布面积6817平方米。

宗喀巴大师的弟子索朗仁青在寻找建寺之地时，来到了达兴寺所在地，看到此地地形奇特、环境优美，有众多神灵的自然生成像，认为是建寺的宝地。此地是大户巴窝·朗杰绕登的粮田。索朗仁青大师把准备占用其粮田

达兴寺遗址局部 达瓦次仁摄

建寺的想法告诉巴窝·朗杰绕登后，他毫不犹豫地答应献出田地，并问大师要多大的地。大师说只要一箭射程远之地就足矣，并亲自射了一箭。索朗仁青大师就在此地修建了一座寺庙，取名为达兴寺。“达兴”意为一箭射程之地。

当时，建有一座有2根长柱、4根短柱，3层高的主殿：底层为集会殿，弥勒殿内供有宗喀巴大师师徒三尊像、十六罗汉像、二十一度母像、镀金铜质尊者西绕森格像和竹钦·唐东杰波像；第二层为护法神殿和香灯师住房2间；第三层为夏令安居室。主殿西面有一座4柱面积、2层高的闭关修行殿。另建有2层高的厨房及僧舍百余间。据说，寺庙围墙内就占地80多亩。

清朝末年，清军陈渠珍部进攻波密时，只要求达兴寺交出阻击清军的主谋，未对寺庙造成破坏。噶厦政权与波密发生战争时，藏军进攻波密，驻扎达兴寺。军队的粮草由寺庙负责筹措，一直到军队撤回拉萨为止。因达兴寺属噶厦供养的寺院，寺庙的建筑和寺藏文物未受到损毁。

1950年墨脱大地震中，达兴寺的建筑及泥塑佛像全部被毁，在寺内施工的5名民工被压身亡，金属质地的佛像受损较小。1952年，修复了主殿。1955年至1957年，由曲则上师（俗名索朗仁青）负责，重修了3层主殿和2层厨房，其他的未修复。僧人最多时曾达到120名，最少时也有70多名。

“文化大革命”时期，寺庙建筑被拆除，用于修建达兴公社的公房，文物也被毁。现存遗迹有主殿废址、法器室废址、仓库废址、接待室废址、僧舍废址等，残存情况较好的有主殿和仓库废址。

主殿废址位于遗址南部，坐北朝南，方向正北，现存北、西、东三面石砌墙体，保存较好，南墙已完全垮塌。从弥勒殿残墙观察，为3层建筑。第一层由前部门廊、中央集会大殿、后部弥勒殿组成。弥勒殿与集会大殿之间的残墙残高3.48米，石砌门框仍可辨。弥勒殿东西两面各有2个窗户，高2.1米，宽1.64米。弥勒殿北墙残高8米，在离地2.9米处，有一排1层的椽木孔；离地约7米处，有一排2层的椽木孔。主殿墙体残厚0.88米。

据称，最早修建的仓库的废址位于主殿废址以北4米处，为夯筑墙体，现仅存南墙，残长12米、残高2.2米、残厚0.92米。

东北部存有较多残留地基和较矮的石砌墙体，为僧舍废址。因垮塌严重，无法分辨建筑数量。

主殿废址以南6米处为接待室废址、法器室废址等，内部结构不清，为夯筑墙体。

遗址北侧、东侧，残留有夯筑的围墙残体。

达兴寺历代住持有：索朗仁青大师、达察·杰仲丹白贡布、岭追·多吉强、曲则上师（西藏和平解放时期，任职于波密解放委员会）等人。“文化大革命”前，该寺藏有强巴佛像、释迦牟尼佛像、新旧大藏经《甘珠尔》各1套、大藏经《丹珠尔》1套、金汁书写的佛经《十万颂》1套，以及各种法器等文物和藏品。

达兴寺的宗教仪轨和佛事活动，主要以格鲁派的各种仪轨为主，如祈愿法会、夏令安居、禁食斋、诵读《甘珠尔》、护法神酬补、抛朵玛等。

尼洛卡嘎乔寺遗址

尼洛卡嘎乔寺遗址位于波密县玉许乡玉萨村，距乡政府驻地约 7 公里。由竹钦·林热白玛多吉创建，奉宁玛派。据《东嘎藏学大词典》载："竹钦·林热白玛多吉生于 1128 年，1188 年圆寂。"

寺庙创建时，建有 3 层主殿：底层为集会殿，供有莲花生大师威猛像、八大菩萨像、弥勒佛像、佛祖像等；第二层内，供有以观音菩萨像为主的报身众佛像；第三层内，供有以普贤佛像为主的众佛像。主殿周围建有佛塔 4 座和拉章、僧舍等。

藏巴加热大师、多旦热巴珠色、竹钦·唐东杰波等人曾到该寺讲经传法。据说，先后有过 54 名住持。

据民间散落的《尼洛卡嘎乔寺简史》记载：当地村落及寺庙曾被清军陈渠珍部洗劫，寺庙被烧毁，财物被劫掠。后由曲宗·白玛旺堆、卡热·布琼、当许·阿珠、次旦旺堆等人，负责重修了该寺，由嘎朗王政权和尼洛第巴（由波密当地一个酋长管辖，类似现在的政府机构）资助并管理。

寺庙在"文化大革命"时期再度被毁，此后便成为废墟。

茶绕扎西曲林日追遗址

茶绕扎西曲林日追遗址位于波密县松宗镇多格村茶绕自然村西南约 500 米处，东距多吉乡通往外界的乡村公路约 800 米，距镇政府驻地约 3 公里，海拔 3016 米。奉噶举派。

相传，该日追在第二十三代嘎朗王时期由吾金上师创建。当时建有 2 层主殿：底层为 4 柱面积的集会殿、4 柱面积的护法殿和 8 柱面积的储藏室，第二层为上师寝宫、经堂、修行室等。殿内供奉有千手观音像、无量光佛像、莲花生大师像，还藏有各种佛经和法器。据说，六世达赖喇嘛仓央嘉措曾在此修行了一个多月。后来，茶绕扎西曲林寺和根尼寺、德寺合并到松宗寺，但仍保留了日追的殿堂、供灯等，每逢藏历十日、十五日举行诵经、供灯等佛事活动。“文化大革命”时期，茶绕扎西曲林日追被毁。

第三节　佛塔遗址

珠曲卡曲登塔遗址

珠曲卡曲登塔遗址位于波密县倾多镇巴康村南约800米处的卡倾公路旁，海拔2768米。

珠曲卡曲登塔始建年代不详。相传，珠曲卡曾是嘎朗王朝的一座度假王宫，也是倾多寺的前身。当初，在珠曲卡地区有60余名僧人修行，故得名珠曲卡。“珠曲卡”意为六十。据当地传说：“倾多寺从普龙寺分离出来后，倾多寺的喇嘛前往普龙寺讨要应得的东西。因协商无果，普龙寺的僧人杀害了倾多寺的上师，把上师的头颅挂在树上，并把他的身体抛到波堆藏布河中，后又将上师的头颅抛到珠西河中。随后，上师的头颅与身体在波堆藏布河中得以连接，合为一体。于是，倾多寺为了使当地人畜免遭病害、内乱的滋扰，以高僧的肉体作为胎藏，修建了珠曲卡曲登。”

珠曲卡曲登塔遗址　索朗旺秋摄

远眺嘎朗王宫遗址　普多摄

第四节　宫殿衙署遗址

嘎朗王宫遗址

嘎朗王宫遗址位于波密县古乡嘎朗村西南约1公里处、帕隆藏布河北岸、帕隆藏布河支流波堆藏布河西岸色沃山的山脊密林中，海拔2778米。始建于1180年，为嘎朗王朝的王宫。遗址分布面积大、历史悠久，对研究藏东南地区的嘎朗地方政权具有重要意义。

嘎朗王宫遗址（又称嘎朗第巴遗址）为波密王署驻地。嘎朗王朝鼎盛时期，下设有第巴等政府管理机构。在准噶尔入侵西藏时，嘎朗王宫被烧毁，后王宫迁移至现在的雪瓦卡村。目前，在嘎朗村有嘎朗王宫遗址1座、王妃寝宫遗址1座，此外还发现嘎朗王行宫遗址1座，以及卡托第巴遗址、宗达第巴遗址。嘎朗王宫遗址由大殿、拉康、墙体废址三部分组成，位于色沃山的最西面，现存部分建筑残体，为夯筑墙体，内部结构不清。大殿废址位于遗址中央，为墙体保存较好的一处建筑，南北残长 11.6 米，东西残宽 8.9 米。遗址周围尚存部分围墙残体。西面的围墙残长为 20 米。拉康废址位于大殿废址东约 50 米处，现存 2 座建筑废址，为石砌墙体，内部结构不明。其中，距大殿废址较近的一处废墟东西长 10.6 米，南北宽 14.2 米。在大殿废址的最东面约 200 米处，残存一段东西走向的夯土墙，残长 30 米。王妃寝宫遗址位于嘎朗村东南约 500 米的山坡上，为东南朝西北走向。墙体倒塌严重，内部结构不明，仅东南面的墙体保存得相对较好，整体建筑长 51.4 米、宽 40 米。在嘎朗王宫遗址和王妃寝宫遗址之间有佣人房废墟，仅存部分墙体，内部结构不详。整体建筑东北向西南长为 26.7 米，东南向西北宽为 16.3 米。

卡托第巴遗址位于波密县古乡嘎朗村东北约 600 米处的一片密林中。嘎朗王时期，在波密（时称波窝）境内设有 8 个第巴，用于管理辖区内的政

卡托第巴遗址　达瓦次仁摄

嘎朗王行宫遗址　达瓦次仁摄

正在修复中的嘎朗王宫　普多摄

治、经济、文化、治安等。卡托第巴便是其中之一，始建于1200年前后。1932年，下属的第巴均弃置。卡托第巴遗址建筑面积124平方米。卡托第巴依山而建，现存2层建筑的遗迹：第一层残高3.3米，第二层残高2.7米。东南面的底部为石块勒脚、夯土墙身，底部石块的垒砌高度为1.7米。东南面尚存5级台阶。

宗达第巴遗址位于波密县倾多镇丁仲村东南约1公里处，海拔2848米。始建于1180年，1932年弃置。分布面积475平方米。遗址坐东北朝西南，现存四面墙体，内部不可辨认。

嘎朗王行宫遗址地处波密县倾多镇珠西村西约480米的拉曲密山半山腰上，是第五十四代嘎朗第巴·旺钦顿堆为了前往普龙寺朝佛，而于1900年左右修建的一处行宫，位于普龙寺旁。1928年，行宫在嘎朗王与噶厦政府的战争中遭到破坏。现仅残留建筑墙体。

第三章

近现代重要史迹及代表性建筑

将军楼

将军楼位于波密县易贡乡加拉村西南约5公里的易贡措南岸、背隆山山脚下，北约500米为易通乡村公路，海拔2265米。1964年，由张国华将军倡建。占地面积约300余亩，建筑面积约5515平方米。有庞大的建筑群，是林芝市保存最好、规模最大的红色遗迹，现为西藏自治区文物保护单位。

2000年4月至6月，将军楼因水灾受到严重破坏，2001年后修复。2013—2014年，文物部门出资约700万元，对将军楼进行了抢救性维修保护。现将军楼由11座楼房和11座平房组成。

将军楼皆为石木质结构，仿苏式建筑，屋顶由牛毛毡、木板、瓦片等铺就，平面呈方形。主体建筑由石块垒砌而成（底部由石块垒砌而成，上部由石砖垒砌而成），其余隔间墙体为木质墙板，墙体呈红色、灰色、白色等。1号楼的建筑风格较为独特，坐南朝北，方向正南，长26.2米，宽11.5米，分为东、西两个部分，共14间，西部为一层建筑，东部为两层建筑。西部共有4间房，由仓库、厨房、配电室等组成，墙体高3.2米。西部和东部相接处，为西部通往第二层的木质楼梯。东部第一层和第

易贡将军楼　阿旺仁青摄

易贡将军楼石碑　阿旺仁青摄

二层前端都有走廊。第一层共有 5 间房，由卧室、卫生间等组成。第一层中央原为作战室，2000 年遭水灾破坏后，将原有的作战室维修成为 3 间卧室。第二层共 5 间房，由会议室（作战室）、卧室、卫生间等组成。石块墙体厚 0.47 米，石砖墙体厚 0.22 米。

其余 10 座楼房都为两层，建筑风格同 1 号楼东部风格类似，只是在大小规模上有所不同。

平房以 10 号楼为例，坐南朝北，长 29 米，宽 6.9 米。共有 8 间房，由卧室、卫生间、厨房等组成，前端为走廊。其余

10座平房的建筑风格同10号楼类似。

中共扎木中心县委红楼

中共扎木中心县委红楼位于波密县政府机关大院内、帕隆藏布江北岸一级台地上。东南300米处，为穿城而过的318国道。海拔2752米。1953年，由中国人民解放军第十八军进藏部队修建。外表为红色，故称为红楼。该楼是林芝市少有的、最为著名的仿苏式建筑物。1959年的扎木保卫战期间，设为指挥中枢。

红楼原有3座建筑，后因县政府机关建设，拆除了东西两侧的红楼。现保存下来的，是3座中最大的1座，曾先后被用于波密县委、县政府办公大楼，波密县社区老年活动中心和波密县退休干部职工活动中心。2013年3月，由国务院公布为国家级文物保护单位。2011年，文物部门出资约600万元，对红楼进行了抢救性维修保护。

中共扎木中心县委红楼　阿旺仁青摄

红楼坐西北朝东南，平面呈“凹”字形，为两层，石木结构，仿苏式建筑。墙体下部由石块垒砌而成，高1.4米，墙体上部为木质墙体，墙体呈红色；建筑物内侧主体墙体由石块垒砌而成，其余隔间墙体为木质墙板，屋顶为平面木质。红楼共有房屋25间。其中，一楼共12间房：西北和东南横向排列各6间房；中央有通往二楼的木梯；二楼共13间房：东北侧有6间房，西南侧有7间房。红楼长38.4米，宽13.4米。

第五篇

朗县名胜古迹

第一章

古建筑

第一节 寺庙

甘丹热登寺

甘丹热登寺位于朗县仲达镇拉丁雪村北部、普曲河北岸一级台地。东约20米处，有一条乡村公路，海拔3267米，距镇政府驻地约10公里。寺庙占地面积5173平方米，建筑面积768平方米。2008年，被列为县级文物保护单位。

协敖堪布·云旦乔于藏历第三绕迥木猴年（1164年），创建了仲达新寺（位于今山南市加查县热塘村）。该寺传承藏传佛教噶当派教义达150多年。后来，恰巴·扎西达杰修建瑞庄园（今仲达镇瑞村），被任命为宗本。1396年，宗喀巴大师的弟子格西西热扎巴将仲达新寺搬迁至瑞庄园下方。1648年，堪钦·图多班觉根据五世达赖喇嘛的旨意，把寺庙迁到了拉丁雪村，改奉格鲁派，由顿珠嘉措上师任住持。后来，寺庙名称也改为甘丹热登寺。

相传，堪钦·图多班觉向主供佛强巴佛请示寺庙可否搬迁时，强巴佛开口说："我要在杂日神山和塔拉岗波神山之间度化众

甘丹热登寺全景 巴桑次仁摄

生，使他们脱离疾病之苦，故不能迁移。你只要在仲达新寺里新塑一尊我的塑像即可。”后来，堪钦·图多班觉又从当地的湖里掘出一尊药师佛像，并举行了隆重的跳神仪式，把佛像迎请至寺中。从此，甘丹热登寺便举行药师佛灌顶仪轨并延续至今，已有360多年的历史。当时搬迁寺庙时，按照胜乐金刚坛城的形状，在中央建有4层主殿。主殿由赤塔活佛寝宫、集会殿、拉章3个部分组成；主殿前方底层为厨房，第二层为护法殿；主殿四周有两层高的僧舍和上、下两个辩经场。

赤塔活佛寝宫的底层为6间宿舍。第二层为面积6柱的面具房。第三层为活佛寝宫，寝宫分内外2间。外间面积为6柱，其中央主供镀金红铜成人等身宗喀巴大师像，右边供有四世班禅罗桑确吉坚赞以来的历代班禅大师塑像，左边供有镀金红铜佛像35尊。内间面积为2柱，供次第上师泥塑像、一世赤塔活佛赤塔·洛桑钦绕沃色用过的绘画工具。

集会殿底层为6间宿舍。第二层为面积16柱的集会殿，有4根长柱。其中央供有释迦牟尼

甘丹热登寺主殿　普多摄

佛像；右边供有镀金红铜五世达赖喇嘛像、一世赤塔活佛赤塔·洛桑钦绕沃色塑像、江白伦珠嘉措塑像；左边供有镀金红铜格鲁派师徒三尊塑像、仲达堪钦·图多班觉灵塔、善言度母塑像等，还供有泥塑本尊像3尊、药师佛坛城等，藏有大藏经写本300多函。强巴佛殿为4柱面积，内供有两层高红铜镀金弥勒法轮像、八大随佛弟子（八大菩萨）、门神护法塑像2尊等。另外，还有2柱面积的“丹玛角”（地母角楼），内供格鲁派师徒三尊塑像。在塑像背后画有壁画，塑像右侧有历代赤塔活佛塑像和两位甘丹赤巴的法座等。门廊面积为6柱，门廊的墙壁上画有四大天王等壁画。协热拉康（面神殿）的面积为4柱，其中央供有镀金红铜善言释迦牟尼塑像；右侧供有仲达堪钦·图多班觉塑像；左侧供有赤塔·格桑伦珠沽佛塑像，藏有大藏经《甘珠尔》和《丹珠尔》各1套。拉姆拉康（天女殿）的面积也为4柱，内供有一层高泥塑六臂怙主、法王那珠、天女玛索玛、多闻子、协江森等护法神像。中部的拉章底层为5间宿舍；第二层为面积9柱的库房；顶层为面积6柱的拉章措钦殿，主要用于僧众集会。

主殿前方，有一座底层为面积9柱的厨房、第二层为面积2柱的护法神殿的建筑物。护法神殿内，供有护法神黑扎嘎夏塑像新、旧各1尊。上、下辩经场既是辩经之处，也是寺院举行跳神等重大法事活动的场所。

甘丹热登寺历时12年完工。藏历第十一绕迥火鼠年（1636年），五世达赖喇嘛前往开光。相传开光时，大殿内外撒满了鲜花。五世达赖喇嘛为该寺取名为“甘丹热登寺”，并赐13座寺属庄园。

1960年至1985年，甘丹热登寺基本处于废墟状态。1986年历时1年，重建了面积12柱的集会殿、面积1柱的厨房等。1987年，基本恢复了该寺日常宗教活动。1988年，赤塔·丹增赤列伦珠37岁时，在甘丹热登寺重新坐床。当时，他是拉萨市佛协的工作人员。1991年，新收9名僧人，并新建僧舍8间，后扩大到14名僧人。1993年，恢复了跳神活动。1995年，僧人数量达31人，加上修供药师佛仪轨及举办安曲法会时外来的僧人，人数曾多达55人。2010年，重修面积12柱的寺庙主殿，主供新铸的镀金红铜药师佛像、护法神黑扎嘎夏塑像等。集会殿中

甘丹热登寺大殿内景　巴桑次仁摄

甘丹热登寺供奉的释迦牟尼塑像　巴桑次仁摄

央供有格鲁派师徒三尊塑像；右边供有释迦牟尼佛泥塑像、镀金红铜宗喀巴大师像、阿底峡大师像及佛塔，藏有全套大藏经；左边供有泥塑弥勒佛像、莲花生大师像、马头明王、持金刚塑像。在强巴（弥勒佛）殿内，供有高达两层楼的泥塑弥勒法轮像、泥塑佛祖像和宗喀巴大师像等。护法殿面积为1柱，供有泥塑大威德十三众像、六臂护法像、咋米德护法像、黑扎嘎夏护法新旧塑像2尊、天女玛索玛护法新旧塑像2尊以及多闻天王像等。

据《格鲁派教法史·黄琉璃》载："在顿珠嘉措上师之后，历任甘丹热登寺堪布的有聂巴·次成伦珠、堪钦·洛追桑珠、曲吉朗杰、仲达曲增、扎西群培、洛桑丹白尼玛、东堪·格桑嘉措、安多堪布·阿旺白桑等。寺庙数次扩建，规模不断壮大，僧人最多时有过200多名。"

甘丹热登寺历代赤塔活佛中功绩卓著的有：十四世赤塔·洛追丹巴，1402年生于后藏香准康地区，精通显密经论，曾任甘丹寺强孜法王；后修建塔布协珠林寺（位于今山南市加查县），并任该寺第一任堪布；1463年，任甘丹赤巴，为西藏历史上的第七任甘丹赤巴；1478年圆寂。

赤塔·阿旺次平，藏历第十一绕迥火蛇年即1677年，生于上塔布地区；在塔布札仓学习《五部大论》等，并任该札仓堪布；之后，在拉萨下密院学习密法多年，后升任甘丹寺强孜法王。藏历第十二绕迥铁狗年（1730年），他在53岁时升任甘丹赤巴，为甘丹寺第五十二任赤巴。赤塔·阿旺次平67岁圆寂。他曾应清朝雍正皇帝之邀，前往内地觐见皇帝，并向清朝王室传授佛学知识。雍正皇帝赐其“灌顶国师呼图克图诺门汗”名号，并赐玉质“赤塔诺门汗”印。据说后来，赤塔·阿旺次平把这枚印章作为装藏物，装入了甘丹寺强孜札仓屋顶的宝幢。

赤塔·格桑伦珠，生于门达旺地区。在他任住持时期，甘丹热登寺变化较大，不仅扩建了寺院，而且对僧人所用法器等进行了很大改进。他学识渊博，恪守戒律，在当地享有很高的声誉。

赤塔·阿旺江白旺秋嘉措时期，新建了护法神殿、护法神像等，并为善言护法神开光，以此为佛法昌盛和众生安乐祈福诵经。据传，每当当地要发生战乱、疾病、自然灾害时，善言护法神都会有所预示。

赤塔·洛桑钦绕沃色时期，甘丹热登寺的跳神、壁画、诵经音乐等发生了一定的变化。特别是自他以后，该寺不仅在修行方面远近闻名，而且在绘画方面也有了一定名气。赤塔·洛桑钦绕沃色是一位知名画师，他绘制的唐卡《五长寿图》至今仍保存于寺中。

赤塔·丹增赤列伦珠，1951年生于拉萨雪地方，父亲叫作强巴尊珠，母亲叫作仁增旺姆。他7岁时被认定为转世灵童，并在甘丹热登寺坐床。当时，由甘丹寺强孜“恰左”久麦负责寻访灵童，其他高僧参与。在经过了观湖（拉姆拉措湖）等一系列程序后，西藏地方政府下令认定丹增赤列伦珠为“赤塔”仁布切的转世灵童。丹增赤列伦珠8岁时，在甘丹寺强孜札仓剃度；1959年，被请至甘丹热登寺，1960年，回到拉萨。他刚参加工作时，为拉萨市佛教协会工作人员，后调至西藏自治区佛教协会当记者，现已退休。

甘丹热登寺的宗教仪轨和佛事活动有：因该寺为拉萨甘丹寺强孜札仓的分寺，据说历史上，它的一切宗教活动皆与拉萨下密院一致。藏历一月一日凌晨，举行“拉姆次朵”（抛仙女寿食子）仪轨；藏历一月三日，举行煨桑烟以及战神仪轨——在法场里绘制战神的“索”（填充有麦秆的空皮）并予以供养；藏历一月八日，举行密集金刚修供仪轨；藏历一月十六日至十八日，举行3天的息、增、怀火供仪轨；藏历二月一日至十六日，举行不变神十三众修供仪轨；藏历三月一日开始，举行修供药师佛仪轨，每天下午举行护法神酬补仪轨；藏历三月十五日凌晨，举行取水仪轨，要取从马泉河流出的甘露泉水，为修供药师佛仪轨做准备；藏历三月二十一日，向药师佛像献寿钵、海螺、唢呐、柱幡、锣等，供各种妙音，众僧人迎请药师佛像，并举行药师佛灌顶仪轨；藏历三月二十一、二十二日两天，举行跳神和抛朵玛仪轨；藏历三月二十六、二十八日两天，所有在册僧人都要去修筑堤坝；藏历四月一日开始，念诵嘛呢经、斋戒；藏历四月十五日，念诵嘛呢经并举行灌顶仪轨；藏历四月十六日，结束斋戒；藏历五月一日，结束杂日神山的转山活动；藏历六月十五日至十六日，开始开展入夏活动；藏历六月十七日开始，修供大威德金刚十三众；藏历六月二十八日，举行火供等酬补仪轨；藏历七月一日，开始修供胜乐五神；藏历七月十六日，举行三酬

甘丹热登寺供奉的宗喀巴大师塑像　普多摄

补供养仪轨；藏历八月一日，坐夏结束，跳神3天；藏历八月四日，开始进行辩经，内容主要以《五部大论》为主；藏历九月一日至八日，举行辩经考试；藏历九月八日至十六日，举行修供十六罗汉仪轨；藏历九月二十二日，为降神节；藏历十月一日，为新僧们举行一次甘丹热登寺特有的戒律考试；藏历十月二十四日至二十五日，为燃灯节；藏历十月二十六日，跳神1天；藏历十月二十七日，举行抛朵玛仪轨；自藏历十一月一日起，举行第一次冬季法会，考察僧人们学习《俱舍论》的情况；藏历十二月，在房屋内绘制各种吉祥图案，并为年终抛朵玛做准备。另外，藏历每月十日和二十五日，举办次久节。藏历每月一日至十五日凌晨和傍晚，吹海螺号、法号，以督促僧人起床和就寝，这是甘丹热登寺的特殊传统。

孜列寺

孜列寺位于朗县登木乡登木村孜列自然村的甲日山半山腰上，地处登木河左岸，距登木乡政府驻地约3公里。北面有一条乡村公路。海拔3624米。寺庙第一任堪布玉图瓦·曲古维色于13世纪创建，至今有800多年历史，奉宁玛派。寺庙建筑面积687.2平方米，占地面积2100平方米。2008年，被列为县级文物保护单位。

寺址所在地，被信众奉为汇集“圣地”“圣水”“圣天”的吉祥宝地。周围圣迹遍布：东面有自然生成马头明王像，南面有自然生成莲花生大师像，西面有自然生成度母像，北面有自然生成法王面具。另有“四天葬台”“四修行洞”“四圣地”“四佛塔”等。故而，后来修建了孜列密宗寺。

孜列寺创建人玉图瓦·曲古维色上师，生于藏历第四绕迥木狗年即1214年，父亲是色登旋奴，母亲是噶尊西热坚。据说，玉图瓦·曲古维色自5岁开始，就显示出了超凡的记忆力，能一字不漏地背诵父亲所传的经文。后来，他师从桑杰塔敦（藏传佛教宁玛派著名掘藏大师古如曲旺亲传弟子甲色·麦隆巴的传

孜列寺主殿　巴桑次仁摄

人），又师从八思巴、恰译师曲杰白、洛热巴、嘎译师、新江央等大师，学习了他们各自传承的法脉，并实修、悟道，精通显、密经典。八思巴为他取名为曲古维色。而后，曲古维色创建孜列寺和玛格登寺，并任孜列寺的第一任堪布。玉图瓦·曲古维色大师于藏历第九绕迥水龙年（1292年）圆寂，享年 78 岁。

孜列寺一度香火旺盛，但不久逐渐衰落。后由第二任堪布仁增·索朗朗杰在原孜列寺北面修建了孜列新寺（目前只剩遗址），并新铸主供镀金铜巨型莲花生大师像及其他佛像，为 700 多名弟子讲经传法。白玛图多朗杰把孜列寺及其属寺交付敏珠林寺以后，逐渐形成了敏珠林寺指派堪布和经师到孜列寺传法的传统。敏珠林寺大译师所著《敏珠林寺伏藏师传》载："在宫顶为多吉扎活佛、札仓僧众灌顶时，法王释迦白巴献上了黑石四臂护法像，孜列寺传人白玛图多朗杰也献上了塔布孜列寺及其属寺。"可见，白玛图多朗杰已经把塔布地区的孜列寺及其属寺献给了敏珠林寺。1677 年，敏珠林寺第一任堪布仁增晋美多吉在孜列寺原址上，扩建主殿、拉章等。起初，孜列寺归西藏地方政府所

孜列寺的护法神舞　索朗摄

有，后在五世达赖喇嘛时期成为敏珠林寺的属寺。藏历第十二绕迥土狗年（1718 年），准噶尔军队入侵西藏，许多宁玛派寺院惨遭破坏，孜列寺也未能幸免。后来，嘎托·仁增钦默在原址上又重修了孜列寺，恢复了以往的规模。敏珠林寺的德钦仁布切前往杂日神山转山路过孜列寺时，人们看见天上出现如同火山喷发般的祥云，仁布切本人也看见各种祥瑞奇观现于虚空。相传，仁布切在孜列寺住了 7 天，其间为孜列寺活佛灌顶，并为寺内供物开光。在来到珠隆地区时，仁布切大师为当地人摸顶、讲经，行利法事业。从此以后，逐渐形成了每年秋季敏珠林寺派持金刚或堪布前来为孜列寺僧人讲经、传法，为当地居民诵经、祈福的传统。西藏和平解放后，敏珠林寺的江白坚参、格阿协珠、多增群培、多增沃色，以及经师白玛克珠等人都曾来到孜列寺，讲授许多与过去的法脉相关的事情。另外，按照敏珠林寺堪钦·谢恰衮斯之旨，堪布扎西敦珠也曾前往孜列寺，为当地僧人和群众讲经、传法，重树敏珠林寺与孜列寺的法脉关系。目前，仍有 5 名孜列寺的僧人在敏珠林寺学经。以前，孜列寺的属寺有工布唐卓寺、娘波寺、德钦寺、塔布森寺、色丁寺、查姆扎寺及恰热卡布玉须寺等。

“文化大革命”时期，孜列寺遭受严重破坏，成为废墟。

1985年，来自康区的瑜伽师索朗坚参、乌坚丹增、索朗曲觉三人，带领当地信众，重修了寺庙。1988年，根据中共朗县县委统战部领导索朗多杰的提议，次成群觉被任命为孜列寺住持。自此，孜列寺得以重建，逐渐形成了现在的规模。目前，寺院建有三层主殿面积为16短柱、2根长柱。底层集会殿供有镀金红铜宗喀巴师徒三尊、孜列·索朗朗杰像和佛祖释迦牟尼塑像等。净室内供有敏珠林寺堪钦·谢恰衮斯所献莲花生大师像，左右两边供有两位空行母塑像。另外，塑像的左右两边各藏有大藏经《甘珠尔》和《丹珠尔》。供有莲花生大师八号、持金刚、马头明王等塑像。主殿东侧的护法殿面积为2柱，供有本尊、九大护法、尸林主天女天然生阴部像等。此外，罗汉殿面积为2柱，大门门廊面积为2柱，香灯师房面积为1柱。第二层南侧，是面积为2柱的敏珠林寺活佛等人住过的寝宫。其中，孜列仁增大师的寝宫面积为1柱。西侧为古热第巴所建的次久拉康殿，供有莲花生大师三众像、隆钦热江巴大师像、德达林巴像、噶举派三祖师像、萨班贡嘎坚参像、格鲁派师徒三尊像，以及8座善逝佛塔等。中间的协叶拉康内，供有四臂观音、忿怒堆迴、法身普贤菩萨、报身金刚亥母、化身黑度母等。东侧为面积2柱的千佛殿和面积2柱的乌坚丹增寝宫、面积1柱的面具房等。顶层为面积4柱的上师拉康，供有镀金红铜无量光佛像。其右边为绿度母像，左边为白度母像。大门外两侧，有3座大型转经筒和佛塔。另外，还有厨房、僧舍和接待室等新修的建筑。

2013年，根据西藏自治区有关政策，政府出资新修了通往孜列寺的公路，并维修了寺庙围墙，为保护寺庙文物安全起到了重要作用。如今，寺庙已通电、通水，并建有图书室等，符合现代社会发展的要求，也为开展宗教活动提供了方便。

孜列寺历代堪布：第一任堪布为玉图瓦·曲古维色。

第二任堪布为仁增·索朗朗杰。他是吐蕃时期迎请莲花生大师的桑耶寺大译师钦·释迦扎巴瓦的后裔。仁增·索朗朗杰主持修建了孜列新寺，并新铸主供镀金铜巨型莲花生大师像及其他佛像，为700多名弟子讲经传法。他还邀请当时名声显赫的达瓦扎巴、格卫洛追、索朗仁青、伏藏师列绰林巴、岗波·朗卡古如、法王次成坚参等大师，到孜列寺讲经弘法。仁增·索朗朗杰圆满完成度众事业后，把法脉传给了乌坚丹增。

第三任堪布为乌坚丹增，是第二任堪布仁增·索朗朗杰的长子。他师从巴窝祖拉陈瓦大师学习显宗经论、新旧密法、伏藏经典等，成为当时知名的大成就者。他先后担任孜列寺和古热寺的堪布。乌坚丹增37岁时，为修建新札仓（僧院），从工布、塔布地区招来8位优秀弟子，于藏历猴年七月十日向他们传法，并任命格龙·钦热朗杰为上师。乌坚丹增对弟子们说：“宁玛派虽有众多大成就者，但多数戒律松散，又无严格的僧伽组织。尔等今后要严守佛法戒律，要符合《大圆满法》，要以此立足。”他规定，宁玛派弟子学习经典要以隆钦·绕绛巴大师的《七库》为准，坛城仪轨要以《八法精要》为准，实修要以《密法要滴四支》为准。后来，乌坚丹增把堪布之位传给了二弟图多朗杰，他自己前往嘎玛寺巴窝祖拉陈瓦大师处求法，并在那里圆寂。他在世虽然只有短短38年时间，但学识渊博，讲修并举，广收门徒，一生度众功业卓著。据传，当年孜列寺中的许多塑像为他亲手所造。乌坚丹增法体火化后，出现了许多舍利子。

第四任堪布为嘎玛图多朗杰，是仁增·索朗朗杰的次子。据说，他小时候非常顽皮，但到18岁时，在巴窝祖拉陈瓦大师跟前突然觉悟，精勤修习显、密经典，成为精通佛法的大学者。后来，图多朗杰因与当地古热第巴失和而前往工布地区，并在康定以西的康区传法，48岁时圆寂。乌坚丹增去世以后，孜列地区的头人们对图多朗杰说：“我们孜列寺目前有两个札仓，这有可能导致将来寺庙分裂；所以，要么将新、旧札仓合并为一个札仓，要么解散新札仓的僧人。”他听从了当地头人们的劝导，解散了新札仓的僧人。当时，新札仓共有24名僧人，除了塔布地区的僧人外，工布等地区来的16名僧人都回到各自家乡了。他们启程前，向图多朗杰大师请求灌顶，又师从桑杰林巴的后人嘎玛桑布、巴窝祖拉陈瓦大师等人学习经文。他们在回家的路上，听闻图多朗杰大师过世的噩耗，伤心难过。最后，准备各奔东西时，巴窝祖拉陈瓦大师对他们说：“生死离别，各有天命。法王乌坚丹增是一位无可争议的大师，由他所创建的札仓被你们解散，实属不该。若尔等愿意留下，我将尽力帮助你们。”因此，为了更好地传承法脉，任命聪美·丹增多吉为新札仓的上师。

第五任堪布为嘎玛·仁增乔珠朗杰。他是图多朗杰转世灵童，藏历第九绕迥火虎年（1566年），出生于竹巴·白玛噶布的一个管家家里，13岁时被迎请至新札仓，拜聪美·丹增多吉、旺秋多吉为师，从旺秋多吉处受沙弥戒，后从祖拉嘉措大师（1568—1630年）处受比丘戒，取法名嘎玛·仁增乔珠朗杰。聪美·丹增多吉大师凭借超凡的毅力，肩负起了在偏远地区弘法的重任，迎请前世之转世，并像慈父般地予以呵护、教导。灵童嘎玛·仁增乔珠朗杰于17岁时被任命为新札仓的经师，但他无视戒律，嗜酒如命，引发护法不悦而身染疾病。于是，嘎玛·仁增乔珠朗杰离开新札仓来到了旧札仓（孜列上寺），并于29岁时圆寂。

关于第六任堪布生平的介绍文字无从查寻。据说，对于嘎玛·仁增乔珠朗杰的转世灵童，孜列寺上札仓（旧）、下札仓（新）及古热第巴之间达成了一个协议。协议规定，在三方都同意的情况下，才能认定转世灵童。后来，灵童于藏历第十绕迥铁猴年（1620年）生于恰麦加沃。当时，旧札仓的僧人瞒着新札仓前去迎请灵童，但因未得到札仓大多数僧人的认可而使双方失和。灵童前往塔拉岗波寺剃度时，被留在了寺中。后来，灵童的学习、灌顶等事宜又交给了法王嘎玛古如。虽然灵童天资聪慧超群，却因古如上师英年早逝，致使学经之事曾一度中断。经杰那措让卓介绍，灵童前往洛扎受戒时，曾路过孜列寺，并得到了寺院的热情接待。当时9岁的灵童在寺院里学习。杰那措让卓曾为灵童举行过修寿仪式，并与其他经师修好。后虽互有通信，且他本人也希望双方重归于好，但未能如愿以偿。因此，灵童也始终未能回到新札仓。

第七任堪布为法王杰那措让卓。

孜列寺的日常宗教仪轨和佛事活动主要有：藏历一月一日，按照敏珠林寺的法统“解脱明道”举行隆重法会；同时，还举行森德法螺修供仪轨。藏历二月，逢敏珠林寺伏藏师祭日，举行观音修供仪轨。藏历三月，举行杂日神山护法辛迴玛供养仪式和修供大乐界仪轨。藏历五月，举行次久密集仪轨、跳神、灌顶、火供及过林卡活动等。自藏历六月二日起，举行“那热东珠”修供仪轨。藏历八月，举行酬补仪轨。藏历九月，举行金刚萨埵修供仪轨。藏历十月，与民众一道举行“萨多”仪轨。藏历十一月，举行冬至修供仪轨。藏历十二月，

孜列寺的佛事活动　索朗摄

森木寺全景　巴桑次仁摄

举行年底抛朵玛仪轨。孜列寺的宗教仪轨和佛事活动中，跳神仪轨最为隆重。在庄重的鼓乐声和法号声、海螺号声中，上师和各种神灵、动物及人物的扮演者翩翩起舞，演绎佛教经典故事，阐释佛教真谛；尤其是以表演者的直观形式，展示人死后堕入中阴的过程，诠释世间因果之道，劝导人们积德行善。

森木寺

森木寺位于朗县登木乡森木村北约 200 米处的年达山半山腰上，地处雅鲁藏布江右岸支流登木河左岸。南面有一条乡村公路。海拔 3848 米。1540 年，由掘藏大师嘉村宁布创建，距今有 470 多年的历史，奉噶举派。寺庙占地面积 1246 平方米，建筑面积 200 平方米

相传，建寺之地像一只俯卧的螃蟹，为防止螃蟹作怪，寺庙建在巨蟹的头顶；寺庙下方的两只泉眼，酷似螃蟹的两只眼睛；螃蟹的尾部有圣湖，既是金刚亥母魂湖，也是寺庙的魂湖；巨蟹的左角上有森卡山，螃蟹的右角上有阿龙山，螃蟹的背部有天葬台。过去，寺庙的主体建筑有 3 层：第一层集会殿的面积为 16 柱；第二层的内部结构不详；第三层有拉章、护法神殿、储藏室等 6 间，厨房面积为 4 柱。僧舍位于寺庙东西两侧。寺庙东南部有 3

森木寺主殿　索朗摄

座万龙塔，为降龙而建。当地居民常来此转塔，祈福修寿。最初，寺里常驻僧人有58名，鼎盛时达70余名。该寺主供莲花生大师像和十一面观音塑像，还有镀金红铜释迦牟尼佛像、莲花生大师八号像、密宗事部三怙主像、药师佛像、护法神像等。另有能仁王像和莲花生大师等的唐卡像、噶当派佛塔、第六世活佛贡桑益西塔青的灵塔等，藏有各种佛经典籍。塔布拉杰的再传弟子、后藏法王格丹巴在此修行数载。塔布拉杰认为，寺庙所在地有一处形似狮子的崖壁，人们称之为“石狮崖”，故取名为“森格寺”，“森格”意为狮子，后因藏语读音变化而称之为“森木寺”。

“文化大革命”时期，森木寺被破坏，文物被洗劫一空，寺庙成为废墟。1984年，扎西朗杰上师负责重建工作，在原来的地基上，重修了面积为6柱的集会殿及万龙塔、嘛呢拉康等，当时有30多名僧人。2008年，重修了寺庙的厨房、辩经场、储藏室等，把在桑耶寺新塑的6尊成人等身主供佛像迎请至寺中。现还藏有金质佛像、朱砂唐卡、象牙法器等许多珍贵文物。

森木寺历代活佛有：第一世活佛嘉村宁布创建寺院，其生卒时间及功绩未见记载。第二世活佛吉美多杰出生在朗县登木乡，享年55岁。第三世活佛益西让卓出生在山南雅砻地区。第四世活佛罗追嘉措出生在加查县。第五世活佛嘎玛土多南杰出生在朗县，享年63岁。据说，他和五世达赖喇嘛是同一个时期的人。第六世活佛贡桑益西塔青出生在朗县登木乡，享年72岁，与八世达赖喇嘛是同一个时期的人。第七世活佛曲吉尼玛出生在拉多乡拉多村，享年70岁。第八世活佛班钦·克珠曲吉坚参出生在加查县波龙村，享年40岁。第九世活佛洛桑仁增曲杰出生在朗县，在森木寺学经8年。第十世活佛土登强巴于1954年出生在朗县森木村的朗贡贵族家，2岁坐床，8岁担任森木寺住持。在认定土登强巴为第九世活佛洛桑仁增曲杰的转世灵童方面，依照寺院认定历代活佛转世灵童的传统，前往金刚亥母湖观湖，在护法神扎协前问卜，将观湖结果呈交噶厦政府后，噶厦政府认定土登强巴为第九世活佛的转世灵童，并任命索朗洛追热杰尊者为经师。西藏民主改革时，第十世活佛土登强巴离开森木寺，在“文化大革命”期间成为批斗对象。25岁时，土登强巴参加修路时身患重病，至今卧病在床，现已62岁。森木寺历代活佛当中，第六世活佛贡桑益西塔青是精通显、密经论的大学者，一生修法行善，实现诸多成就。据说他在位时，寺院僧人达到70多人，为森木寺最鼎盛时期。六世活佛于72岁圆寂，其真身法体灵塔安放于森木寺主殿左侧。

森木寺的宗教仪轨和佛事活动主要有：藏历一月(神变节之时)初八至十五日，举行为期7天的供修仪轨；藏历五月，举办为期15天或7天的诵经活动，主要是念诵莲花生大师咒语等；藏历六月，为附近村民举行为期3天的消灾祈福仪轨，主要内容为祭祀、焚香及念诵《般若波罗蜜多心经》等；藏历九月（降神节）十九日至二十二日，按照《大圆满法》之《三宝精要》举行修寿仪轨，根据《天杵金刚》之法举行长寿灌顶，其间前来接受灌顶的人数达500余人；藏历十月二十五

巴尔曲德寺全景　巴桑次仁摄

日（燃灯节），举行为期3天的诵经，所有僧众都要参加；藏历十月二十九日，举行为期7天的抛朵玛供修仪轨。此外，每逢吉日，要做答谢信教群众的供品。

巴尔曲德寺

巴尔曲德寺又名“朋仁曲德寺”，位于朗县朗镇堆巴塘村西北约20米处、雅鲁藏布江北岸朗钦山山腰上。南面有通往外界的乡村公路。海拔3172米。寺庙建筑面积约9000平方米，占地面积约1.2万平方米。巴尔曲德寺历史悠久、规模较大，是林芝境内较为古老、较为有名的寺庙之一，其建筑风格类似于山南地区的雍布拉康。现为西藏自治区文物保护单位。

该寺名称的由来有两种说法：一种说法是，因寺后的山势像佛塔之塔阶层层叠起，故得名“朋仁曲德”，意为佛塔之塔阶法坛；另一种说法是，从雅鲁藏布江对面远眺，该寺建筑酷似叠合在一起的佛经，故得名“邦曲德”，意为佛经叠合的法坛。藏语汉音译得不准确，就成了“巴尔曲德”。

该寺的前身为容甘丹寺，位于今巴尔曲德寺西面约2公里处，现只存遗址。在藏传佛教后

巴尔曲德寺主殿　巴桑次仁摄

弘期，容甘丹寺由鲁美·崔成西绕于1009年至1013年间创建。相传，今巴尔曲德寺主供佛大悲观世音菩萨卡萨巴呢，是从印度迎请而来的，供于甲玛仁青岗，由吉贡巴大师、桑杰温等诸多高僧大德供养过。有一次，佛像发出声音说："我的弘法之所，在塔布荣嘎之地。"后由创建巴尔曲德寺的索朗森格大师（1075—1138年）按照佛像的预示，修建佛殿，将大悲观世音菩萨卡萨巴呢迎请至容甘丹寺，从此成为容甘丹寺的主供佛。后来，纳索古热巴（古热土司）放火烧毁容甘丹寺时，大悲观世音菩萨卡萨巴呢再次发出声音："达瓦扎巴香灯师，请救救我。"达瓦扎巴香灯师奋不顾身地跳进火海，请出了佛像。不过，佛像的手指处还是被烧毁了，后虽修补，但仍能看到烧毁的痕迹。达瓦扎巴香灯师背起佛像逃到今巴尔曲德寺下方的山脚时，佛像又一次发出声音："请把我送到这座山的山顶上去。"后来，索朗森格大师在此以该佛像为主供，修建了噶当派寺庙巴尔曲德寺，还塑造了上师桑杰温的像。

当时建有一座4层高的主殿：底层面积30柱，主要为集会殿、能仁王佛殿及佛像库房；

巴尔曲德寺旧主殿遗址　巴桑次仁摄

第二层为观音殿、度母殿；第三层为巴尔曲德寺第八世活佛降白伦珠嘉措的灵塔；第四层为十六尊者（罗汉）殿。后来，遭受过一次较严重的火灾，在色拉寺麦札仓资助下得到修复。“文化大革命”时期，该寺所有建筑被拆，寺藏文物及寺庙简史被毁。

1984年，巴尔曲德寺第九世活佛洛桑崔成丹白坚参、经师释迦及民管会主任多布杰负责重修了部分建筑；政府拨款6万元，信众捐助一部分，修复了面积12柱的集会殿、拉章、下拉章、《甘珠尔》殿、护法神殿、僧舍、厨房以及招待所、文化室等；此

巴尔曲德寺供奉的大悲观音卡萨巴呢塑像　普多摄

外，还修复了主殿下方的弥勒佛像、泥塑弥勒佛8岁像、银质十三世达赖喇嘛像、宗喀巴大师像、桑杰温大师像、五世达赖喇嘛像，以及该寺第十一任堪布朗卡桑布的肖像、该寺第九世活佛洛桑崔成丹白坚参的肖像、第八世活佛降白伦珠嘉措的肖像，还有十三世达赖喇嘛的宝座及该寺历代堪布的法台等。

另外，集会大殿右侧的墙壁上，画有十六尊者（罗汉）围坐于佛祖释迦牟尼驾前、密集金刚坛城大威德金刚、胜乐金刚法轮、二十一度母等画像；左侧墙壁，画有八大菩萨围坐于格鲁派始祖宗喀巴大师驾前的师徒三尊画像。

巴尔曲德寺周围，还有一世

巴尔曲德寺的石碑　索朗摄

巴尔曲德寺殿内布局　巴桑次仁摄

达赖喇嘛的足印和降白伦珠嘉措大师的掌印、颂扬十三世达赖喇嘛的诗词碑等圣迹。

该寺的主要佛事活动以格鲁派仪轨为主。规模较大的，属每年藏历四月二十九日至五月二日的跳神节。其间，要跳神，举行灌顶、抛朵玛等仪轨。届时，朗县境内的信众前来观看跳神，接受灌顶。

第二节　拉　康

巴绕拉康

巴绕拉康位于朗县拉多乡藏村西南约 3 公里处的巴热山半山腰上，海拔 4151 米。据传，已有 500 多年的历史，由曲杰云登则巴创建。主供释迦牟尼佛，奉格鲁派。拉康占地面积约 1000 平方米。

相传，曲杰云登则巴在此修习本尊白益西贡布多年。一次在修行时亲见本尊神，更加坚定了他修习的信念。曲杰云登则巴修

巴绕拉康全景　巴桑次仁摄

建了本尊神殿，供养了一尊木雕的白益西贡布本尊像。后经不断扩建，在“文化大革命”前，有面积8柱的集会殿、面积8柱的拉章、面积2柱的厨房、面积1柱的客房、面积10柱的僧舍等。主殿北侧还有2座菩提塔。

当时，主殿内主供佛为镀金铜千手千眼观音成人像，另有弥勒佛像、三世佛像、度母像、天女像、四大护法像、莲花生大师威猛像、曲杰云登则巴灵塔等。

“文化大革命”时期，拉康内的文物被毁，建筑只剩外部墙壁和佛塔。1993年，经上级政府批准，当地群众义务投工投劳，修复了面积8柱的集会殿。1997年，重修了部分佛像及面积1柱的秘咒房和2间僧舍。现由拉康、伙房、僧舍、佛塔等组成。

拉康位于东部，坐东朝西，为单层藏汉结合式土石木结构，四角攒尖式屋顶。它由门廊、集会大殿、修行洞组成。门廊墙体为夯土墙，高2.9米，阿嘎土地面，面阔4.3米，进深2米。集会大殿面阔5间用4柱长10米，柱间距2.1米，进深3间用2柱宽6.3米，柱间距2.1米，方形

巴绕拉康殿内布局　巴桑次仁摄

巴绕拉康的佛塔　巴桑次仁摄

木柱，柱边长 0.2 米；中央屋顶有采光天窗；北面供奉 4 尊新泥塑护法神像；东面供奉释迦牟尼佛和度母等新泥塑像；北面靠西侧有通往修行洞的木门，洞高 3 米，东西长 5.8 米，南北宽 3.4 米；西南侧有通往第二层的泥土梯。屋顶中央环绕采光天窗四周，建有木结构阁楼式建筑，为四角攒尖式屋顶。

佛塔位于拉康的西北面、主殿西北约 10 米处，为土石结构，由石块垒砌而成，通高 3.5 米。

巴绕拉康的主要佛事活动有：藏历五月十八日至二十日，用 3 天的时间开展念诵佛经活动。

久杰拉康

久杰拉康又名桂寺，位于朗镇觉杰村北边的半山腰上。创建人及创建年代不详。

据说，塔布拉杰的弟子吉贡·益西多吉在聂寺修行时，曾向桂寺献供过白海螺、手印、圆圣石等圣物。依此判断，修建聂寺之前，桂寺已存在。西藏民主改革前，桂寺建有面积 4 柱的主殿，供有绿度母塑像、莲花生大师塑像、十一面观音塑像、六臂护法塑像等，还有大师手印、经书等。另建有拉章两层：底层为

久杰拉康主殿　巴桑次仁摄

面积3柱的厨房、面积3柱的库房，上层为面积3柱的神殿、面积1柱的上师寝宫、面积2柱的护法殿。拉康周围有当年僧舍的遗存地基，山上有修行洞遗迹。该拉康最初奉噶举派，后改奉格鲁派。

据当地居民介绍，当年，有的桂寺僧人不守戒律，专攻秘咒施法，不仅殃及附近百姓，也破坏了十三世达赖喇嘛故居冲康庄园的宁静，受到时任朗宗官员的严惩。此后，由巴尔曲德寺指派8名僧人管理桂寺。

目前，久杰拉康新塑了绿度母等像，收藏了部分唐卡及其他文物。现在，该拉康已通路。由64岁的土登老人照看。

久杰拉康的主要佛事活动，有吉日良辰诵经、转佛塔等。

拉日拉康

拉日拉康或称联日拉康，位于朗县朗镇同美村北边联山的半山腰处，海拔4600米。该拉康建在著名神山塔拉岗布东边，坐北朝南，环境优美，背靠高山，面朝雅江，视野开阔，空气清新。2009年，被公布为县级文物保护单位。

12世纪，藏传佛教噶举派

拉日拉康　巴桑次仁摄

四大支系之一塔布噶举派创始人塔布拉杰及其十八成就者弟子在此修行。许多前辈修行过的遗迹至今仍清晰可见。吉贡巴大师（1090—1171年）在此修建拉日寺（即今拉日拉康），开坛讲经，广收学徒，并长期在此地修行。最初，拉日寺中主供有阿底峡大师、塔布噶举派师徒三尊等塑像，主要护法神为杂日辛迥（杂日神山的护法）。后来，随着噶举派的日渐衰落而改奉格鲁派，但依然保留、传承了噶举派部分教规、仪式，并由巴尔曲德寺管理。

20世纪40年代，塔布上部地区协珠林寺的格西顿丹西热来到此地，重修寺庙、佛像等。“文化大革命”前，拉日寺有14名尼姑，还有一定规模的大殿、僧舍等建筑。在“文化大革命”时期，寺庙建筑和文物都遭到严重破坏。

1996年，寺中有尼姑12人。到2005年时，只剩2名尼姑。在当地信教群众的帮助下，重建了主殿、僧舍，新塑了佛祖释迦牟尼像、度母像、格鲁派师徒三尊像等。目前，只有70多岁的米玛卓玛1人。她以香灯师的身份维持着寺庙的香火。

拉日拉康周围山势高低不一、山峰形态各异，酷似自然生成的二十一度母像和十二丹玛护

拉日拉康局部　巴桑次仁摄

法神像，被广大信众奉为难得的圣迹，前来转山朝拜的信众络绎不绝。此地的泉水清澈甘甜，具有一定的祛病保健功效。过去，附近的老人常前往此地沐浴、静养。相传，当初下塔布地区巴尔曲德寺和上塔布地区协珠林寺的僧人，在其他修行地出现水土不服等情况时，都会来此静养修行。

拉日拉康如今除在吉日良辰诵经以外，没有特定的宗教佛事活动。

甘丹林拉康

甘丹林拉康位于朗县朗镇同美村北边山脚，海拔 3200 米。奉格鲁派。现为县级文物保护单位。

相传，该场所由吉贡巴大师创建。最初，建有面积 3 柱的主殿、面积 3 柱的护法殿、面积 3 柱的杰康殿，以及佛塔、经幡杆等。寺中供奉的马头明王像的建造时间，早于闻名遐迩的色拉寺马头明王像，属于珍贵文物。过去，寺中还供有一尊神奇的白面大黑天(梵文为玛哈迦啦）塑像。据说，十三世达赖喇嘛土登嘉措前来朝拜时，大黑天开口向他问候，故也称之为“善言黑天”。此大黑天塑像与拉多藏普地区章

甘丹林拉康　普多摄

日寺的大黑天、奥普地区聂寺的大黑天，统称为“黑天三兄弟”。另外，甘丹林拉康还供有成人等身千手观音像和佛祖释迦牟尼像等。

甘丹林拉康在“文化大革命”时期遭受严重破坏。1986年，由当地信教群众重修，新塑大黑天像和马头明王像等；同时，重修了寺庙南侧的佛塔。寺中藏有

甘丹林拉康供奉的佛像　巴桑次仁摄

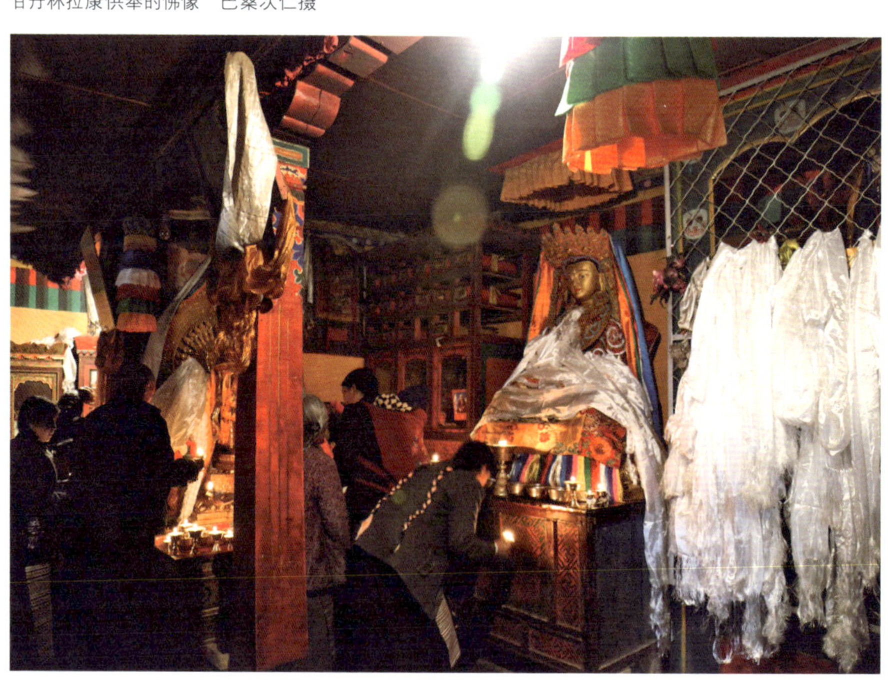

《大般若经》等诸多佛经。

2013 年，甘丹林拉康实现了通电、通水、通路“三通”。2014 年，群众在该拉康旁修建了一间小屋。目前，寺中有一名尼姑。

甘丹林拉康的佛事活动有：每年藏历六月十五日，举行一年一度的宗教活动。届时，周围信众前往朝拜祈福。

第三节 日追

久日日追

久日日追又称“久日寺”，位于朗县登木乡森木村久巴组以西约 800 米处玛日山半山腰上，海拔 3901 米，距乡政府驻地约 6 公里。主供莲花生大师，奉宁玛派。日追建筑面积 287 平方米，占地面积 470 平方米。2009 年，被列为县级文物保护单位。

该日追修建在山顶。此处岩石林立，山腰草地如茵，山上长满山刺梨、杜鹃花、冬青子、柏树等珍贵花草树木。春夏时节，日追周围开满杜鹃花，香味扑鼻，沁人心脾。位于杂日神山和塔拉岗布神山之间的久日日追，地形酷似莲花盛开的妙影，被高僧大德们赞誉为

久日日追全景　巴桑次仁摄

莲花绽放的圣地。

久日寺最初根据金刚岩壁处修行者江白丹迥大师的嘱托，由洛卓绕杰嘉措于1840年主持修建。当时有30多位僧人。主要传承宁玛教派的教义，主要奉行隆钦巴及仁增晋美林巴的隆钦精义仪轨。寺庙的主要建筑为面积4柱的集会殿、15间僧舍、面积4柱的厨房、库房以及辩经场。寺内主供镀金红铜师君三尊等身像、千手观音像以及无量光佛、金刚萨埵、绿度母、空行母德钦杰母、护法神艾嘎杂第等的泥塑等身像，还藏有大藏经《甘珠尔》、天成法螺及唐卡等文物和藏品。

该寺在1950年墨脱大地震中被毁。“文化大革命”时期，寺庙文物遭到毁灭性破坏。

1982年，经山南地区行政公署批准，由之前的活佛侍从益西伦珠（又名扎西南木杰），对主殿进行了维修。2008年，索南拉珍（曾为该寺尼姑）捐助其毕生的积蓄7万元，在信众们的支持下再次重修。在面积4柱的主殿内，供有遗留下来的莲花生大师像、释迦牟尼千佛像、无量光佛像及金刚萨埵、绿度母、空行母德钦杰母、护法神艾嘎杂第等的泥塑像，

久日日追殿内布局　索朗摄

以及由黄金和铜铸成的千手观音像等多尊佛像，还藏有大藏经《甘珠尔》、天成的法螺、唐卡等。另外，还建有面积2柱的厨房、面积1柱的阅经室。2013年，国家投资，从森木公路铺了一条通往久日日追的约3公里的水泥路，修建了围墙，对寺庙的安全及文物保护发挥了重要作用；还通了电、自来水、电视，修建了图书阅览室。

久日日追的佛事活动有：藏历一月，为大神变节；藏历四月，为萨嘎达瓦节；藏历五月，为南瞻部洲烟祭节；藏历九月，为降神节；藏历十月和十一月，举行为期15至20天的六字真言念诵灌顶仪轨，以及莲花生大师心咒念诵活动等；每月八日、十五日、三十日，集会诵经。

第四节　宅第民居

冲康庄园

冲康庄园位于朗县朗镇冲康村西部，南面有通往外界的简易公路，海拔3153米，1880年修建，庄园占地面积约6000平方米。庄园同十三世达赖喇嘛有密切的关联，保持了西藏特色的建筑风貌。现为西藏自治区文物保护单位。

1877年，土登嘉措作为十二世达赖喇嘛的转世灵童被迎至拉萨后，其父贡噶仁钦被清政府封为公爵，他家得到庄园和很多农奴，成为西藏的大贵族——朗顿家族。1880年，噶厦政府从附近搭朗五宗（即拉绥宗、加查宗、古如朗杰宗、朗宗、金东宗）抽调民工，并调动附近村庄的百姓，征派技师和石匠、木匠，利用3年时间，修建了十三世达赖喇嘛土登嘉措之父贡噶仁钦的庄园——冲康庄园。

冲康庄园是按照当时贵族庄园的模式设计、修建的，总面积7807平方米，其中建筑面积2056平方米，由庄园楼、佣人房、马鞍房、门廊、石铺庭院、林卡、围墙等组成。1883

冲康庄园全景 普多摄

年，土登嘉措坐床后，该庄园由噶厦政府管理；1933 年，土登嘉措圆寂后，庄园由搭朗五宗轮流负责管理。西藏民主改革时期，庄园楼及其他房屋等庄园的部分财产分给当地群众。后来，由于年久失修，庄园建筑物逐渐残破并出现坍塌现象。2001 年，冲康庄园被列为西藏自治区文物保护单位，各级文物行政部门加大

冲康庄园的佛堂 巴桑次仁摄

冲康庄园主楼　巴桑次仁摄

了对庄园的保护力度。2013 年，按照“修旧如旧”的原则，投入 700 万元，对庄园进行了修缮。

庄园楼位于冲康庄园的北部，坐北朝南，一楼一底，为藏汉结合式土石木结构，单檐悬山式屋顶，屋顶以木板铺就，通高 6 米，第一层高 1.7 米，第二层高 4.3 米。大门位于底层中部，门前有 5 级环形踏道。底层为 3 间仓库；中央 1 间面积最大，面阔 13 米，进深 4.7 米。北墙外侧东面有通往第二层的石梯。二楼共有 3 间房，从东往西依次为伙房、卓玛拉康和主卧室。卓玛拉康面阔 4 间用 3 柱宽 6.9 米，柱间距 2 米，进深两间用 1 柱长 4.2 米，柱间距 2 米，方形木柱，柱边长 0.2 米。卓玛拉康后部，供奉有十三世达赖喇嘛新泥塑像。

仓库位于庄园楼北侧，坐北朝南。佣人房位于庄园楼的东、南两侧，为土石木结构。马鞍房位于庄园楼西南约 15 米处，坐西朝东。门廊位于庄园楼南约 23 米处。庄园林卡位于庄园西面，面积约 8 亩。

朗顿庄园外景　巴桑次仁摄

朗顿庄园

朗顿庄园位于朗县朗镇朗巴居委会，海拔3117米。庄园所在地现为朗县旅游局。据说，该庄园是十三世达赖喇嘛的兄弟贡嘎旺久于1934年修建的。庄园占地面积约1500平方米。庄园属当时的贵族建筑，保持了西藏特色的建筑风貌。现为西藏自治区文物保护单位。

西藏民主改革以后，庄园内居住的人员迁出。现由庄园房和卧房两部分组成。

庄园房位于中央，坐北朝南，平面呈“凸”字形，为单层藏式平顶石木结构，阿嘎土屋面，通高3.2米，建有地下室。石砌墙体，厚0.8米。正门位于南墙中部，门内过道南北长4米、东西宽2.5米。过道东侧为接待室，东西长6.3米、南北宽4.2米。接待室东通佣人房，南北宽4米、东西长4.6米。传说，此佣人房为十三世达赖喇嘛贴身佣人的住房。佣人房西通洗漱间，南北宽2.3米、东西长3.7米，其北墙辟门。卓玛拉康位于过道西侧南部，东西长6米、南北宽4米。过道西侧北部为主卧室，南邻卓玛拉康，东西

朗顿庄园局部　巴桑次仁摄

长 6 米、南北宽 4 米。其西侧另有一小洗漱间。过道北部另有一佣人房，长、宽皆为 4 米，北墙辟门。据传说，此佣人房为十三世达赖喇嘛下属商队的住房。庄园房北墙外侧，在东西两端各有一个通往第一层仓库木门的轮廓，但只有门的 1/5，门宽 1.1 米，顶部距离地表 0.4 米。在庄园房外侧墙体南面底部，有一层仓库（或酒窖）的通风孔，共有 10 个。通风孔高 0.35 米，宽 0.35 米，间距 1.1 米。通风孔中，还镶嵌有铁质的格网。庄园房外侧墙体其余三面，共存有形态相同的通风孔 5 个。

卧房位于庄园西面、庄园房西北 4 米处，坐西朝东，为一层石木结构，阿嘎土平面屋顶，墙体由石块垒砌而成，平面呈长方形，屋顶距离地表 3.2 米，墙厚 0.8 米，南北长 9.1 米，东西宽 8.6 米。共有两间房，南面为卧室，为十三世达赖喇嘛亲戚的住房；北面为洗漱间。

第二章

古遗址

第一节 寺庙遗址

容甘丹寺遗址

容甘丹寺遗址位于朗县朗镇堆巴塘新村西约2公里处、雅鲁藏布江南岸一级台地上，南约200米有一条简易的乡村公路，海拔3108米。该寺原为巴尔曲德寺的前身，由鲁美·崔成西绕于1009年至1013年间创建，因火灾被毁。现由主殿遗迹、僧舍遗迹等组成。遗址东西宽103.05米，南北长119.5米，占地面积约1.2万平方米。

主殿遗迹位于遗址北部，依山而建，坐北朝南，土石结构，平面呈方形，东西宽6.6米，南北长12.15米。现存四面残墙，石砌墙体，残高3.2—14米，厚1.7米。东、北两面墙体保存相对较好，西、南两面墙体均垮塌严重。建筑正门在南墙上。在东墙存有两排椽木孔：第一层椽木孔高出地表3米，第二层椽木孔高出地表6米。在东北墙角第二层椽木孔以上3米处，存有尚未完全破坏的屋顶结构，有椽木、木梁和木托等。东、北两面墙还存有5米的墙体，其中3米敷有黏土，黏土以上2米的墙体未敷黏土（为女儿墙）。从内侧看，除女儿墙未敷黏土外，其他墙体均敷有黏土。在东墙和北墙都绘有壁画。壁画均存在于第二层椽木孔同未完全破坏的屋顶结构之间。在未完全破坏的屋顶墙体下的壁画，保存相对较好。东墙的壁画朝西，靠北侧为释迦牟尼画像；靠南侧的壁画模糊不清，裂缝较多。北墙的壁画靠东侧由9幅小的壁画组成，3排纵列，3排横列，内容无法辨认。四面墙没有窗户的轮廓，但南墙、北墙和东墙存有类似于通风孔的轮廓，共有6个，通风孔向墙体内侧倾斜。

僧舍遗迹位于容甘丹寺遗址的西面、北面和南面，土石结构。由于僧舍遗迹的破坏程度较为严重，目前只存有建筑轮廓、部分墙基和石堆，故数量及结构已无法分辨清楚。

洞嘎寺遗址

洞嘎寺遗址位于朗县洞嘎镇政府驻地聂村西约200米处、洞嘎山山顶上，北约100米为306省道，海拔3120米。据传，由第一世嘎玛巴·堆松钦巴（1110—1193年）创建。初奉噶举派，后改奉格鲁派。遗址占地

容甘丹寺遗址局部　达瓦次仁摄

洞嘎寺遗址全貌　达瓦次仁摄

面积约3万平方米。

1959年后，洞嘎寺为洞嘎区学校、区政府仓库。“文化大革命”时期，建筑物被损毁。现存主殿遗迹、拉姆拉康遗迹、僧舍遗迹和部分建筑基址等。

主殿遗迹依山而建，位于遗址西北部，坐西北朝东南，土石结构，石砌墙体，平面呈方形。现存墙基和东侧残墙，由门廊、集会大殿、弥勒殿组成。门廊长12.3米，残宽5.8米；现存门两侧残墙和西南面残墙，残高1.2—4米，墙厚1米。集会大殿长12.3米，残宽11.2米，墙厚1米。现存东南、西南、西北三面残墙，残高1.2—7米。其中，西南面墙体保存相对较好，其内侧有两排椽木孔，第一层椽木孔高出地表3米，第二层椽木孔高出地表6米，第二层椽木孔以上残留有高1米的墙体。第一层椽木孔与地表之间的墙上残存有壁画，高2.3米，内容无法辨认。弥勒殿遗迹长9.8米，宽5米，墙厚1米。现存东南、西南、西北三面残墙，残高0.6—7米。其中，西南面墙体保存相对较好，顶端可见窗户轮廓，高1.7米，宽0.7米，窗户底部高出地表5.5米；在高出地表4.9

米处有一排椽木孔，椽木孔与地表之间的墙壁上绘有壁画，高4.8米，内容无法辨认。

弥勒殿遗迹以北3米的崖壁上刻有4行藏语，内容为表达对宗喀巴大师的崇敬之情，高0.6米，长1.3米。

拉姆拉康遗迹位于遗址中央，紧挨主殿遗迹西南墙，坐西北朝东南，土石结构，平面呈方形。现存四面残墙，墙厚1米，墙体残高1.2—8米，残长7.7米，残宽9米。西北墙存有上下两排椽木孔，第一层椽木孔高出地表3米，第二层椽木孔高出地表6米。第二层椽木孔以上残留有高2米的墙体。

在洞嘎寺遗址四周，存有大量的僧舍遗迹和部分建筑基址。

达乃寺遗址

达乃寺遗址位于朗县金东乡西日卡村西北约800米处、曲松山山脚，东北约600米有一条宽为5米的乡村公路，海拔4002米。据当地群众介绍，该寺是第四世乃南·巴沃仁布切祖拉嘎瓦于1340—1380年之间创建的。达乃寺历史悠久，当时具有较大的影响力。遗址内发现林芝境内体形最大、规模最壮观、保存较好的天降塔，属林芝境内大型佛塔的首次发现。

该寺损毁原因不详。现寺庙遗址由主殿遗迹、佛塔、僧舍遗迹三部分组成，占地面积3100平方米。

主殿遗迹依山而建，位于寺庙遗址南部，坐南朝北，石木结构，石砌墙体。目前，仅存主殿的南墙、北墙和东墙。主殿遗迹外侧南北长17.8米、东西宽18.5米，内侧南北长13.7米、东西宽16.7米，平面呈方形，墙体厚度为0.9米，墙体残高为2—6米。东墙、北墙各存有一个方形的窗户，窗户边框底部离地面的距离为1.2米，窗户高1米、宽0.6米。

佛塔位于寺庙遗址西面、主殿遗迹西北6米处。据称，该佛塔原有8层楼高。目前仅存第三层塔阶以下部分，宝瓶和宝瓶以上部分不存。从佛塔西侧保存的石台阶看，该塔应为天降塔。平

达乃寺遗址局部 普多摄

面呈“亞”字形，残高5.8米，建筑面积388平方米。第一塔阶的西面比东面低1米；第二、第三塔阶的四面通高为1.6米；第一塔阶的东面和西面长19.4米、宽1.4—1.7米，南面和北面长20米、宽1.4—1.7米；第二塔阶的东面和西面长16.6米，南面和北面长16.6米；第三塔阶的东面和西面长14.8米，南面和北面长14.8米；塔阶西面中央有天降台阶，天降台阶共有15层，台阶高0.2米、宽1.4米。宝瓶部分仅存底部和西面、东面的宝瓶门，宝瓶直径为9.9米，宝瓶门通高1米、宽0.8米；宝瓶南、北两面均已坍塌，但尚存有类似于窗户的轮廓。

僧舍遗迹位于主殿遗迹东北20米处，从南向北横向排列3座僧舍遗迹，依次为僧舍遗迹一、僧舍遗迹二、僧舍遗迹三。僧舍遗迹三保存相对较好，四面墙体均残存，墙体残高为0.3—3米，墙厚0.7米，南向北长16米，西向东宽16.7米，有2间房。

隆木寺遗址

隆木寺遗址位于朗县金东乡松村西南约20公里处，海拔4500米。

据当地居民美朗老人介绍，该寺过去与金东乡岗村的贝寺同属于直孔噶举派寺庙，是直孔寺的分寺之一。过去的拉章有3层：底层面积为4柱，主要用于圈养牲畜；第二层主要是厨房和库房，面积为4柱；顶层为喇嘛的寝宫和佛堂，面积为3柱。在拉章的右边有寺庙主殿，面积为4柱。拉章背后有五六间僧舍等。

西藏和平解放前，寺中有5位尼姑。主供有嘎尔仁布切、佛祖释迦牟尼、无量寿佛等。据说，主要护法神为加钦色楚。“文化大革命”时期，隆木寺被毁，目前只剩废墟。

民间传说，该寺初建者为嘎尔仁布切或嘎尔·当坚巴卧，他是一位铁匠喇嘛。据传说，他是吐蕃松赞干布时期著名大臣嘎尔·东赞的后人，故得名嘎尔仁布切。寺庙附近，有据说是嘎尔仁布切打铁时留下的遗迹，当地人常去那里寻找锡合金（可治眼疾）。另外，在寺庙下方有叫上、下嘎尔萨（意为上、下打铁的地方）的地名。在上嘎尔萨附近，有叫作秀洛的地方，那里有佛塔和小泥塔等遗址。

恰琼寺遗址

恰琼寺遗址位于朗县金东乡康玛村东边约1公里处，海拔4000多米。

“恰琼”意为大鹏鸟。恰琼寺是金东沟三圣地之一的大鹏鸟圣地，过去属朗县洞嘎寺的分寺。

据《宁玛派教法史》载：工布上部地区的恰琼大寺，由班丹森格上师所建。最初，寺庙建有1座面积12柱的3层主殿。寺内还设有造纸坊。后因造纸坊失火，寺庙主殿及佛像被毁。后来，寺庙迁至现存遗址处重修。主殿只有2柱面积。当时，寺庙里主要供有杂冲曲杰上师、十一面观音、松赞干布、文成公主、赤尊公主、班丹拉姆，以及恰琼·阿旺白玛等塑像，另藏有大藏经《甘珠尔》和《丹珠尔》。

恰琼寺在“文化大革命”时期遭受严重破坏。后由当地信教群众重修了1座只有1柱面积的神殿。

切寺遗址

切寺遗址位于朗县洞嘎镇嘎贡行政村切自然村东面山坡上，距县城约 16 公里，距嘎贡村约 2 公里，海拔 4300 米。奉塔布噶举派。

该寺建于金刚亥母山上，是塔拉岗布寺的分寺之一。寺庙周围原始森林茂密，植被丰富，泉眼遍布，还有自然生成的莲花生大师法帽、白海螺、狮子、猎人贡布多吉、莲花生大师足迹、森布上师修行洞等众多圣迹。

目前，虽未寻得切寺的相关历史文字资料，但据当地长者介绍，当年塔布拉杰观察地形时发现，塔布地区的地形似罗刹女仰睡，而切住之地似罗刹女的左大腿，故为镇住罗刹女的左大腿，在此修建了一座佛塔。后由士夫·益西多吉在此修建切寺，弘扬塔布噶举派。从 15 世纪起，先后由森布上师洛桑迥乃·阿旺崔成嘉措、塔布·鲁卡夏仲等人担任该寺住持。

在西藏民主改革前，寺中有 28 名僧尼。当时，由经师土登和一名领诵师掌管寺庙事务。该寺僧尼可成家立业，平时一般在家务农，自修佛经；寺中有规模较大的宗教活动时，全体僧尼都要参加。寺庙主殿面积为 4 根长柱和 20 根短柱。殿内主要供有莲花生大师、塔布拉杰、唐东杰波及 5 位护法神成人等身泥塑像，另藏有许多小型佛像和经书。主殿旁边有 1 座面积 4 柱的 2 层高拉章，以及 13 间僧舍、面积 1 柱的厨房、库房、转经筒房和三十五众佛殿、东西辩经场等，面积约 600 平方米。位于主殿下方的降曲佛殿内，供有自然生成的石像及石刻三十五众佛像等 1000 余座石刻佛像。这些石刻佛像色彩艳丽，工艺独特，栩栩如生，反映了当地劳动人民的聪明才智和手工技艺，对研究当地历史文化具有较高价值。

以前，切寺有 3 座历史悠久、规模宏大（造型似噶当佛塔）的佛塔，塔间有铁链相连。据说，佛塔是从古天竺飞来的，为了防止飞回原处而用铁链拴住。“文化大革命”时期，除 3 座佛塔和石刻佛像受损较小外，其余的建筑和寺藏文物均遭到毁灭性破坏。

第二节　宫殿衙署遗址

洞嘎宗遗址

洞嘎宗遗址位于朗县洞嘎镇政府驻地聂村西约200米的洞嘎山山顶上，北约100米为306省道，海拔3151米。据当地群众介绍，洞嘎宗始建于1193年前后，原为朗宗下辖的一个分宗。遗址占地面积1500平方米。

西藏和平解放后，洞嘎宗为洞嘎区政府办公地，“文化大革命”时期被损毁。现建筑群外有石砌围墙。墙外有两条残宽分别为0.4米、0.1米的浅沟环绕。原建筑依地势分为三级：最低一级为小广场，第二级为库房，第三级为宗府楼。

宗府楼遗迹位于建筑群西侧最高处，依山而建，南高北低，平面略呈方形。原建筑坐南朝北，为二楼一底土石结构。现存四面墙基，南北宽18米，东西长23米，墙体残高1—7米，墙厚0.9米，内部结构不详。三面

洞嘎宗遗址局部　达瓦次仁摄

残墙中，西墙保存相对较好，在西墙内侧有上下两排椽木孔：第一层椽木孔高出地表1.2米，第二层椽木孔高出地表3.8米。第二层椽木孔以上，残存有高2米的墙体。在第一层椽木孔和第二层椽木孔之间有窗户一眼，高1.7米，宽0.9米。

库房遗迹位于宗府楼遗迹东侧坡下，紧挨宗府楼遗迹部分东墙。原建筑依山而建，南高北低，平面略呈梯形，东宽西窄，坐东朝西，土石木结构。现存四面残墙，南北宽4—6.5米，东西长11米，墙体残高2—6米，墙厚0.9米，内部结构不详。东墙内侧有一排椽木孔，椽木孔高出地表1.9米。

小广场位于库房遗迹东南坡下，南北长约20米，东西宽约16米。地面现存部分铺设地面的石板。

第三节　其他古遗址

达贵碉楼群遗址

达贵碉楼群遗址位于朗县仲达镇达贵村境内，始建年代及历史沿革不详。碉楼原有5座，现存4座，占地面积约6000平方米。为西藏自治区文物保护单位。

4座碉楼残高3—15米，皆为石砌而成，平面呈方形，形

达贵碉楼群遗址　普多摄

卓岗碉楼群遗址　尼琼摄

状、大小、结构甚为相似，内部结构不详。以2号碉楼遗迹为例：它坐东朝西，墙体残高约15米，东西长8.2米，南北宽6.6米；西面残存底层门的轮廓，门宽1米、高2米；西墙残存的通风口离地高约8米。3号碉楼遗迹南面和西面的墙体垮塌。4号碉楼遗迹南面和东面的墙体垮塌。

卓岗碉楼群遗址

卓岗碉楼群遗址位于朗县仲达镇卓岗村境内，始建年代及历史沿革不详。碉楼原有6座，现存5座，占地面积约3000平方米。为西藏自治区文物保护单位。

5座碉楼残高2—18米，皆为石砌而成，平面呈方形，形状、大小、结构甚为相似，内部结构不详。以1号碉楼遗迹为例：东南墙垮塌，残高约16米，东南至西北长4米；2号碉楼遗迹的北墙底层门高1米、宽2.2米；3号碉楼遗迹，残高约18米，南北长7米，东西宽7米，保存较好；3号碉楼遗迹的南墙垮塌，残高约8.5米，南北长7米，东西宽5米；4号碉楼遗址东南墙垮塌，残高约9米，东北至西南长8米，东南至西北宽7.2米；5号碉楼遗迹全部垮塌，残高2米。

金东藏纸坊印制的藏币 普多摄

金东藏纸坊遗址

金东藏纸坊遗址位于朗县金东乡嘎木村，海拔 3829 米。如今，发现有 3 处造纸坊遗址，即康玛卓秀扎、岗秀扎和加琼秀扎。这些造纸坊，是林芝境内目前发现的唯一一处古代藏纸坊遗迹。

藏纸制作技术有 1000 多年历史，是具有西藏特色的手工产品制作技术，2006 年 5 月 20 日，入选国家级非物质文化遗产名录。上述 3 处造纸坊产的藏纸统称“金秀”，意为金东藏纸。金东藏纸是藏纸技艺的分支和重要组成部分。金东藏纸，顾名思义，是指传统西藏南部塔布下部地区之金东地方所产的藏纸。最初，金东藏纸坊建于金东康玛村，称卓秀扎，意为卓这个地方的造纸坊。19 世纪初期，造纸坊搬迁至岗村。现在的岗村又叫“秀扎”，意为藏纸坊。加琼秀扎建于何地，何因、何时成为废墟，既无文字记载，也无当地人的说法。位于康玛村的金东藏纸坊，即卓秀扎建立的确切年代，目前尚无相关的史料记载，因而不得而知。据第司·桑杰嘉措所著《五世达赖喇嘛灵塔志》载：塔布下部金东卓秀扎所产的藏纸

金东藏纸坊遗址局部　达瓦次仁摄

称为“金秀”。据此，最晚在17世纪末，金东藏纸坊就已经存在，并成为西藏主要的藏纸厂之一。当时，西藏还有后藏尼木产的“尼秀”、错那产的“错秀”、聂拉木产的“聂秀”、昌都察雅产的“察秀”、藏南不丹产的“洛秀”、门地产的“门秀”、塔布上部地区产的“塔秀”等。

有关人士了解新建的金东藏纸厂生产情况　普多摄

西藏民主改革前，金东藏纸坊负责为西藏地方政府供应纸张，主要用于刊印经书、印刷噶厦政府公文和制作纸币、布票、粮票，是众多藏纸中用途较广的藏纸。过去，多数藏纸的制作材料，一般是胡麻、柏树、瑞香狼毒等有毒的和无毒的植物。目前，金东藏纸的主要原料是柏树皮。与其他藏纸相比，金东藏纸有自己的特点：一是保存时间长，过了上千年也不会被虫蛀；二是纸面光滑；三是耐用，抗潮性强；四是用途广，不仅被用于写字、刊印，还具有商业用途；五是纸上的文字、图画清晰。

新建的金东藏纸厂

金东藏纸制作技术曾经几乎失传。随着近几年非物质文化遗产抢救工作的开展，金东藏纸制作工艺得到了很好的传承和发展。2000 年，金东乡新建了金东藏纸生产厂，使濒临失传的藏纸制作技术重新恢复了生机。2011 年，金东藏纸被列入西藏自治区非物质文化遗产保护名录。

拉多苏喀派藏医遗址

拉多苏喀派藏医遗址位于朗县拉多乡拉多梯村，距县城约 17 公里，海拔 3400 米。

藏医学分南、北两大派系。历史上，塔布、工布地区的藏医大师们，结合当地自然资源、气候特点、生活习俗等，在处方、药材鉴别、药物配制等方面，形成了独具特色的医学体系，藏医学界称之为南派。南派藏医学的发源地在拉多苏喀，也称之为拉多苏喀学派。拉多苏喀学派兴起于 15 世纪初，始于以拉多地区为中心，影响主要在西藏南部的塔布和工布地区。经由宇妥・云丹贡布大师传承，成于苏喀・娘尼多吉，盛于苏喀・洛追杰波。

拉多苏喀派藏医遗址，现存当年大师们修行的山洞、研磨药

拉多苏喀派藏医遗址　索朗摄

物的石臼、配药的石槽以及古老的藏医药典籍等。由于年代已久，苏喀·娘尼多吉大师等贤者的故居已不复存在，也没有详细的文字记载，无从考证。在此，我们简要介绍一下藏医学拉多苏喀派的代表人物——苏喀·娘尼多吉和苏喀·洛追杰波的生平事迹。

苏喀·娘尼多吉，1439年生于塔布拉多苏喀地区（今朗县拉多乡拉多梯村）。父名仁增彭措，母名扎西南木杰。他自幼开始跟随父亲并师从夏惹瓦和旺久桑布等大师，学习藏文读写、藏医药学等各门功课。他聪慧好学、勤奋用功，16岁时就在藏医药学方面取得了较高的成就，得到了当时藏医学界大师们的高度评价。此后，苏喀·娘尼多吉大师更是苦读各种藏医典籍，潜心研

苏喀·娘尼多吉塑像　西藏藏医院提供

究藏药配方，结合当地药材资源配制药物，并广收门徒，著书立说。主要著作有《千万舍利秘法》《医学四续广注·水晶彩函》《四续问难·银镜》《致四方医师的信函》《医学格言》等等。他邀集塔布（今山南地区的桑日、曲松、加查三县和朗县）、娘布（今工布江达县）、工布（今米林县和巴宜区）等地的著名医学家，共同研讨并合著了《珍宝药物形态识别》《甘露池塘》《甘露宝库》等书，详细论述了药物的释名、本质、味道、性能、功效及其作用等。苏喀·娘尼多吉还培养了许多在藏医学方面颇有造诣的学生。其中，医学方面确立崩绕、绕姜、嘎久、兑惹四个学术等级。

1476年，今米林县卧龙镇卓玛单嘎村发生了规模较大的传染病疫情，请来藏区的很多医师前来防治，却都收效甚微，疫情没有得到控制。苏喀·娘尼多吉大师得知这一情况后，自愿前往疫区防治传染病。在大师的不懈努力下，疫情终于得到了控制。但不幸的是，大师自己被传染，因医治无效，于1476年7月15日去世。苏喀·娘尼多吉大师的遗体火化后，以他的骨灰作为胎藏，在卓玛单嘎村立塔。当地村民至今仍旧转塔膜拜，以此寄托对大师的缅怀之情。

苏喀·洛追杰波于1509年出生在拉多苏喀（今朗县拉多乡拉多梯村）。他是藏医学拉多苏喀派后裔的第三位代表人物，也叫次旦杰。苏喀·洛追杰波在噶玛赤勒尊者前剃度，取法名班旦顿珠南木杰。他师从措麦堪钦的门徒朗普却吉，系统学习《四部

苏喀·娘尼多吉撰写的藏医学书籍《医学四续广注》 西藏藏医院提供

苏喀·娘尼多吉撰写的藏医学书籍 西藏藏医院提供

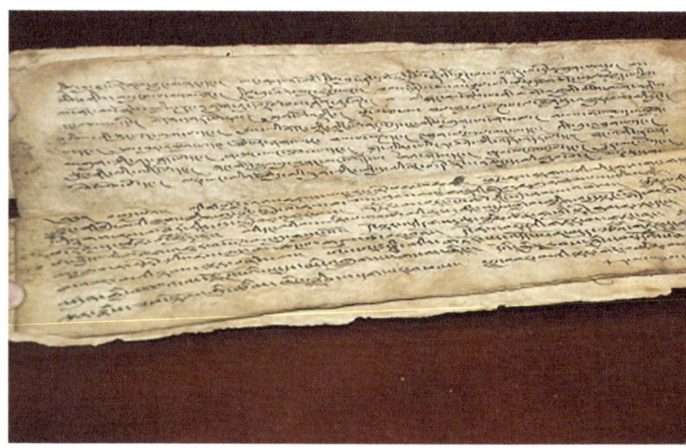

著名的《四部医典》扎塘木刻板　西藏藏医院提供

医典》和《千万舍利》等藏医药典籍。苏喀·洛追杰波不仅继承发扬了拉多苏喀派，还师承北派扎西白桑大师、阿里医师仁杰旺波；尤其是前往萨迦门仲（药城），拜昌迪父子为师，学习《医学八支论》《自注》《月光》《医学十八支》《金升》以及《银升》等藏医药典籍。为了寻找宇妥·云丹贡布大师的著作，苏喀·洛追杰波前往并长期居住在后藏（今日喀则一带）四处寻访，终于在藏娘麦找到了宇妥大师的手抄本《四续论注释》。后来在山南扎塘，在雅加巴·第巴的资助和鼓励下，苏喀·洛追杰波这位贤者校订了《四部医典》原版，并将它刻成版。后世称之为扎塘版《四部医典》，被众多学者广为认可，享誉四方。

苏喀·洛追杰波一生著作众多。其代表作有《祖先言教》《苏喀·娘尼多吉传》《两仙发悲心除难》《千万舍利之目录贤者意乐》《补遗信准掬花》《医学四续经和论的分类除暗明灯》《煎药论说》《龙脑、红花和檀香等一些药物的纠正》等。苏喀·洛追杰波大师于1572年逝世，享年63岁。

桑旦林私塾遗址

桑旦林私塾遗址位于朗县登木乡久村北面，为西藏和平解放之前朗县境内两所私立学校之一，距乡政府驻地约6公里，海拔

3700 米。

据曾就读于该私塾、朗县政协原委员欧珠拉旺介绍，这所私塾的创建者是后藏格江大人的一位随员，其真名不详，但当地人称他为拉丹先生。1930 年左右，拉丹先生在扩建益西丹增格西的禅房时，修建了该私塾。当时，建筑面积为 8 柱，老师寝室、教室、学生宿舍等共有 7 间。拉丹先生在这所私塾担任教师一直到 1959 年逝世，享年 54 岁。

桑旦林私塾刚开始只有 7 名学生，西藏民主改革时发展到 15 名学生。学生主要是朗宗（今朗县）、古如朗杰宗（今朗县仲达镇一带）、隆子宗（山南市隆子县）、桑昂曲林（今属隆子县）及加查一带的贵族子弟。这所私塾没有具体的年级制，主要根据学生入学先后和知识层次来分级授课，从读写 30 个藏文字母开始学起，主要在练字板上练习藏文的粗体、长体、行书、草书等字体。只有打好练字板基础之后，才能用纸书写。同时，还要学习藏语语法、正字等基础知识。掌握一定的文化知识后，逐步学习诗学、天文历算等。上午主要练习诵读，下午练习书写，并进行考核，一天为三堂课。一般入学六七年后可以毕业。毕业后，根据个人情况，大部分学生返回家乡继承家业。而有些成绩优异的学生，则参加噶厦政府组织的考试。曾有学生通过考试，谋得布达拉宫的文秘官职。

桑旦林私塾遗址　索朗摄

第三章

古墓葬

列山古墓葬群南区　林文广摄

列山古墓葬群

列山古墓群位于朗县金东乡列村东北约 1500 米的列山山坡、雅鲁藏布江支流金东河北岸一级台地，东距金东乡政府驻地约 3 公里，西南约 100 米处为金东乡通往外界的乡村公路，西距 306 省道约 3 公里，海拔 3283 米。古墓群占地面积逾 80 万平方米，时代为吐蕃王朝时期。2001 年，被公布为全国重点文物保护单位，是西藏自治区境内最为壮观、规模最大、分布最广、墓形最多的古墓群。

列山古墓葬群东区　巴桑次仁摄

古墓群现存封土墓184座、殉马坑28条、房屋遗迹1座、祭祀遗迹2处。

（一）封土墓

墓葬构筑技术主要是采用典型的吐蕃时期藏式建筑风格的“夹石夹木”夯筑方法，平面可分为梯形封土、方形封土、圆形封土、亚字形封土4种类型。

1. 梯形封土。共153座，可分为东、西两区，东区133座，西区20座，均背山而建，由封土基、封土身、封土顶三部分组成，是墓地中最多的一种封土类型。其中，大型封土（占地面积700平方米以上，个别封土墓较高的封土虽不足700平方米，也归入大型之列）23座，中型封土（占地90—700平方米）74座，小型封土（占地90平方米以下）56座。封土平面为前宽后窄的正梯形，前边略向外弧，前高后低，顶部中间略微凸起。最大梯形墓高14米，前边长66.9米，后边长45米，侧边长49.3米，面积2758平方米。外围是夯筑围墙，用分节板筑法夯筑，分10节，夯墙隔垫石板，十分整齐。里面是墓室，墓室下半部埋入地表以下。最小的墓仅露出地面少许，封土基高1米，以石块和石板垒成，转角处用规整的方形大石和石板垒砌，面积只有11平方米。筑法为两种：一种为夯筑，多用于大、中型封土；另一种为石土混合堆筑，多用于小型封土。

2. 方形封土。只有2座，均位于西区中部，其规模、方向、结构大体相同，都属大型封土。

一座封土平面为正方形，立面似塔形，分4级，不出檐，十分明显。通高7.5米(地面部分)，面积134.6平方米（包括墙体占地面积），方向180度。有塔基、塔身、塔顶3部分。塔顶呈上细下粗的圆柱状。除塔基外，均用土、石、木材逐层夯筑，每层厚10厘米。塔基边长17.6米，埋入地下深1米，为石块筑成。塔身4级，第一级高0.7米、边长11.6米，第二、三级均高1.5米，每级底部垫有0.35米厚的石块层。第四级与塔顶之间有盗洞一个。塔顶分两节，第一节高1.4米，最大直径6米；底部有25个圆孔，孔径约10厘米，当为圆木柱隔垫物所留孔洞。修筑时，可能是先将圆木柱呈放射状摆好，上架夯板，再行夯筑。第二节高0.75米，最大直径4.6米，其做法与第一节相同。隔垫以圆木或石板为主。

3. 圆形封土。共28座，除1座

列山古墓葬群的方形封土　林文广摄

列山古墓葬群的圆形封土　巴桑次仁摄

位于东区墓地东北约450米的山坳中外，其余的均散布在整个东区墓地中。大型封土遗存2座，中型封土遗存4座，小型封土遗存22座。依据封土立体形状，又分为呈馒头形和呈圆锥形。

I型：呈馒头形，多为大、中型封土遗存，土石结构夯筑而成。从下至上分为封土基、封土身、封土顶三部分。其中一座，高4米，底径6.5米。封土基高0.5米，以不规则的石块垒成，石块长宽在0.1—0.3厘米左右。封土身系夯筑，夯层厚10厘米。每层分上、下两部分，上部是土，下部是小石子和土。封土顶高2.4米，用土、石混合堆筑而成。

II型：呈圆锥形，又可分为两种亚型。II A型：均属小型封土遗存，主要分布在墓地边缘，面积在30—70平方米之间，残高仅1米左右。一般为石块、土混合堆成，亦有少数全用土堆成。II B型：仅一座，位于东区东南部，为大型封土遗存。此种封土形状与众不同，基部平面呈正梯形，封土身呈圆锥状，顶部呈圆柱状，高13米，面积1015平方米。封土基前边长40米，后边长30米，侧边长29米。封土身通高8.5米，夯筑而成，夯层厚10厘米。封土顶可分两面

三刀节：第一节高 2.65 米，包括其下部高 0.65 米的第三层石块；第二节高 1.85 米。底部下面有隔垫圆木所留的孔洞 34 个，孔径 10 厘米。建筑方法与方形封土相同。

4. 亚字形封土。仅 1 座，位于东区东部，破坏较为严重。立体形状似一座方形城堡，4 面墙各有一“马面”。高 3 米，每边长 6 米，面积 40 平方米。4“马面”均呈正梯形，长度不等，最大的长 3.1 米、宽 0.25 米。

（二）殉马坑

殉马坑在大、中型墓前，共 28 条，沿地势呈阶梯状平行排列。各墓前数量不一，最多者 5 条，最少者仅 1 条。其地面有长条形石墙，石墙最长者 42 米，最短者仅 4 米，皆用块石砌建，现存高 0.2—0.8 米，宽 0.9—1.3 米，两墙间距离 2—4 米。其中一处两条石墙之间的殉马坑，长 26.5 米、宽 0.9 米、深 1.5 米，其长、宽均略短于石墙。坑内填土纯净，坑中一字排列马骨共 9 具，其上压有数块大石，坑内未见其他遗物。

（三）房屋遗迹

有 1 处，位于东区。平面呈长方形，方向为北偏西，南北长 6 米，东西宽 4 米，面积约 24 平方米。南、北、西 3 面夯土墙尚存，残墙厚 0.56 米，现存高

列山古墓群的房屋遗迹　林文广摄

1.3—2 米。未发现隔墙、柱洞。估计 5 米跨度的房屋中，应有藏式立柱。

（四）祭祀遗迹

有 2 处，位于东区台地南缘处。墓地山坡最低边缘高约 30 米，台地宽阔，东西长约 300 米，南北宽约 160 米。砾石地面砌建，现存高 0.14 米。2 处祭祀遗迹平面皆略呈长方形，方向为北偏东，两者相距 34 米。遗迹一的平面呈山字形，长 70 米，宽 26 米，面积 1820 平方米，砾石墙宽近 2 米；遗迹二的平面呈“凵”形，长 52 米，宽 29 米，面积 1508 平方米。

（五）石碑底座

有 1 处，位于东区台地西北隅。平面呈圆形，直径 1 米，下部埋入地下，地面部分残高 0.27—0.55 米，碑座周边立面浮雕莲花瓣纹。平面正中有长方形碑槽，碑槽长 0.43 米、宽 0.2 米、深 0.15 米。碑座周围有石圈墙遗迹，平面呈长方形，南北长 4.7 米，东西宽 4.5 米，厚 0.8 米，似为原碑亭基址。

列山古墓葬群于 1982 年 3 月由西藏自治区文物管理委员会和山南地区文物管理委员会调查发现。此后，对其进行过 4 次考古调查与试掘。1982 年 3 月

列山古墓葬群的石碑底座　林文广摄

和9月，西藏自治区文化局、西藏自治区文管会以及山南地区文管会、朗县文教科对墓地进行了2次调查和试掘，共试掘墓葬3座，均为小型封土墓。1986年，西藏自治区文管会与陕西省考古研究所对一座中型墓进行了试掘。1993年8月，再次进行较大规模的发掘，试掘的4座墓均在东区，墓向多为西偏北，封土下为长方形石台及夯土墙或直接用石块砌建的墓室，墓室有方形穹隆顶和圆形穹隆顶及长方形竖穴等形制。长方形墓室皆有主、侧(耳)室，部分有竖井式墓道。墓室内的葬具多用石板拼镶而成，人骨均残散，不辨葬式。从3次试掘的情况看，因墓葬早年受到盗墓者的破坏，在试掘过程中，仅由少数墓中出有钵、盆、罐、梭形器等木器，陶器极少。填土中有大量木炭、柏树皮。

列山古墓葬群历史悠久，对研究西藏古代陵寝制度、土葬制度有着极为重要的价值，为研究西藏吐蕃王朝时期的社会习俗、埋葬制度、墓葬历史和墓葬构筑风格、艺术特点等提供了重要的实物资料；同时，也是一个见证吐蕃时期割据势力形成、发展和最后消亡最为直接的实例。

第六篇

察隅县名胜古迹

第一章

古建筑

第一节 寺庙

塔巴寺

塔巴寺(以前叫桑昂曲林寺)位于察隅县古玉乡布玉村东约1公里的纳布岗山坡上，距然察公路约4公里，海拔3566米。奉格鲁派，主供强巴佛。占地面积5500平方米，建筑面积345平方米。

相传，最初在古玉地区的措珠之地有衮钦寺，措龙之地有卓寺和拉贡寺，果坚之地有朵热寺4座噶举派小寺。后来，宗喀巴大师的弟子藏巴桑杰班觉和阿里丹巴桑布等人为了在康区弘扬佛法，历尽千辛万苦，来到古玉地区，在三水角（水流三汇处）、三地角（平坝三角形）、三天角（因周围山与沟的形状，天也被看成三角形）的凶地选址，在此建一座寺庙，以镇压水、地、天三凶。在奠基前一夜确定了地基线，可是第二天，地基线跳移到了一处更加完美的凸地上。大家都认为这是天意，遂决定在凸地上兴建寺庙，取名为替帕寺（塔巴寺原址）。“替帕”，意为地基线跳移。后来，“替帕”随岁月流逝不断演变，成了“塔巴”。

塔巴寺全景　刘刚摄

17 世纪，五世达赖喇嘛依其梦兆，吩咐四世德木活佛阿旺格列坚赞，前往古玉之地兴建一座密宗寺院。1648 年，四世德木活佛奉五世达赖喇嘛的旨意来到古玉，把原来的替帕寺搬迁至西侧约 10 公里的纳布山上，调动古玉三地为主的 2900 多户人家的人力、物力、财力，兴建了桑昂曲林寺（塔巴寺现址）。“桑昂曲林”，意为密宗法轮。与此同时，设立了桑昂曲宗。塔巴寺原址遂成了废址。

当时，宗府楼和寺庙之间建有主殿、尼玛（太阳）殿、银塔殿和能仁王殿等。主殿底层的集会殿内，供有一层高镀金铜弥勒佛像、一层高镀金铜宗喀巴大师师徒三尊像、一层高镀金铜佛祖释迦牟尼像、一层半高镀金铜金刚持菩萨像和文殊菩萨像、一层高泥塑四世德木呼图克图·阿旺格列坚赞像和阿里·丹巴桑布像、千手千眼白伞盖佛母像，另藏有木刻版大藏经《甘珠尔》2 套、金汁书写的大藏经《甘珠尔》1 套等；第二层无量寿佛殿内，供有一层高镀金铜无量光佛像、一层高镶满奇珍异宝的强巴益西上师灵塔、十六罗汉泥塑像等；第三层银塔殿内，供有银质能仁王佛像、银质佛塔 8 座。历史上，

塔巴寺主殿　普多摄

塔巴寺在今昌都左贡、八宿、林芝和波密一带拥有18座分寺。鼎盛时期，僧人达300余人。

“文化大革命”时期，寺庙内部木质结构的房屋及所有经书和宗教用品全部被毁坏，只剩残垣断壁。

1986年，由寺庙住持扎西旺堆、崔成塔青负责，国家补贴3.8万元，当地群众义务投工投劳，在原来的基础上修复了集会殿、弥勒佛殿及厨房等。1988年，寺庙用化缘所得资金，修复了主殿第二层的无量寿佛殿、护法殿、罗汉殿、法器库房等。1990年，寺庙负责修复了主殿的第三层银塔殿。2008年，寺庙负责维修了以前面积12柱的第三层主殿。现有常驻僧人15名。

塔巴寺有季吉活佛、岗珠活佛、拉通活佛三个比较小的活佛系统。

季吉活佛：第一世季吉活佛名叫白喇嘛（其生卒年代及父母不详）。相传，第一世季吉活佛曾在拉萨色拉寺学习“五部大论”，获得格鲁派的格西学位，成为色拉寺察瓦康村的一名转世活佛。第二世至第七世季吉活佛的情况，已无从考证。第八世季吉活佛出生在塔布地区，7岁时被认定为第七世季吉活佛的转世

塔巴寺供奉的释迦牟尼塑像　普多摄

灵童，由该寺僧人群觉等人负责迎请。途经波密时，他在巴卡寺不幸从马背上摔下，大腿被牵马人的矛刺中，受重伤而夭折，未能在塔巴寺坐床。第九世季吉活佛丹增群培，藏历第十六绕迥木猪年（1934 年）1 月 8 日，生于今古玉乡措珠地区，父名阿措，母名仁增拉姆。因在大腿上有伤痕，他 7 岁时被认定为第八世季吉活佛的转世灵童，法名丹增群培。他也曾前往色拉寺学习“五部大论”。2003 年 6 月 11 日，第九世季吉活佛丹增群培在西藏山南圆寂。灵塔建在塔巴寺历代季吉活佛灵塔所在地。

岗珠活佛：“岗珠”意为“六岗”。第一世岗珠活佛出生于今古玉乡古坚村，其名字及出生年代不详。第二世岗珠活佛于藏历第十六绕迥土兔年（1939 年）生于今八宿县然乌乡，父名旺扎，母名卓玛。1945 年，他被认定为第一世岗珠活佛的转世灵童，法名楚臣嘉措，后前往色拉寺学经，不久失踪。

拉通活佛：第一世拉通活佛为色拉寺察瓦康村的格西洛桑格登，曾长期居住于拉通日追，藏历第十五绕迥土虎年（1878 年）圆寂。第二世拉通活佛（名字不详）于藏历第十五绕迥水虎年（1890 年）生于察隅县的恰欣，父名扎堆，母名阿宗，后被认定为第一世拉通活佛的转世灵童。他于藏历第十六绕迥水龙年（1952 年）圆寂，享年 62 岁。

塔巴寺的宗教仪轨和佛事活动主要有：藏历大年初一，举行为护法班丹拉姆抛朵玛的仪轨；从藏历一月七日起，为神变节，寺内僧人分成四组进行修行；藏历一月十四日，举行大威德金刚法会，然后进行火供仪轨；从藏历一月十五日起，举行为期 10 天的密集金刚、胜乐金刚法事；藏历一月十六日跳神，晚上举行抛朵玛仪轨，并迎请战神乃穷护法；藏历二月三日起，举行为期 8 天的大威德金刚灌顶仪轨；藏历二月十日，进行煨桑活动；藏历三月，要举行为期 10 天的药师佛、度母等修供仪轨；藏历四月三日起，举行为期 8 天的大威德金刚、密集金刚、胜乐金刚灌顶仪轨及煨桑活动；藏历五月初，诵读大藏经《甘珠尔》5 天，同时，举行为期 4 天的大威德金刚灌顶仪轨；藏历五月十五日，为南瞻部洲烟祭节；藏历六月三日至五日，为转法轮节，在举行为期 3 天的开光仪轨后，由宗（县）政府僧俗官员向众僧人发放酥油、粮食、肉等布施；藏历六月十日至十四日，诵读大藏经《甘珠尔》；从藏历六月十五

塔巴寺僧人　普多摄

江色寺新修的主殿　刘刚摄

日起，坐夏45天，其间的戒律非常严明；藏历八月一日至十五日，众僧可外出休闲，其间，僧人们根据自己的经济情况自理饮食；藏历九月十五日至二十二日，举行为期8天的密集金刚灌顶仪轨；藏历十月十五日至二十三日，举行为期9天的胜乐金刚灌顶仪轨；藏历十月二十四日，举行大慈法王释迦益西祭祀会供及布施法会1天；藏历十月二十五日，举行宗喀巴大师祭祀会供，以及为期1天的胜乐金刚、密集金刚、大威德金刚法会及布施法会；藏历十月二十七日至二十九日，举行白伞护法、狮面护法、度母等诸神的法事，并举行抛朵玛仪轨；藏历十一月二十五日至二十九日，举行为期5天的班丹拉姆护法、六臂护法、法王、姊妹护法、多闻子、五王（东方身王、南方智慧王、西方语王、北方功德王、中部意王）、乃穷护法、娘热法王噶玛赤列（护法）等诸神酬补仪轨，与拉萨的下密院基本一致；藏历十一月二十九日，举行抛朵玛仪轨；藏历十二月七日起，念诵六字真言5天；藏历十二月十一日，举行灌顶仪轨。

江色寺

江色寺位于察隅县下察隅镇

扎巴村东约1公里的托角山脚下，南距洞嘎公路约5公里，海拔1891米。奉萨迦派，主供佛为观世音菩萨。寺庙分布面积1336平方米，建筑面积114.3平方米。该寺是林芝少有的萨迦派寺庙之一，现保存较好。

相传，江色寺是在五世达赖喇嘛跟前当过孜仲（原西藏地方政府僧官）的旦巴维色创建的萨迦派寺庙。“江色”意为柳林。该寺建于柳林中，故得名江色寺。

1950年墨脱大地震中，该寺被夷为平地。1951年，由其美贡布、平措、桑珠等人负责，在原址上修复了江色寺。西藏民主改革时期，该寺得到政府的保护未受损。“文化大革命”时期，该寺文物全部被毁，但外部建筑受损较轻。

1985年，由信教群众贡布等人负责，对寺庙主殿、僧舍、厨房等进行了修缮。主殿门廊两侧按照藏传佛教的习俗，画有四大天王的壁画。寺内除主供萨迦五祖像外，还供有镀金铜佛祖释迦牟尼像、莲花生大师像、度母像、无量光佛像及各种唐卡等。江色寺藏有大藏经《甘珠尔》《丹珠尔》各1套，以及各种法器。

江色寺供奉的塑像　刘刚摄

现该寺由主殿、僧舍、伙房、转经筒房等组成。主殿位于寺庙中央，坐东朝西。第一层由门廊和集会大殿组成，殿内供奉有新塑的观音佛像等。第二层为土木石结构，单檐悬山式屋顶，平面呈方形，共有 2 间房：北面为护法神殿，南面为藏经阁。僧舍在寺庙西面，转经筒房位于寺庙东面，伙房位于寺庙北面。均系后期新建。

江色寺有过第一世活佛旦巴维色，生平不详；第二世活佛名字不详，生于阿扎之地；第三世活佛叫云登白桑。此后，该寺再未出现活佛。

江色寺的宗教仪轨和佛事活动，规模较大的有萨嘎达瓦节（藏历四月）。届时，周边的信众到寺里，与众僧一起焚香、上灯、敬神水，祈福求寿、祈祷安康。另外，在藏历一月举行祈愿法会；平时逢藏历的八日、十日、十五日、二十五日等吉日，亦举行法会、修供等。

通庆寺

通庆寺位于察隅县古拉乡根巴村境内，南面有一条通往外界的简易公路，海拔 2433 米。主供释迦牟尼和萨迦班智达贡嘎坚参，奉萨迦派。寺庙分布面积约 2106 平方米，建筑面积 550.75 平方米。该寺是林芝少有的萨迦派寺庙之一，现保存较好。

通庆寺是在第司·桑杰嘉措时期，由格龙·多吉桑布创建。

通庆寺外观　查文崇摄

通庆寺供奉的释迦牟尼塑像　查文崇摄

通庆寺供奉的萨迦班智达贡嘎坚参塑像　查文崇摄

后来在一次焚香祭祀活动中不慎失火，寺庙建筑及寺藏文物全部烧毁。不久，吾金群培上师前往彭波地区（今拉萨林周县一带）的那烂陀寺，请求绘制重建通庆寺的设计图，回到察隅后按照设计图重修该寺。当时，修建底层集会殿和经堂用了3年时间；随后，又用3年时间建起了第二层的护法神殿和库房。

该寺为彭波那烂陀寺的分寺，从建寺至今一直信奉萨迦派。鼎盛时期曾有50余名僧人。“文化大革命”时期，寺庙第二层被拆毁，底层用作古拉区的商店、信用社。寺藏文物全部被毁。僧人还俗返乡。1988年，由通庆寺第三世活佛白玛崔成负责，用他自己化缘所得收入，在古拉乡信众的大力支持下，对该寺进行了修缮。寺内主要供有莲花生大师像、佛祖释迦牟尼像、萨迦班智达贡嘎坚参像等，另设有萨迦世祖法台。

现通庆寺由主殿、僧舍、伙房等组成。主殿坐北朝南，方向正北。第二层为土石结构，阿嘎土平面屋顶，平面呈凸形。前部为门廊；后部为集会大殿，供奉有萨迦班智达贡嘎坚参等新泥塑佛像。主殿东约 10 米处为僧舍，南约 16 米处为伙房，均为后期修建。

通庆寺的宗教仪轨和佛事活动有：藏历一月十三日至二十日，为前来进香拜佛的信众诵经、灌顶赐福；藏历四月，寺内僧众齐聚 4 天，念诵经文，普度六道众生，祈愿世界和平；藏历十月二十五日，诵经会供，祭祀宗喀巴大师；夏季，诵读大藏经《甘珠尔》和《丹珠尔》。

日东寺

日东寺位于距离察隅县竹瓦根镇东面简易公路 104 公里的日东村，奉宁玛派。因该寺地处日东村，故得名。

相传，该寺是在藏历第十一绕迥年间（17 世纪），由喀觉多吉上师（又名贡秋丹增）创建。喀觉多吉上师在竹岗地区四处开光，掘出诸多伏藏，并在当地原有的一处日追基础上修建了寺庙。为了保住这座寺庙的灵气，他先后在寺庙四周修建了四座拉康（神庙），即南面知美村的诺维拉康、东面察瓦龙乡格日村的拉白拉康、北面古拉南雪村的宁堆喀拉康和西面日东所辖吉塔尔村的恰嘎拉康。他还著有《竹岗寺志》《朗唐祷祝》和《朗桑秘境九莲圣地简介甘露总汇》等著作。那个时期，寺庙十分繁盛，拥有对上部波密古拉欧通至下部甲查米唐（今云南省贡山藏寨）的参与政教权。继喀觉多吉上师之后，出现了第二世上师白玛喀旺多吉、第三世上师白玛曲珠和第四世上师甲追（自今云南省贡山藏寨迎请）。据传，在以后的一段时间内出现过几世上师，但直到目前尚未找到有关文字记载，加之也没有能够口述的人，故未能记述于此。后来，曲典多吉活佛和现在的上师顿珠仁钦等历世上师在当地大力弘传佛教，使该寺得到很大发展。

日东寺主殿　扎西仁增摄

20世纪60年代，在“文化大革命”期间，日东寺遭到巨大破坏，彻底被毁。1990年，在国家下拨的经费基础上，由当地信教群众投入大量人力、物力，对寺庙进行了修缮。2015年，国家又一次投入经费，将该寺建成了两层楼。目前，寺庙建筑面积为403平方米。寺庙主供为莲花生大师和本尊衮乔吉堆。

日东寺的佛事活动，主要是在藏历吉日良辰，即每月十日、二十五日等念经、煨桑。除此之外，目前尚没有大规模的佛事活动。

第二节　日　追

扎通日追

扎通日追位于察隅县察瓦龙乡龙普村西北约2公里处，海拔2612米。据传，该寺庙为五世达赖喇嘛时期创建，创建人不详。奉噶举派，主供莲花生大师。分布面积4738平方米，建筑面积810平方米。

扎通日追原名为麦通寺，当时建有面积25柱的3层主殿1

扎通日追　查文崇摄

座：底层为集会殿，第二层为喇嘛寝宫、佛堂，第三层为怙主殿。1950 年，在墨脱大地震时全部损毁，墙基不存；1950 年年底，由曲英然卓负责在原址上修建。“文化大革命”时期，寺庙文物、佛像和建筑物全部损毁。1996 年，由寺庙上师念波珠扎负责在原址上重建。现寺庙由主殿、僧舍、伙房、接待室、住持上师寝宫等组成。2008 年，更名为扎通日追。

主殿位于寺庙的中央，坐北朝南，为两层藏式土石木结构，石砌墙体，平面呈方形。第一层前部为一门廊，面阔 8.7 米，进深 2.2 米。前端立 4 根檐柱，檐柱之间镶嵌有一排小的转经筒。后部为集会大殿，面阔 3 间用 4 柱宽 8.7 米，柱间距 2.2 米，进深 3 间用 4 柱长 8.2 米，柱间距 2.5 米，柱子为方形木柱，柱边长 0.2 米。中央有采光天棚，四壁悬挂有新的唐卡，西面供奉有释迦牟尼佛、莲花生大师等体形中等的新泥塑佛像，北面供奉有莲花生大师等体形中等的新泥塑佛像。屋顶距离地表约 4 米，地板为木质地板。

6 座僧舍，分别位于寺庙的西、南、北三面。接待室位于主殿西南约 6 米处，为单层藏汉结合式石木结构，单檐悬山式屋顶，坐西朝东，石砌墙体，平面呈方形，共 4 间，南北长 20 米，东西宽 11 米。

伙房位于寺庙的南面，为单层藏汉结合式石木结构，单檐悬山式屋顶，石砌墙体，平面呈长方形。

住持喇嘛住房位于主殿西北约 10 米处，为一楼一底藏式平顶石木结构，平面呈方形，坐西朝东。

该日追的佛事活动有：藏历良辰吉日，附近信教群众聚在一起，诵读佛经，举行法会、修供等。

扎通日追的佛事活动　查文崇摄

第二章

古遗址

桑昂曲宗遗址

桑昂曲宗遗址位于察隅县古玉乡布玉村东约 2 公里的纳布岗山坡上，距然察公路约 4 公里，海拔 3527 米。该遗址是林芝市目前发现的宗遗址里面保存相对较好的。

据说，五世达赖喇嘛依其梦兆，吩咐四世德木呼图克图·阿旺格列坚赞前往古玉兴建一座密宗寺院。1648 年，四世德木活佛把原来的替帕寺搬迁至西侧约 10

桑昂曲宗遗址全景　查文广摄

桑昂曲宗遗址主楼　刘刚摄

公里的纳布山上，同时建立了桑昂曲宗。最初只有1名俗官，因管辖地域广阔且居民居住分散，难以管理，便增派了1名僧官。僧俗官员的品级均为四品。

桑昂曲宗遗址建筑面积768平方米。遗址依山而建，为夯筑墙体。一次，宗府楼失火，府内的文件及财物全部被毁。1918年左右，西藏地方政府派遣一位名叫尼根的官员负责宗府楼的维修。他召集古玉地区的属民服差役两年，才得以修复。过了一年，又派来了新的僧俗官员。他们召集察隅各地的头人，对属地内的土地、牲畜、果树等资源进行全面的普查造册，并制定了税赋标准。

西藏和平解放后，桑昂曲宗改名为察隅县，县址迁至竹瓦根。

目前，残留有两座建筑的轮廓。南面为主体建筑，保存相对较好，共3层，坐西朝东，方向为90度，四面墙体残存，墙体有石块墙基；建筑前部为两层，顶端残留有一排椽木孔，墙体有两排窗户的轮廓；后部为第三层，顶端残留有一排椽木孔，墙体有三排窗户的轮廓；南北长30米，东西宽25.6米；正厅及两侧厢房组成四合院。北面有一栋建筑的遗址，只残留北墙，内部结构无法辨认，仅能辨清为夯筑。

格久寺遗址上，信教群众为纪念卓米·强巴洛追所建的小拉康　索朗旺久摄

格久寺遗址

格久寺遗址位于察隅县上察隅镇翠习村，距镇政府驻地约63公里，海拔2500米。1919年，由目仲第巴·次旺贡布修建，为山南多吉扎寺的支寺，僧人最多时有30多名。

1919年以前，此地没有宗教场所。为便于僧人修行和村民请僧人做法事，目仲第巴·次旺贡布请示昌都总管府在此建寺。获准后，目仲第巴·次旺贡布于1919年修建格久寺，迎请已在此处小拉康修行的美久·次旺伦珠上师担任住持。美久·次旺伦珠一共当了7年住持。此后，云登白桑（杰尊卓米·强巴洛追）出任住持。他于藏历第十五绕迥土羊年（1919年）出生在阿扎村，父名益西多布旦，母名益西拉姆。1926年，云登白桑在格久寺剃度，被认定为活佛。他7岁开始师从白玛桑杰学习藏文读写、高腔领经、语法、诗文等，从小就立志要到拉萨学习宁玛派正统典籍；26岁时，历尽千辛万苦，从察隅经印度到达拉萨。当时，他想到拉萨一座宁玛派寺院学经修习，然而抵达拉萨时，正巧碰上拉萨三大寺的学经僧在八廓街辩经场辩经。云登白桑心想，要是能进入色拉寺、哲蚌寺、甘丹寺学经该有多好啊，遂到甘丹寺学习“五部大论”30余载。1959年，他在拉萨传昭大法会上获取了格西拉让巴名号。

云登白桑的法名为杰尊卓米·强巴洛追，曾当选为第七届、八届全国政协委员，并担任中国佛教协会副会长、中国佛教协会西藏分会会长、中国藏传高等佛学院特邀教授、西藏佛学院院长、十一世班禅的经师等职。他为藏传佛教的抢救、保护和传承，付出了毕生的精力。

杰尊卓米·强巴洛追当住持后，将格久寺委托自己的二弟维色管理；后来，次旺扎西管理该寺，最后，扎西平措管理到1959年。西藏民主改革后，格久寺当时的49名僧人均被遣散，寺庙遂成为废墟。

第三章

石刻

华贡山温泉石刻

华贡山温泉石刻位于察隅县竹瓦根镇嘎巴村东约1公里的华贡山山腰，距然察公路约1公里，海拔2319米。它为清军将领程凤翔于1910年奉命进抵桑昂曲宗时所刻。该石刻属察隅县境内唯一一块清代汉文石刻，同时也是林芝市境内少有的清代石刻之一。

该石刻凿刻在温泉喷口旁的一块巨石上，石块高1.8米、宽1.1米，石刻字体高0.6米、宽0.77米，离地面高度为0.65米；阴刻行楷，从右至左竖排，首题“宣统庚戌仲夏”，中部刻“水火二气阴阳之义天炉地冶融成妙谛”4排16字，落款为“山左程凤翔书”。

程凤翔，字梧岗，山东聊城人，生卒年无考。他以武童投军，随赵尔丰征乡城、定盐井，收服西南数千里。清宣统年间，程凤翔为川滇边务大臣赵尔丰麾下川边巡防新军后营管带，后官至总兵。据《科麦县图志》《察隅县图志》《西南野人山归流记》以及《赵尔丰川边奏牍》等著作所载，为阻止英国人从印度北犯西藏，程凤翔奉命于1910年2月11日进抵桑昂曲宗（宗址位于今察隅县古玉乡境内），3月25日进驻杂瑜（今察隅县下察隅镇），后于1911年7月前后移驻波密。题刻在察隅县华贡山温

华贡山温泉石刻局部文字　刘刚摄

华贡山温泉石刻全景　刘刚摄

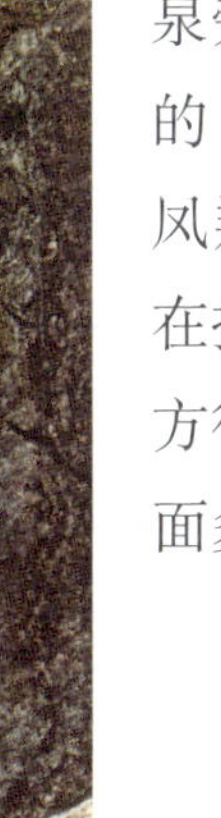

泉旁的文字，就是他在察隅期间的1910年仲夏季节留下的。程凤翔驻兵察隅一年多的时间里，在捍卫领土、巩固边防、开展地方行政建设、开发当地经济等方面多有建树。

堆嘎卡摩崖造像局部　查文崇摄

堆嘎卡摩崖造像

堆嘎卡摩崖造像位于察隅县察瓦龙乡昌西村南约1公里处、怒江左岸支流卡瓦嘎布色曲河左岸，北约10米有乡村公路，海拔1763米。造像线刻在崖壁北向崖面上，分布面积约3000平方米。有造像21尊、经文2处，规模较大，是林芝市境内目前发现的造像中保存较为完好、规模较大的。

保存较好的中等造像有7尊，从东往西横向线刻在崖壁底部，并涂有颜色，依次编为1号、2号、3号、4号、5号、6号、7号造像。保存较差的14尊小型造像位于崖壁底部中央。

1号造像，内容为绿度母，身呈绿色，头戴花冠，双耳垂金环，慈眉善目，头上三眼，额上一目，肩披花瓣形掩腋衣，左手当胸捻一曲茎莲花，右手下垂，掌心向外作施愿印，象征克服八难，施众生与安乐。左、右手各有一眼，结跏趺坐于仰莲座上。

2号造像，内容为白度母，藏名音译为卓玛嘎尔莫，身色洁白，头上三眼，额上一目，肩披花瓣形掩腋衣，左手当胸捻一曲茎莲花，右手下垂，掌心向外作施愿印，象征克服八难，施众生与安乐。左、右手各有一眼，结跏趺坐于仰莲座上。

3 号、7 号造像同 2 号造像。

3 号造像和 4 号造像之间为 14 尊小型造像，内容不清，破坏较为严重，为线刻。保存相对较好的高 0.35 米、宽 0.26 米、肩宽 0.15 米，仰莲座高 0.06 米、宽 0.1 米。

4 号造像，内容为释迦牟尼佛，有圆形头光和背光，梳螺髻，身披袈裟，左手当胸执八字形法器，右手下垂，掌心向内，结跏趺坐于仰莲座上。

5 号、6 号造像同 1 号造像。

7 尊中等造像高 1.4—2.4 米，宽 0.5—1.8 米，肩宽 0.5—0.8 米，间距 0.15—7 米；仰莲座高 0.16—0.32 米，宽 1.1—1.83 米，底座离地高 1.7—2.2 米。崖壁高约 30 米，宽约 100 米。

2 处经文分别刻于 1 号造像左侧和 7 号造像右侧，皆为藏文。1 号造像左侧的经文长 5.3 米、高 0.7 米，共 21 行，字高 0.03 米、宽 0.03 米，行距 0.16 米；7 号造像右侧的经文长 2 米、高 1.6 米，共 66 行，字高 0.05 米、宽 0.05 米，行距 0.16 米。

第七篇

墨脱县名胜古迹

第一章

古建筑

仁青崩寺

仁青崩寺位于墨脱县墨脱镇仁青崩自然村，海拔 1038 米。

该寺规模并不大，主寺面积仅为 260 平方米，却是墨脱县最大的一座寺庙，主要是寺庙所在地的地形极其奇妙。秘境白玛圭（意为秘境莲花圣地，在今墨脱县境内）的地貌呈罗刹女仰卧状，为一地一轮、一轮一寺或圣地，即顶端的大乐轮为多吉玉宗的圣地，喉间的享乐轮为嘎登白玛维岭寺，心间的法轮建有杂乔桑阿曲岭寺，脐间的神变轮建有

仁青崩寺全景　扎罗摄

仁青崩寺主殿　普多摄

仁青崩寺，密莲的护乐轮是永久秘密地方。相传，莲花生大师曾说：金刚亥母加持地、空行母等聚集地，可闻隆隆诵咒声。踏足此地悟大觉，遍地如意树与泉，五彩虹霞似云朵，莲花光焰照天际，念及此地即得乐。

仁青崩寺由第三十三代塔波拉杰吾金卓堆林巴，于藏历第十三绕迥火龙年（1796 年）创建。据直孔贡觉嘉措所著《塔波噶举源流》载：“在珠宝堆积而成的仁青崩山脊上修建了一座叫做桑阿颇章的庙宇。庙宇外侧每处建有面积 10 庹的神殿，四周建有墙外房间和一扇门，每扇门都有2根柱子，室内24根柱子，共计32根柱子，于藏历第十三绕迥火龙年七月竣工。内供镀金铜莲花自见王及其随从像。修建佛母斯塔白宗成人等身银制灵塔并开光。赐予达帕石像以灌顶庙堂、半月形大氅和佛像涂金。”据此，仁青崩寺无疑是在1796年（塔波拉杰吾金卓堆林巴39岁时）修建的，距今已有200多年历史。《塔波噶举源流》对该寺规模、形状及其佛像、佛经和佛塔等，也做了清楚的记载。有关吾金卓堆林巴的生卒情况，在《塔波噶举源流》上载：“无二上师第33代吾金卓堆林巴，是尊者干布巴功业继承者尊者贡桑艾顿旺波的化身，于藏历第十三绕迥火牛年（1757年）九月二十九日，在阳光照到吐蕃赞普乌东赞后嗣第巴（部落主）拉加里瓦宫殿宇顶的同时裹着胎衣出生，出生后胎衣被破开。其父名拉多吉占堆，母名仁典尼玛达娃。出生时出现了虹光之幔帐、下起了鲜花之雨，显现了神奇的征兆。7岁时，即藏历水羊年三月份，与父母一道被迎请至驻锡地为白玛圭开光事宜占吉日。与嘎朗王和查松（三岩）伏藏师一起前往白玛圭，不畏路途艰难，攫取秘密教言和伏藏，开启圣地之门（开光）。67岁时，即藏历第十七绕迥木猴年（1824年）秋季，在圣地白玛圭圆寂，前往密严莲花刹土。”

仁青崩寺以前的规模和建筑特色是：东面呈白琉璃颜色，为白色；南面呈吠琉璃颜色，为黄色；西面呈红宝石颜色，为红色；北面呈蓝宝石颜色，为蓝色。寺庙建有一座面积12柱的12角2层主殿。里面的结构为：底层为集会殿。楼上究竟有多少房间、用作什么等，目前尚不清楚。1950年墨脱发生大地震时，寺庙的建筑物、佛像、佛经和佛塔等被毁。1951年，由原墨脱宗（县）负责重建，修建了6根柱的2层楼，当时未能建成过去的12角楼房。“文化大革命”时期，不仅拆除了大殿等所有房屋，而且，殿内的佛像、佛经和佛塔也全部被毁。1986年，由益西平措上师负责，用政府扶持的8万元资金和僧人募捐得来的

仁青崩寺的修行者　黄河摄

善款，对寺庙进行维修，将寺庙外观恢复原样。

现在，仁青崩寺主供佛为莲花自见王，以及供奉于八瓣莲花座上的响铜胜乐九神（莲花瓣中间为胜乐的父母，每片花瓣上供有一尊胜乐）该寺建寺之初修习宁玛派教义，后改宗噶举派。历史上，僧人最多时曾达到60余名，最少时也有16名。

仁青崩寺的宗教活动，主要是当地的门巴人每年从藏历一月十五日起，用一个礼拜的时间，举行叫作“修习会”的重要宗教活动。其间，寺庙开展表演“羌姆”、发放朵玛等。

格当寺

格当寺位于墨脱县格当乡格当村，海拔1961米。1890年，由七世杰仲活佛赤列强巴迥乃（也称顿迥·朗卡多杰扎巴）创建，奉宁玛派。建筑面积364平方米，占地面积800平方米。

格当寺创建者七世杰仲活佛赤列强巴迥乃，是类乌齐查齐寺第七代杰仲，于1828年出生在今昌都类乌齐县一个官宦人家，童年时被认定为七世杰仲活佛；成年后，前往拉萨师从十二世达赖喇嘛的经师普布觉

格当寺外景　次仁旺堆摄

活佛，法名阿旺扎巴赤列强巴迥乃，并拜彭波林周地区达隆寺第二十九任法台晋美巴窝为师，学习达隆噶举派教义。他云游四方，师从藏传佛教各派大师，终成一代高僧。后来，他和嘎热上师禀呈十三世达赖喇嘛，请求依照莲花生大师的预示，准许在白玛圭（今墨脱县境内）建寺弘扬佛法、普度众生。得到十三世达赖喇嘛恩准后，他和嘎热上师带领随从前往白玛圭；途经今波密时，受到了波窝嘎朗王的盛情款待并获得大量金银财宝的资助。

格当寺建寺初期，建有一座3层主殿：底层的集会殿面积为20柱，第二层为上师寝宫、厨房、库房、僧舍等共8间，第三层是面积为4柱的护法神殿。鼎盛时期，有70余名僧人。

1950年墨脱大地震中，格当寺损毁严重，后由杰仲降曲多吉负责在原址上修复。“文化大革命”时期，该寺被毁。1986年寺庙恢复重建时，主殿得以修复。2003年，因地震，第三层成为危房无法使用。后来，拆除了第二层和第三层，只留下底层。现由主殿、转经筒房、造像等组成。

主殿位于寺庙的东部，坐北朝南，为一楼一底藏汉结合式石

格当寺正面　扎洛摄

木结构，单檐悬山式屋顶，屋顶以木板铺就，平面近方形。南侧建有高 0.8 米的石砌墙基。前部为一亭庑，台阶两侧立有两根方形木柱，左侧有通往第二层的石梯，右侧有通往外界的木门。集会大殿铺木质地板，中央 4 根长柱上部为采光天棚，后部供奉莲花生大师等诸神的泥塑像。二楼已废弃，残留石块墙体 0.4—1.2 米，南、北两侧的中央各有一间木板房。

两座转经筒房均位于寺庙的西部，一座距主殿西约 8 米，编为转经筒房一；另一座位于主殿西约 13 米，编为转经筒房二。它们皆为单层干栏式木结构建筑，单檐悬山式屋顶，屋顶以木板铺就，平面近方形。

石刻位于寺庙西部，在岩石的西南、东南两面共刻有 3 座佛塔。其中，西南面 1 座，下端线刻六字真言；东南面 2 座，横向排列。3 座佛塔的造像形制、凿刻手法类似，只是大小不同。

格当寺的宗教仪轨及佛事活动有：藏历九月十日开始，用 7 天时间，齐聚僧人举行诵经会供；每月藏历十日、二十五日，诵读佛经；每年不定期举行一次长寿仪轨佛事活动；年底举行跳神、抛朵玛仪轨。

第二章

古遗址

马迪石器采集点

马迪石器采集点位于墨脱县墨脱镇马迪村南约100米的坡地上，东面为沙石路面的扎墨公路，海拔937米。石器是在一块农田中发现的。该采集点遗址北至南长约500米，西至东宽约200米，分布面积约10万平方米。

据《中国文物地图集·西藏自治区分册》记载：马迪石器采集点从地面采集到磨制石器3件。其中石斧1件，略呈长方形；中锋直刃，长5.8厘米，宽3.3厘米，厚1.4厘米。石锛2件，其一为长条形，顶端略残，两面遗有琢痕；中锋直刃，长8.1厘米，宽1.9厘米，厚2.3厘米。

马迪石器采集点　陈祖军摄

墨脱村石器采集点　陈祖军摄

墨脱村石器采集点

墨脱村石器采集点位于墨脱县墨脱镇墨脱村南侧坡地上，海拔 1124 米，分布面积约 70 万平方米。

石器发现范围大约为，东北起自卓玛山下坡地，西南抵莫哈山、错德旺湖一带，西北至墨脱村村民驻地，东南迄德米邦塘，东西长约 1000 米，南北宽约 700 米。

1973 年，曾在此地采集到磨制石器 9 件，有石锛、石斧、石凿等类。另外，采集到有饰绳纹和划纹的夹砂红陶、灰陶陶片等遗物。

据当地村民介绍，在耕作时经常发现石器。2009 年，在当地开展第三次全国文物普查时，采集标本有石斧、石锛两类共 3 件，其中石斧 2 件、石锛 1 件，征集到残石斧 1 件，另对石锛进行了照相、记录、绘图等工作。石锛呈梯形，墨绿色粗玉，双面直刃，刃口完好，弧顶略经打磨，长 6.2 厘米，刃宽 4.4 厘米，顶宽 3.9 厘米，厚 1.1 厘米。

西亚石器采集点

西亚石器采集点位于墨脱县墨脱镇亚东村东北约 1 公里名为西亚的坡地上，海拔 1030 米，为雅鲁藏布江东南岸支流冰谷曲右岸一级台地。分布面积约 28 万平方米。

西亚石器采集点　陈祖军摄

西亚石器采集点出土的石器之一　陈祖军摄

西亚石器采集点出土的石器之二　陈祖军摄

石器发现范围，大约西北起自巴日山下的巴米典，东南至卓玛山冰谷瀑布及瀑布形成之河旁的一处地名为当给的台地西北一侧的冲沟，东北倚巴日山，西南为陡坡，南北长约700米，东西宽约400米。

2009年，在当地开展第三次全国文物普查时，征集到当地村民耕作时发现的磨制石器9件，分别是石斧5件、石锛3件、石凿1件。其中，5件采用墨绿色蛇纹石制成，2件以黑色泥岩制成，2件以灰白色岩石制成。4件石斧中，有3件完好、1件残破，均略呈梯形，上窄下宽。一件石斧为墨绿色蛇纹石，双面正弧刃，刃口基本完好，有细小崩疤，平顶略经打磨。一面近顶部处有一道横向梭形凹槽，中左部有一道竖向梭形凹槽，两侧面均保留有切割石料时留下的凸棱，长 10.5 厘米，刃宽 5 厘米，顶宽 4.5 厘米，厚 2.4 厘米。石锛皆为梯形或近梯形，上窄下宽。另一件石斧为灰白色岩，石质细腻致密，单面正弧刃，刃口基本完好，有细小崩疤。两侧缘斜直，其中一侧缘因有上下 3 个较大石片疤而呈薄刃状。顶端圆凸，有石片疤痕。长 9.6 厘米，刃宽 5.3 厘米，厚 1.2 厘米。石凿仅 1 件，由墨绿色蛇纹石制成，长条形，双面直刃，刃口有较大崩疤，平顶略经打磨，长 6.1 厘米，宽 1.2 厘米，厚 1.1 厘米。

参考文献

东噶·洛桑赤列编纂:《东噶藏学大辞典》(藏文),中国藏学出版社 2012 年版。

郭若扎西著、多吉杰博编:《郭扎佛教史》(藏文),中国藏学出版社 1990 年版。

卡尔纳大译师编著:《卡尔纳宗教源流》,色拉大昭寺佛教古籍搜集编务院编印。

第司桑结嘉措著、多吉杰博编:《格鲁派教法史——黄琉璃宗宝鉴》(藏文),中国藏学出版社 1989 年版。

《堆琼宗教源流》,藏文手抄本。

《仁增嘉村宁博全集》,西藏藏文古籍出版社 2013 年版。

嘎松罗布:《工布苯日圣迹指南》,四川党建刊物集团·四川民族出版社 2014 年版。

直工观确嘉措编纂:《达波噶举派宗教源流》,西藏藏文古籍出版社 2013 年版。

次仁班觉编:《西藏古迹志选编》,西藏藏文古籍出版社 1995 年版。

王辅仁编著:《西藏佛教史略》，青海人民出版社 1982 年版。

邓侃主编:《西藏的魅力》，西藏人民出版社 2005 年版。

《藏汉大辞典》，民族出版社 1985 年版。

格西曲扎:《格西曲扎藏文大辞典》，民族出版社 1957 年版。

马学仁主编:《汉藏对照佛学词典》，甘肃民族出版社 2000 年版。

伯果·土旦才让编著:《藏传佛教美术简史》，青海人民出版社 2013 年版。

久美却吉多杰编著、曲甘·完玛多杰译:藏传佛教神明图谱《护法神》《佛菩萨》，青海人民出版社 2012 年版。

洛追桑旦编著、吉曲·旦增尼玛译:《卫林寺简介》，西藏人民出版社 2013 年版。

恰嘎·旦正编著:《藏文碑文》，西藏人民出版社 2012 年版。

西藏自治区档案馆保存的《德木活佛世系卷》和《各摄政王活佛的公文》。

相关寺庙的编目(简志)。

后　记

2013年，林芝地委、行署决定编写《林芝区域文化丛书》。带有资料性质的《林芝名胜古迹》是这套丛书中的一本。在《林芝区域文化丛书》总编室的指导下，由林芝市文化广播电影电视（文物、新闻出版）局牵头组成《林芝名胜古迹》编辑室，负责具体的编撰工作。

《林芝名胜古迹》一书是集体劳动的成果，它凝聚着西藏自治区社会科学院专家、西藏自治区文物研究所专家、林芝市第三次全国文物普查工作队队员、林芝市《林芝区域文化丛书》总编室、林芝市一区六县《林芝区域文化丛书》编辑部和《林芝名胜古迹》编辑室众多工作者的辛勤付出。

本书的编写工作，是在西藏自治区社会科学院专家们有力指导和林芝市《林芝区域文化丛书》总编室精心策划下进行的。在本书具体编写过程中，得到了林芝市委、市政府领导红卫、石玉辉，西藏自治区社会科学院研究员郭克范，西藏自治区文物研究所、林芝市文广局两届班子领导次仁央宗、林雪远、扎西洛布、梁小莉等同志的有力指导和关心支持。尤其是普布多吉、扎西洛布、郭克范等领导和专家，对《林芝名胜古迹》书稿亲自进行了多次通篇审阅和修改。在此一并致谢！

《林芝名胜古迹》编辑室

2016 年 12 月